Tocqueville et Durkheim
la notion d'homme en sciences sociales et le sens de la vie

トクヴィルとデュルケーム
社会学的人間観と生の意味

菊谷和宏

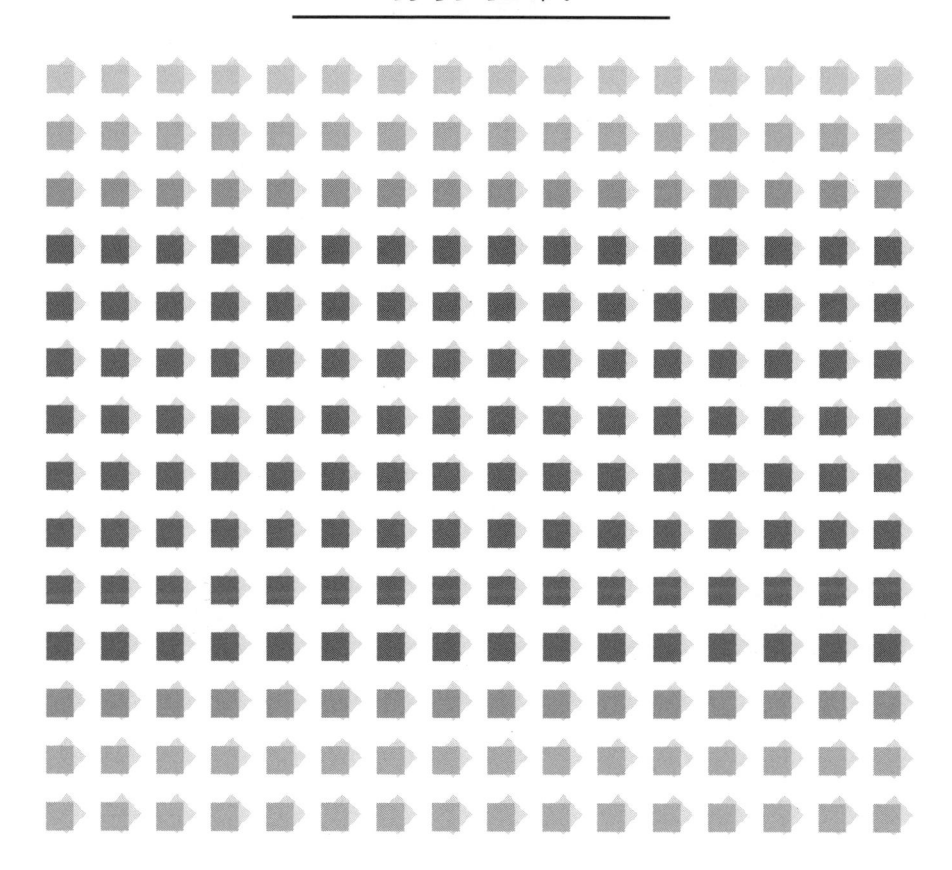

東信堂

妻へ

はしがき

　中学に上がった頃からずっと不思議だった。「なぜ人を殺してはいけないんだろう」。
　ここ数年やっと表立って問われるようになったこの問いも、それまでは誰も正面から取り上げたりはしなかった。そして、そのことが本当に不思議だった。「どうして誰も、人を殺してはいけないのかどうか、疑問に思わないんだろう」。
　この問いは、成長とともに次第に深まり、形を変えていった。「そもそも、他人も自分も同じ人間なんだろうか」。外見も内面も、どう考えてもそれぞれ違ったものというほかないそれぞれの人が、にもかかわらず「同じ人間」であるとされ、そのことが「人間を──他人だけでなく自分自身をも──殺すなかれ」という一般命題の基礎となっていると気付いたからである。
　同時に、歴史を学ぶにつれてわかってきた。この「同じ人間」という観念は、自然なものでも自明なものでもない。それは、ある時期にある場所で生まれた、歴史的なものであると。

　そして、そのような「同じ人間」が織り成す関係の総体は、「社会」と呼ばれていた。

　しかし、社会など、人類始まって以来どこにでもあるものではないのか。人類はいつでも社会について考えられたのではないのか。にもかかわらず、なぜそれは歴史の特定の時点にのみ現れ、それとして考察されたのか。一体そこでは、正確に何があったのか。
　こうして、中学生の素朴な問いは、大学という場において、「人間」と

「社会」と、そして「社会学」の発生に関する学問的な問いへと昇華された。

それから15年。本書が生まれた。

理解の手引きとして、本書の基本的な構成について説明しておこう。
　本書は、近代フランス史、中でも19世紀前半から20世紀初頭までのフランス史を一貫して流れる基盤として置いている。
　序において先行研究を検討し、本書の位置付けを明確にした後、第1章ではアレクシス・ドゥ・トクヴィルが取り扱われ、「人間」と「社会」と「社会科学」という概念が産み落とされた具体的な過程が、彼の時代(主として第二共和制)との格闘に即して描き出される。同時に、この過程において、人間の生きる意味が見失われてゆくことが、トクヴィルの残したいくつかの印象的な手紙とともに明らかにされる。
　次いで、短いインテルメッツォの後、第2章では、社会学の創始者の一人エミール・デュルケームが扱われる。そこでは、彼が自身の時代(第三共和制)と格闘しつつ、前の時代(トクヴィルの時代)に用意された基本概念を利用して、ついに「社会学(sociologie)」を産み出す過程が明らかにされるとともに、その限界もまた、とりわけ生の意味喪失問題に対する限界もまた明らかにされる。
　結論と題された第3章では、トクヴィルとデュルケームを一つの社会思想史上の流れとして描いたその到達点を確認するとともに、その限界を突破する方向性が、この流れそのものの発展として提示される。それは社会学という学問の次段階への発展方向を示すものであり、同時に我々自身の生の意味回復の道を指し示すものである。

　この結論が、中学生の素朴な、しかし根源的な問いに対する、的を射た回答になっていると良いのだが。

菊谷　和宏

目　次

はしがき …………………………………………………………… i
　　凡例　v

はじめに──問題の所在 ………………………………………… 3
序　先行研究について …………………………………………… 9
　　1　トクヴィル研究　9
　　2　デュルケーム研究　15
　　3　トクヴィル－デュルケーム研究　21

第1章　アレクシス・ドゥ・トクヴィル ……………………… 29
　　第1節　生い立ち──家庭的背景から最初の懐疑へ ……… 31
　　第2節　新大陸アメリカ──神の摂理、知的道徳的世界、権威 …… 39
　　第3節　二月革命──社会主義との対決：人民(peuple)と人間(homme) ‥48
　　第4節　二月革命以後──「人間」と「社会」の誕生 …………… 59
　　第5節　死、信仰、そして生の意味 ……………………… 64

インテルメッツォ　第二帝制 …………………………………… 73

第2章　エミール・デュルケーム ……………………………… 77
　　第1節　第三共和制 ………………………………………… 79

第2節　客観的科学としての社会学 ……………………… 85
　第3節　生の意味喪失──自己本位的自殺 ……………… 95
　第4節　ドレフュス事件 ……………………………………104
　第5節　知的共通性あるいは論理的調和性 ………………116
　第6節　道徳的共通性あるいは道徳的調和性 ……………133

第3章　結　論 …………………………………………………147

　第1節　トクヴィル─デュルケームの到達点 ……………149
　第2節　社会学的人間観／社会観の拡張 …………………153
　　　　　──「社会」から「世界」への回帰
　第3節　社会学の次段階──超越への経験科学的アプローチ：……165
　　　　　「主観─客観」から「経験の全体」へ、そして生の意味

註 ………………………………………………………………179
参考文献 ………………………………………………………223
あとがき ………………………………………………………241

　事項索引 …………………………………………………244
　人名索引 …………………………………………………248

凡　例

〇[　]内の語句は引用者による補足である。
〇引用文中の……および...は引用者による省略を示す。
〇洋書の著作名はイタリック体で表記し、和書の著作名は『　』で囲んだ。論文についてはそれぞれ" "および「　」で囲んだ。
〇文献指示直後に置かれたコロン(:)に続く数字はページ数を示す。訳書が存在する場合はそのページ数をイコール(＝)の後に記した(ただし訳文は適宜変更されている)。ページ数直前の　上・下　やI・Ⅱはそれぞれ上巻・下巻、第1巻・第2巻を示している。また、引用文に対する補足事項がある場合、さらにコロンで区切った後に記した。
〇一つの文献の全体を指示する場合、本文中では著者名と年号に加え文献名も表記したが、煩雑さを避けるため、註の中では原則として著者名と年号を挙げるにとどめた。ただし、註の中であっても、単なる文献参照指示ではなく、その文献の名称自体が文章の重要な一部を成すような場合には、その名称も記した。
〇人名の原語表記については、原則として初出時にのみおこなった。ただし、当該箇所での重要度の高低によっては、その限りではない。

トクヴィルとデュルケーム
社会学的人間観と生の意味

はじめに──問題の所在[1]

　今日、我々の社会的生は、明らかに、困難な状況の中にある。
　それは、過渡期の困難、旧体制の崩壊と新秩序の未確立に由来する困難、世界を安定させていた覇権構造の崩壊に伴う無秩序状態の現出と、同時に進行している新たな覇権構造構築過程に不可避の困難、またそこに露呈する諸々の社会的な不平等や経済構造の不完全性といった困難、要するに社会内部の構造的問題による困難、したがって**より良い**社会の(再)構築によって解決される困難のように一見、見える。
　しかし、本当にそうなのだろうか？　確かにこの困難は、現在の社会情勢をきっかけとして表面化したかもしれない。しかし、この困難それ自体は、あれやこれやの個々の社会に限定されたもの、「社会のありよう」によるものではなく、むしろそれがいかなるものであれ「社会」なるものの崩壊、すなわち「社会一般」の崩壊に由来しているのではなかろうか？　つまり、我々が今直面しているのは、これまで改めて省みることもない当たり前のものと信じ受け入れ、人生を、**人間としての**生を、要するに日常生活を、その中で営んできた「社会」が、そしてその「社会」を構成する「人間」の関係なるものが、それ自身信頼を失い、疑問に晒され、したがって自明性を失い、こうして我々の生そのものの意味が不安定になっているという非常に深刻で根本的な困難であるように思われるのだ。
　このような社会状況に、社会学自身も無縁ではいられない。社会が不安定である以上、他ならぬその社会を研究対象とし、社会現象の解明と、

そして社会問題の解決を標榜する社会学(社会科学)とは一体何なのかとの疑問は避けられない。

　社会と社会学の現状に対する以上の認識からは、次の二つの問題が生まれてくる。
　第一に、我々が困難な生をその中で生きている「社会」とは一体何なのか。我々は一体何を前提・基盤とし、何の中で苦しい人生を生きているのか。通常それは、日常のあまりにも当たり前に、ぼんやりと「人間関係の総体」などとして受け入れているが[2]、しかし、それは正確にはどういうことなのか。そもそも、本当に我々は、**互いに同じ人間である私と他者たちとで全体としての社会**を成しているのだろうか。具体的な生活経験は、むしろそれを否定してはいないか。世界は、了解不能で私とはまったく異質な存在とその行為に満ちているのではないか。しかし他方我々は、日常的にそのようないわば「人間の本質的同質性」を自明な前提として「社会」生活を送っているように感じられるし、そもそも人類始まって以来そんなことは当たり前、と言うよりそうでなければ人間社会などいかなる意味においても文字どおりありえないように思われる。では、そのような同質性は、一体どこでどう保証されている(根拠付けられている)のか、いないのか。一言で言って、「社会」はあるのか、ないのか。
　この疑問は、社会という対象(objet)の客観性(objectivité)を前提として、それを客観的に(objectivement)分析し理解しようとしている社会科学、社会学において、その存立の基盤の正当性にかかわる尖鋭的なものとなる。
　社会学ないし社会科学は、例えば経済変動や犯罪の増減などを「社会現象」として把握し、それを探究の固有の対象(objet)と見做している。そして、そこに、自然科学が対象とする自然現象同様、一定の傾向ないし法則性を、さらには因果性を措定し、それを発見しようとしている。

しかし、自然現象とは異なりそれ自身は知覚できず、再現も実験も不可能な「社会現象」なるものをそのように把握・措定する根拠はどこにあるのか。そもそも、その「社会」が自律的で自由意志を持った「人間」の行為に基づいているとするのであれば、人間の意識から独立した自然界に内在する法則にのみ従う自然現象と、程度の差はあれどそれを同様の見方で取り扱うことの合理性はどこにあるのか。そもそも、そのような「社会現象」など、そしてそもそもそのような「社会」など本当に、社会科学自身が措定する堅固さを持って存在するのか。要するに、社会学は一体何について論じているのか。

　第二に、それが何であれ日々経験されている社会の中での、人の間（あいだ）での生を引き受ける根拠はどこにあるのか。端的に言って、生きることの意味（sens）は、目的（objet）は、根拠（raison）は、合理性（raison）はどこにあるのか。思いどおりにはもちろんならず、努力は必ずしも報われず、正しいと信じてきたものが次の瞬間には簡単に否定され、明らかな不正が見逃されたりする、不安定で移ろいやすいこの世界で、一時的なものや仮のものではない、単なる個々の主観に還元されない「客観的な（objectif）」確実性を持った、**普遍的な**価値を持った生を送るにはどうすればよいのか。何を努力の目的（objet）とすればよいのか。見失われた生の意味、我々の存在の意味はどこに求めればよいのか。

　こうして、本書は以下の二点を探究すべき目的として設定する。これら二つの目的は最終的に本書結論部において、ある次元で一点に収斂するであろう。

　第一の目的は、我々が困難な生をその中で生きている、そもそもの「大前提」「器」「場」であるこの「社会」という概念、換言すれば「社会」という、世界に対する**一つの見方**ないし**構え**の生成過程を、歴史的現実と密接に関連させつつ、他ならぬその「社会」を考察の対象objetとする一学問たる社会学の誕生の過程を追うことによって描き出すことである。この過

程は同時に、この「社会」なるものを成すとされるのが「人間」である以上、そのようなある一つの、(歴史的に特殊な)「人間」概念、いわば社会学的人間観の生成過程と表裏一体であり、より正確に言えば、社会学が成り立つ基盤としての(社会的)人間の同類性同質性の根拠を求める過程と表裏一体のものである。

　この作業により、我々が社会学においても日常生活においてもごく自然に普段用いている「社会」や「人間」といったもっとも基本的な範疇が、どのような歴史的背景の中で生まれ、またその結果どのような性質のものとして形成されてきたのかを明らかにし、いわば、我々はなぜ、何を考えているのかを明らかにしようと思う。

　第二の目的は、そのような社会概念を持って——今日まさに我々がしているように——その中で生きることの意味(目的・根拠・合理性)を見出すことである。

　このような社会観／人間観が、歴史の中で形成された我々の生の基本的な条件であるとするならば、その生成過程の分析によりその構成と存立条件を明らかにすることで、今日のように生の意味を見失った状態をこれからも続けるのではなく、そこから脱する方向性を見出すことが可能になるかもしれない。そこで、いわば、かつて我々の生の意味がどのように見失われ、現在どのような状態にあり、将来どのような回復の可能性が見出せるのかを、社会学の成立過程分析の結果を土台として、探りたいと思う。

　しかしもちろん、このような大それた問題を本書で全面的に解決できようはずもない。一つの仕事ではせいぜい問題のごく一部を明らかにできるのみであろう。であるとするならば、対象を、できる限り本質的なところだけに限定せねばならない。そして本書では、以下のとおり取り扱う対象を限定する。

　社会を固有の探究対象とする学問、社会学が成立したのは19世紀末か

ら20世紀初頭にかけて、ドイツおよびフランスにおいてであることは衆目の一致するところであろう。言わずと知れたマックス・ヴェーバー(Max Weber: 1864-1920)とエミール・デュルケーム(Émile Durkheim: 1858-1917)である。中でも、社会的行為者の動機理解を基盤とするミクロなアプローチを採る前者と異なり、後者は、全体性を保つ独自の存在としての「社会」を主張するマクロなアプローチを採る[3]点で、本書での我々の探究に、すなわち「社会というもの」「社会そのもの」、つまり「それ自体でまとまった一つの全体としての社会という観念」の探究に、より適合的である。

そこで、他のどの時代でも十分ありえそうな社会学という学問が、なぜ、どのようにしてこの時代この場所において成立したのかを、デュルケームとその時代を対象として明らかにしようと思う。そしてさらに、まさになぜデュルケームの時代に社会学が成立したのかをより深く理解するため、その前提となった彼の一世代前をも対象にしよう。

この「一世代前」に、本書では、これまで実証主義の観点からデュルケーム社会学の直接的起源として扱われてきたオーギュスト・コント(Auguste Comte: 1798-1857)ではなく、アレクシス・ドゥ・トクヴィル(Alexis de Tocqueville: 1805-1859)を採り上げたい。彼は、もっぱら政治学・政治思想の分野で脚光を浴びてきた。とりわけ彼の(アメリカの)民主主義論が注目されてきたが、彼の言説の意義はそこにとどまるものではなく、むしろフランスの脈絡に置き直してみれば、デュルケームにつながる社会学的な意義を強く持つものであると考えるからである。と同時に、彼が激動のフランス近代を、思想家としてだけではなく自らも第一級の当事者である政治家として生き、しかしその歴史的現実に飲み込まれることなく、あくまで目の前の現実を踏まえつつそこから一定の距離を保とうと必死に努力し、まさにその努力の中で、現象の素朴な反映でも浮世離れした空想でもない、現実の適切な概念的把握としての「社会」を次の世代に準備するに至ったと考えるからである。

序　先行研究について

　トクヴィルおよびデュルケームに関する研究は、量的にも膨大でありまた内容的にも多岐に渡り錯綜している。そこで、内在的な検討に入る前に、両者に関するこれまでの研究動向を概観するとともに、我々と関心を共有している（可能性のある）研究、すなわち両者をともに扱った先行研究を検討し、もって我々の探究の独自の意図を明確にしようと思う。

1　トクヴィル研究[4]

　トクヴィルは、存命中から高い評価を受けていた。弱冠29歳にして『アメリカのデモクラシー』第 1 巻（Tocqueville 1835）を著し、ジョン・スチュアート・ミル（John Stuart Mill: 1806-1873）を始めとする同時代の名士たちから高く評価され、この大成功により早くから世にその名を知られる存在となり、その後も同書第 2 巻出版、下院議員当選、外務大臣就任、『旧体制と革命』（Tocqueville 1856a）出版と、ずっと社会の表舞台で活躍した名士であった。そしてその死後も、翌年には早くも親友と夫人の手により全集の出版が開始されるなど評価され続けた。この高い評価はその後およそ30年から40年にも及んだ。
　しかし、この時期の評価は、独創性を評価する社会学ないし社会科学の視点からのものではなかった。それは大学を始めとするアカデミックな機関に所属したこともなく、弟子や、まして学派を残さなかったトクヴィルにあっては当然のことかもしれない。むしろこの時の評価は、評

者の直接・間接の同時代人としてのそれであり、文筆家一般としての、政治家一般としての高い評価であった。このことは、エキゾチックな新大陸の様子（社会制度）を旧大陸の人々に知らしめるといういわば見聞録としての性質を少なからず持つ『アメリカのデモクラシー』第1巻が当時非常な成功を収めたのと対照的に、ほとんど社会学的分析と言ってよい、それゆえ今日の我々には魅惑的な言説に満ちた同書第2巻（Tocqueville 1840）が、「描写することよりもむしろ想像し、発案することを自らに課した」ことを、そして「発案とは、ある限界の中では、専断を意味する」ことを指摘・批判され（Jardin 1984: 261–262＝305）、実際さほどの成功を見なかったという事実からも察せられよう。もちろん、このような評価自体はトクヴィルを一人のまさに生きた人間として幅広く捉えていたという意味において、良き評価であった。しかし、社会学とは別のところでの評価であった。

　高い評価にもかかわらず、この期間は他方で、トクヴィルを人として知る人々が次第に失われてゆく期間でもあった。その結果、世紀末が近づくにつれ次第に彼に対する関心は薄れ、世紀をまたぎ、さらに第一次大戦後ともなれば、ごく一部の専門家以外には事実上忘れられた存在となっていた。『アメリカのデモクラシー』も『旧体制と革命』も、その後発表された諸研究にスタンダードの地位を譲り、改めて顧みられることなどもはやほとんどなかった。

　ただし、この時期には、おそらく直接・間接の関係者が時とともに他界していったことによるのであろう、それまで明らかにされなかった重要な——生々しい——資料が公表された[5]。その中でももっとも重要なものが、原稿執筆後実に42年、著者の没後34年を経て1893年初めて出版された『回想録』（Tocqueville 1851）である。後に詳しく見るとおり同書は、二月革命期および第二共和制期に自らが直接経験した、政界と一般社会の状況を非常に具体的に——政治家諸氏の実名入りで——記録したものである。また多くの往復書簡が初めて公表されたのもこの時期、およそ

1890年代から1920年代である。この意味において、この時期は結果的に、トクヴィルが論じられなかった時期と言うよりも、同時代人から歴史上の人物への、生きた人間から死んだ人間への転換期、そしてそのような人物としての彼を対象とする研究への準備期間となったのである。

　20世紀中盤に入ると復権のきざしが現れる。1939年、J・Pメイヤー（Jacob Peter Mayer）により『大衆時代の予言者：アレクシス・ドゥ・トクヴィルの研究』（Mayer 1939: 翌40年に出版されたアメリカ版では『アレクシス・ドゥ・トクヴィル：政治学における伝記的試論』に改題）が著され、さらに第二次大戦後には、メイヤー監修の下、ガリマール出版（Éditions Gallimard）から新たな全集の編纂・刊行も開始された（1851–）。これに加えて、ジョージ・W・ピアソン（Georges Wilson Pierson）により1938年に設置された、トクヴィル家および関連名家の居城に眠っていた草稿や書簡を含む貴重な未公刊一次資料のコレクション、イェール大学バイネッケ稀覯本手稿図書館のトクヴィル手稿コレクション[6]が、1959年から1974年の間四度に渡り補完・拡充されるなど、再評価の資料的基盤も整備されるようになり、次第に再び人々の関心を集めるようになった。いわゆる「トクヴィル・ルネサンス」である。

　今回の評価はもちろん同時代人としてのものではなかった。第二次大戦前後という歴史的条件を背景に、それは主として自由主義思想家ないし民主主義理論家としての評価であり、地域としては主にアメリカにおいて、学問分野としては政治学・政治思想において評価された。今回の高い評価は、まさに社会科学者としてのそれであり、文章の修辞的な巧みさや国会議員・外務大臣としての政治的手腕に対する評価ではなく、社会理論家・政治思想家としての、民主主義や自由主義を論じた政治学者としての、そしてアメリカ研究者としての評価であった。それゆえ、前回の評価とは逆に、彼が現実に生きた環境、生きた歴史から、とりわけフランスという地域と時代から、多かれ少なかれ切り離され、偉大な

古典としての、いわば理念的・理論的な評価となった。この時期の代表的な研究としては、ジョージ・W・ピアソン『アメリカにおけるトクヴィルとボーモン』(Pierson 1938)、ラッセル・カーク『保守主義精神』(Kirk 1953)、マーヴィン・ゼッターバウム『トクヴィルとデモクラシーの問題』(Zetterbaum 1967)が挙げられよう。

ところでこれらの研究は、単なる学問的関心から論じられたと言うよりも、政治思想の伝統のないアメリカで、国の確立に必要な自国の政治制度の理論的支柱の確立作業として、とりわけ第二次大戦後は社会主義に対する自由主義の優位性の確認作業として、民主主義研究がおこなわれたという感がある。であるからこそ、この時期のトクヴィル研究は『アメリカのデモクラシー』を実質的に唯一の焦点として展開されたのであろう。

それゆえまた、狭いアカデミズムの範疇にとどまらず、評論家やジャーナリストを含め政治を論じる者ならたとえ詳解せずとも必ず触れざるをえない、まさしくアメリカの「古典」とさえなると同時に、『アメリカのデモクラシー』以降も様々に(フランス人として)活躍した面があまりにも軽視され、多くの場合見落とされてきたのも確かである。実際、わずか9ヶ月ほどのアメリカ滞在の後、ごく若い時期に書かれた『アメリカのデモクラシー』以後も彼は生き、議論したのであり、同書で社会学的言説を終えたわけではない。むしろ同書は処女作であり、彼の議論の出発点であって、主著と呼べるかどうかさえ、少なくとも自明ではない。事実、後に我々が見るとおり、彼はフランスに帰国後国会議員として、まさに当事者として二月革命を体験するなどフランス社会に深くかかわり、また『旧体制と革命』に結実する一連のフランス史研究をおこなっているのである。しかし、「アメリカの古典トクヴィル」が「フランス人トクヴィル」の影を非常に薄くしたことで、フランスの伝統・社会思想史にトクヴィルを位置付けることから皆の目を逸らし、彼の言説の深い意味を汲み取る機会を逸してきた。例えば、本書が考察の大きな柱に据えて

いる、まさに彼の人生の意味の根幹を成すそのカトリシズム信仰と、社会学的言説の密接な連関は問われぬままになってしまった。

　こうした状況は、戦後の日本でも同様であった。しかし加えて、日本の場合、アメリカの場合よりもマルクス主義の影響力がずっと大きかったため、もっぱら自由主義の思想家としてのみ捉えられていたトクヴィルに対する研究の方は量的には細々としたものだったことは否めない。その貴重な研究としては、小川晃一『トクヴィルの政治思想』第2部第1章および第2章（小川1975：ただし当該章の初出年は1958）や田中治男『フランス自由主義の生成と展開』（田中1970）が挙げられよう。

　しかし、この再評価も現代に近づくにつれ次第に新たな方向性を模索するようになる。政治学での研究はその後も地道に続けられているものの、さらに別の観点からの研究が加わった。それはアメリカよりもむしろフランスで、政治学の領域でも、残念ながらやはり社会学の領域でもなく、固有の意味での歴史学の領域で——無論、歴史学の中でも政治学に近い部分においてであるが——主におこなわれた。と言っても、この動きはそれほど急速なものだったわけではない。実際、フランスでのトクヴィル再研究の成果が現れたのは意外に遅く、フランスで最初にトクヴィルを主題とした博士論文が著されたのはようやく1983年になってのことである。結局、初期の評価を除けばトクヴィルは本国では、長く人々の関心の対象ではほとんどなかったのだ。

　それにしても、1980年代にもなるとこの新たな研究動向も豊かな成果をもたらすに至る。いわゆる「トクヴィル再発見（Tocqueville retrouvé: Aron 1979）」である。『アメリカのデモクラシー』と『旧体制と革命』を中心に自由と平等の危うい均衡について改めて論じたピエール・マナン『トクヴィルとデモクラシーの本質』（Manent 1982）、エール大学トクヴィル手稿コレクションの未公刊資料をも用いて、アメリカとフランスの二つの視点からトクヴィルのデモクラシー論を詳細に論じたジャン＝クロード・ラ

ンベルティ『トクヴィルと二つのデモクラシー』(Lamberti 1983: これがフランス初のトクヴィルを論じた博士論文である)、新しい全集の編集者という立場を活かし、さらに多くの未公刊資料を駆使してトクヴィルの生涯と思想を伝記的に追究したアンドレ・ジャルダン『トクヴィル伝』(Jardin 1984)、トクヴィルの思想とそのフランスでの影響を論じたフランソワーズ・メロニオ『トクヴィルとフランス人』(Mélonio 1993)などなど。またわが国においても小川晃一『トクヴィルの政治思想』(小川1975: ただし1958年初出の同書第2部第1章および第2章は除く)、松本礼二『トクヴィル研究』(松本1991)などもこの流れに位置付けられよう。そしてこの動きが今日まで続き、内容的にも人材的にもトクヴィル研究の主流を成しているのである。

　しかるに、こうした長い変遷を経、多面からの豊穣な研究を蓄積したトクヴィル研究も、それでもなおやはり政治理論ないし政治思想としての民主主義論か、あるいは歴史学ないし伝記的記述に重きがあり、かつまた、いずれの側からの研究もその中心は『アメリカのデモクラシー』にあり、その意味でも全体として「アメリカ研究」の枠からさほど出てはいないことも否めない。さらに、この政治学と歴史学という二つの学問分野でおこなわれたトクヴィル研究は、必ずしも結び付けられていないのだ。それらは多少の交流や相互の影響関係はあるにせよ、密接には結び付けられていない。一方は過度の理論化・一般化に走り、他方は過度に細かな諸事実の網羅的記述へと走る。社会学的研究、例えばその歴史とその社会学的言説との連関を論じた研究、すなわち、本書のごとく、トクヴィルをフランスの歴史の中に置きかつ社会学の流れの中に置いて検討したものは、ごくわずかしか存在しないのが現状なのだ。その意味では、未だ、トクヴィルの社会学的言説が歴史の中を実際に生きた人間による、それ自身具体的な生きた言説として扱われているとは言い難いと思われる。そのような扱いを試みた希少な研究については、デュルケー

ム研究の状況を見た後に、両者合わせて見てみよう。

2　デュルケーム研究[7]

　ヴェーバーと並び社会学の創始者とされるデュルケームの研究は、トクヴィルのそれに比べると、当然のことながら特に社会学の領域において極めて豊穣であり、またトクヴィル研究ほどの波もなく、生前から一貫して研究者の強い関心の的であった。

　存命中は、もちろん批判も多々受けつつも、社会学の創始者として認められていた。現在でもその発行が続いているフランス最初の社会学研究雑誌『社会学年報(*Année Sociologique*)』を創始し、自身の名を冠した学派さえ形成し(École durkheimienne: デュルケーム学派)、甥のマルセル・モース(Marcel Mauss)を始め、アルマン・キュヴィリエ(Armand Cuvillier)、セレスタン・ブーグレ(Célestin Bouglé)、ポール・フォコンネ(Paul Fauconnet)、ジョルジュ・ダヴィ(Georges Davy)、そしてモーリス・アルヴァックス(Maurice Halbwachs)、フランソワ・シミアン(François Simiand)ら多くの優秀な社会学者を弟子として輩出した。

　デュルケームの弟子の時代に移っても——またはそれゆえに——この高い評価は続いた。彼らは精力的に師の散逸した文章を論文集として編み、未発表の講義原稿等を出版するとともに、主に二つの方向で師の創始した学問を受け継いだ。

　一つの方向は、師の社会学を展開・発展させる方向である。それは弟子たちの中でも、人類学史上まさに画期的な論文「贈与論」(Mauss 1925)を著したモース、『自殺の諸原因』(Halbwachs 1930)を著したアルヴァックス、『経済科学の実証的方法』(Simiand 1912)のシミアンらが採った方向である。彼らはそれぞれ師の社会学の、人類学への発展、自殺研究や集合表象研究の補訂・拡充、そして師自身はほとんど論じなかった経済社会学への展開をおこなった。つまりデュルケームの社会学の基本枠組を

維持し、その方法論を用いて——もちろん批判・修正はあるにせよ——その社会研究自体を拡充する方向で努力した。

今一つの方向は、師の死後まもなく論文「エミール・デュルケーム：人物」(Davy 1919)および「エミール・デュルケーム：著作」(Davy 1920)を発表したダヴィ、『社会学とは何か？』(Bouglé 1925)のブーグレ、『社会学入門』(Cuvillier 1936)のキュヴィリエらによって採られた方向である。彼らは、師の社会学そのものを対象とし、それを広める方向、とりわけ社会学を学問の一分野として、一科学として学界にも一般にも認めさせる方向で努力した。ゆえにまた、そこでは、デュルケームの幅広い議論の中でももっぱら、社会学的方法論の検討に力点が置かれ、それが確固たるものとして成立すること、この意味において「(デュルケーム)社会学とは何か」が問題であり、それが成り立つことこそがその主張の眼目であった。

しかし、向きは違えども、いずれも社会学という学問を成立させようという社会学者としての強い(利害)関心と一体であったことは確かである。だからこそ、その方法論が——それを用いるにせよ、それ自体を論じるにせよ——中心に置かれ、その維持・発展が目論まれたのだから。その意味で、この時期のデュルケーム研究は、科学としての社会学を確立しようと努力したデュルケーム自身のプログラムに含まれていたものであり、その直接的な展開であると言えよう。

このような傾向、すなわちデュルケームの社会学の成立をいわば社会学の成立そのものと捉え、その方法論を中心に全体としてまとめて捉えようとする傾向は、次第に薄まってはゆくものの第二次大戦まで続く。もはや直接の弟子が主役を成す時代ではなくなった1930年代後半にはデュルケーム研究の画期を成す二つの研究書が相次いで発表された。タルコット・パーソンズの『社会的行為の構造』(Parsons 1937)とハリー・アルパートの『エミール・デュルケームとその社会学』(Alpert 1939)である。

後者は、デュルケームのまとまった伝記的研究の最初のものである。

今日ではさらに充実した同様の研究（下記 Lukes 1973）が存在するため、もはやその意味で見るべきものはないが、弟子以外の者による初めての評伝であり、その研究教育活動を順に追いながらデュルケーム社会学の全体像を客観的に構築しようとした初めての試みとして、後のデュルケーム研究の一つの基準点となったことは確かであろう。

そして、もはやそれ自身社会学の古典に属するあまりにも有名な前者は、デュルケームの生涯に渡る社会理論の展開を、アルフレッド・マーシャル（Alfred Marshall）およびヴィルフレード・パレート（Vilfredo Pareto）におけるそれとともに、実証主義的伝統からの行為の主意主義的理論の形成過程の一つとして捉えたものである。この研究自身は、幾多の批判にもかかわらず、デュルケームの理論形成を苦悩と葛藤を孕んだダイナミックな一過程として描いており、その意味で高く評価できるものである。しかるに、デュルケーム研究史上の、と言うよりも社会学史上のこの書のインパクトとしては、そのような動的なデュルケーム解釈と言うよりもむしろ、そこで論じられたデュルケーム理論の様々な要素、機能・拘束・制度・有機的な社会観といった要素が、パーソンズ自身の社会システム論ないし構造－機能主義の起源と見做されたことの方が大きかったと言えよう。それゆえにこそ、この後20年以上に渡って、デュルケームは、パーソンズ自身に対すると同様に、そしてトクヴィルに対すると同様に、とりわけマルクス主義的な立場からの、保守的・反動的でありまた社会変動を説明できない静的なものであるとの批判に晒され続け、学的世界内部での一般的なイメージとしてもそのようなものとして広く受け取られざるをえなかったのである[8]。

こうしてこの解釈は比較的長い間、良かれ悪しかれデュルケーム解釈のスタンダードとなっていた。しかし、第二次大戦後、とりわけ1960年代終わりから1980年代初めにかけて、新たなデュルケーム研究の盛り上がりが起こり、この解釈自体が根本的に批判されることになる。いわゆる「デュルケーム・ルネサンス」である。そこでは、それ以前にはなかっ

た、国家論などの政治社会学に関する論考を多く含んだ『社会学講義』[9]が戦後(1950年)新たに出版されたこともあり、静的ではなく動的な、保守的ではなく革新的なデュルケーム像が、中でもイギリス・フランス・アメリカ、そして日本において盛んに主張されるようになる。代表的な研究としては、アンソニー・ギデンズ『資本主義と近代社会理論』(Giddens 1971)、同『社会理論の現代像』(Giddens 1977: 原題は『社会政治理論研究』)、スティーヴン・ルークス『エミール・デュルケーム：その生涯と業績』(Lukes 1973)、ドミニク・ラカプラ『エミール・デュルケーム』(LaCapra 1972)、ジャン＝クロード・フィユー「『社会科学と行動』への序文」(Filloux 1970)および『デュルケームと社会主義』(Filloux 1977)、ベルナール・ラクロワ『デュルケームと政治』(Lacroix 1981)が挙げられよう。またわが国においてもこの時期には、宮島喬『デュルケーム社会理論の研究』(宮島1977)、佐々木交賢『デュルケーム社会学研究』(佐々木1978)、小関藤一郎『デュルケームと近代社会』(小関1978)、中久郎『デュルケームの社会理論』(中1979)という具合に、非常に質の高い研究が数多く発表されている。

そしてこのルネサンス以降、デュルケーム研究はこれまでにも増して、量的に極めて豊かに、質的に極めて多様なものとなった。そこでは、デュルケームという人物と文献の研究と言うよりも、社会学の一つの共通基盤として、また様々な領域の様々な論者によって「検討される」と言うよりも、むしろそれぞれの必要に応じて様々な形で「参照される」ことの方が多くなり、ゆえにその中で結ばれたデュルケーム像は、極めて多様なものとなった。すなわち、彼は、これまでどおり『社会学的方法の規準』(Durkheim 1895)とともに社会学方法論・認識論の論者として現れ、加えて『宗教生活の原初形態』(Durkheim 1912)とともに宗教社会学者として現れ、また『社会分業論』(Durkheim 1893)・『自殺論』(Durkheim 1897)とともに近代社会批判の論客として現れるようになった。さらに『道徳教育論』(Durkheim 1925)・『フランス教育思想史』(Durkheim 1938)とともに教育学

者として現れ、『社会学講義』(Durkheim 1950)とともに政治社会学者として現れ、「家族社会学序論」(Durkheim 1888)・「夫婦家族」(Durkheim 1892b)とともに家族社会学者として現れさえするようになった。さらに、こうした大枠で分類される像に加え、彼の用いた魅力的なタームを巡る細かな議論があちらこちらで起こった。アノミー論、集合意識／集合表象、創造的沸騰論などである[10]。

　こうして膨大な研究が蓄積された。『エミール・デュルケーム：批判的評価』全12巻(Hamilton 1990, 1995 & Pickering 2001)のような研究論文の集大成まで編まれるようになった。もはやデュルケームは社会学の、いや人類学や教育学などの隣接領域においてさえ、文字どおり押しも押されもせぬ「古典」となったのだ。そして、現存すると思われる一次資料がほぼ出尽くした今となっては、デュルケームそのものに限れば——新たな解釈の余地は未だ十分にあるにせよ——まったく触れられていない領域・論点など、もはやまず存在しないというのがデュルケーム研究の率直な現状であろう。

　もちろん、デュルケーム・ルネサンス以降、狭義のデュルケーム研究、すなわちデュルケームの社会学を一つの総体として捉えその根底や全体像を追究する方向性を持った研究が皆無だったわけではない。しかるに、現代社会学の多様な各イッシューへの、さらには隣接学問分野への、放射的発展とは反対に、まるで「既に十分に語り尽くされた」とでも感じられたかのように、そうした研究は相対的に次第に減少したことは否めない。そして、残った数少ないそのような研究は、ある意味で極端な理論的解釈によってその現代的意義を引き出そうとするようになった。スティエパン・G・メストロヴィッチ『デュルケームとポストモダンカルチャー』(Meštrović 1992)、ジェニファー・M・リーマン『デュルケーム脱構築：ポスト−ポスト−構造主義的クリティーク』(Lehmann 1993)がそうした傾向の代表例として挙げられよう。

このようなデュルケーム研究の量的質的発展は、しかし、研究の専門分化をもたらした。もはや「全体としてのデュルケーム社会学」という総論的な問いはいわば誇大理論となり、細分化された研究分野の内部で各論が熱心に論じられるようになった。それはデュルケーム研究に限ったことではなく、一般に一つの研究分野が発展する時の必然的な過程なのかもしれない。いずれにせよ、この専門分化に伴って、かつて——確立されうるべき方法論という形で——盛んに論じられた、「そもそも」の問い、基盤に対する問い、すなわち「社会とは何か」「社会学とは何か」「社会学は可能か」といった問いが問われることは次第に少なくなり、20世紀末にもなると、もはやそのような問いが大真面目に立てられること自体ほとんどなくなってしまった。このことは、一方では確かに、社会学のアカデミズム世界内における覇権的成功の結果であるが、と同時に他方では、その確立されたニッチの中で、せっかく築いた地歩をご破算にしかねない、自らの存立基盤自体を疑うような問いは、要するに利害関心に従えばマイナスの問いは、意識的にも無意識的にも避けられるようになったという現状を示唆しているのではなかろうか。我々は、社会学存在の正当性と、その対象としての社会学的な意味での社会の存在を、無意識の内に、利害関心から、自明視してしまっているのではなかろうか。またたとえこの自明視に気付いたとしても、そこから目を逸らし、細かな作業に没頭してはいないだろうか。しかし、もちろん、それらは自明ではない。この問題は社会学の存立にとって見過ごせるものではないのだ。

　したがって、以上のようなデュルケーム研究のこれまでの展開を踏まえれば、そもそもデュルケームが社会学なる学問を創造したことそのものの意味の検討は、実際のところおこなわれていないのではなかろうか？　これまでのデュルケーム研究史上ずっとそうであったように彼の議論の中には意味がある**はず**だと始めるのではなく、そして細かな専門用語を巡って議論を踊らせるのではなく、そもそも彼の社会学に意味が

あるのか否かを、そして我々が社会学には意味があると思っているそのことを、検討の俎上に乗せるべきなのではなかろうか。かつてデュルケームの弟子たちの時代盛んに論じられたように。ましてや直接的関係者がすべて他界した今、利害関係を抜きにして、すべてを客体化し、それがデュルケームの社会学などまったく無意味だという結論に導かれることさえ敢えて厭わず、検討してみるべきなのではなかろうか。デュルケームの死後まもなく百年が経とうとしている現在、その前後の時代を視野に収め、今ならそのような抜本的な検討が可能なのだから。とりわけ、社会学が対象として持つ「社会」そのものが揺らいでいる現状を鑑みれば、この検討は、単なる学説史的研究としての意味にとどまらず、我々が社会に生きているということの意味を、たとえその一部にすぎなくとも、明らかにするという重要な意味を持ちうるのではなかろうか。今こそ、この、これまで問われなかった問いが問われるべき時なのではなかろうか。

　本書はこのような関心から今一度デュルケームを、まさに社会学の「創始」者としての根源から問い直そうと思う。つまり、彼が社会学を創始するに至った歴史的環境を——彼が社会学を創始することを可能とした、その誕生以前の歴史的環境さえもトクヴィルとともに踏まえ——重要な背景として捉えるのみならず、その歴史的現実の中で実際に彼が生き書いた事実をいわば追体験することで、この体験の意味を問い直そうと思うのである。

3　トクヴィル—デュルケーム研究

　では、以上のとおり両者それぞれの研究史を概観した上で、以下に我々がおこなおうとするように、この二人の巨人を包括し一つの観点から関連付けて把握した研究の状況はどうなっているだろうか。

　もちろん、社会科学の古典として両者を同じ書物内で扱った文献自体

は少なからず存在する。しかしそれらのほとんどは、入門書ないし解説書の類いであり、研究書ではない。既に古典に属する知の巨人を扱う書物が多かれ少なかれ教科書的な意義を持つことは自然なことであろうし、実際こうした書物の多くは著者自身による大学での講義が元になっていることが多い。しかしそれにしても、既に成された研究の簡略版としての教科書と、研究史に新しい何かを大なり小なり付け加える研究書とは区別すべきだろう。そこで、この意味での研究書に焦点を絞ってみよう。すると、そのような研究は、両者の膨大な研究の蓄積に比べれば非常に少ないことがわかる。それはまさに、両者がこれまで政治学・歴史学・社会学という異なった学問領域内部でもっぱら論じられてきたことの結果であろう。

にもかかわらず、そのような研究が皆無というわけではない。

先にトクヴィルの先行研究を見た際、彼についての研究は政治学または歴史学においておこなわれたと言ったが、それは厳密には正しくない。量的にも質的にも主な研究はこの二つの領域でおこなわれたのは確かであるが、社会学的研究がまったくなかったわけではない。確かに社会学はトクヴィルを長く無視してきたが、特に1960年代初めから1970年代初めにかけて、社会学史的研究の中に、デュルケームとともに、彼は現れる。

とは言ってもやはり、そのような社会学的な研究においてさえ、一つの流れとしての歴史的な把握よりも、並置による理論的な比較に力点があるのも事実である。そのような研究の完成度の高い代表的な例として、ジャンフランコ・ポッジ『現代社会理論の源流：トクヴィル、マルクス、デュルケーム』(Poggi 1972)が挙げられよう。同書はマルクスを含めた三者の理論を、極めて興味深く比較しているが、著者自身序文で断っているとおり、歴史的背景はばっさりと捨象され、その対象と有効性は三者の理論的な側面にはっきりと限定されている。

多少なりとも歴史の流れの中でトクヴィルとデュルケームを関連付け

た社会学的研究の代表的なものとしては、ロバート・A・ニスベットの『社会学的発想の系譜』(Nisbet 1966)がすぐに思い浮かぶであろう。確かにこの書は、トクヴィル、マルクス、テンニェス、ヴェーバー、ジンメル、そしてデュルケームと、錚々たる顔ぶれを採り上げ、思想史的に考察している。しかるに、まさに冒頭で、第1部第1章第1節で著者自ら断っているとおり、この書における思想史は、人物に焦点を当てその文献を中心において描かれたものではない。ここでの思想史は、思想の歴史と言うよりも、概念の歴史であり、ニスベット自身の言葉を使えば(思想の構成要素としての)単位－観念(unit-idea)の歴史である。そこでは、ニスベットの考える社会学の単位－観念、すなわち「著者の間のあらゆる明確な相違にもかかわらず、社会学に基本的で本質的な内容をもたらしたと思われるものであり、近代社会学の古典時代を通じて存続し、現代に至るまで及んでいる観念」(Nisbet 1966: 5=I・3)、共同体・権威・地位・聖なるもの・疎外の五つの観念にのみ焦点が当てられ、各思想家におけるそれぞれの観念が抽出・再構成され、「産業革命とフランス革命という二つの革命による旧体制の崩壊と新秩序の模索」という非常に大きな歴史把握を背景として、相互に比較検討されている。この方法は彼の問題関心に照らして適切なものであり、その成果も非常に興味深く、またこの方法は確かに、思想史が単なる思想の伝記にたやすく変わってしまう(*ibid*.: 3=I・1)、人物とその文献中心の思想史研究法の弱点を克服するという利点を持つとしても、しかし、他ならぬ事実としての具体的な歴史を、すなわち「なぜある時代ある場所である特定の個人がある特定の思想を書き残さざるをえなかったのか」を、換言すれば「ある観念がなぜある時代ある場所である特定の個人によって産み出されたのか」を、明らかにしてくれるものではない。そこでの思想家は、ある観念をいわば偶然書き残した、歴史という舞台の役者として現れる。つまりその観念が取り憑いた人間なら誰でもよい、そのような者として。だからこそそこでの「歴史」も、具体的で詳細な歴史ではなく、上記のとおりの、歴史と

言うよりもむしろ「時代区分」となっているのだ。したがって、この書をもって、我々が探求しようとしているようなトクヴィルとデュルケームのつながりが、彼らが生きた具体的な歴史と言説との連関が、明らかにされているとは言い難いのである。

では結局、トクヴィルとデュルケームを、単に比較するのではなく、一つの歴史的な流れの下にいわば芯から捉えた研究は存在しないのだろうか？　そんなことはない。一つだけ、非常に質の高いすばらしい研究が、フランスに存在する。もはやこの著作自身が古典に近い、かの有名なレイモン・アロン『社会学的思考の流れ』(第1巻Aron 1965、第2巻Aron 1967)である。アロンは『産業社会に関する18講』(Aron 1962)において「19世紀前半の三つの社会学の学説」(Aron 1962: 33=35)の一つとして初めて社会学的にトクヴィルを扱ったのに続いて(他の二つはコントとマルクス)、本書第1巻で、モンテスキューに始まり、次いでコントを、次いでマルクスを、さらに続けてトクヴィルを一つの流れとして論じた。そして2年後第2巻において、続く時代(19世紀後半)の社会学者たちとして、デュルケーム、パレート、ヴェーバーを順に論じた。こうして、この書においてトクヴィルとデュルケームは一つの社会学史の流れの中に明確に位置付けられている(ように見える)[11]。しかもこの書は、「社会学者と1848年革命」と題する章を独立して設けるなど、社会理論とその歴史的背景の連関についても十分に認識している。しかし、同書とても、よくよく読んでみると、本書で直接的な思想の流れとして描こうと試みるトクヴィルとデュルケームを、直に結び付けて描いているわけではないのだ。

トクヴィルが「社会学的思想の提唱者の一人には普通数えられていない」(Aron 1965: 223=240)理由を「近代[社会学]のデュルケーム学派が、オーギュスト・コントの仕事に由来しているために、フランスの社会学者は、政治制度上の現象を無視して、もっぱら社会構造上の現象に力点を置いてきたから」(*ibid*.: 224=241)と考えるアロンは、「彼[トクヴィル]

は、[モンテスキューの] 制度や社会のいろいろな形態を分類する習癖、わずかな事実から抽象的な理論を構成するやり方を、社会学的描写の方法に取り入れた」(*ibid.*: 262=298) とし、「社会学者としての彼 [トクヴィル] は、モンテスキューの系譜に属している」(*ibid.*) と結論付ける。したがって、この書でさえ、トクヴィルはモンテスキューとの連関において捉えられ、デュルケームとは異なった流れの中に位置付けられているのである。

また、「オーギュスト・コントの良き弟子」(Aron 1967: 310=3) であり「オーギュスト・コントの後継者」(*ibid.*: 313=7) と把握されたデュルケームを論じる際には、トクヴィルは明確に関連付けられていないどころか、まったく何も、触れられてさえいない。

結局、一つの社会学的思想の流れを見事に描いているアロンにおいてさえ、トクヴィルはモンテスキューと、デュルケームはコントとそれぞれ結び付けられているにすぎず、トクヴィルとデュルケームとが直接結び付けられ論じられているわけではないのだ。本書では、それをこそ試みようと思う[12]。

また、レイモン・アロンがそう扱っているとおり、この間一貫して、デュルケーム社会学の直接の先駆者はコントであるとされている。最近に至るまで、山下雅之『コントとデュルケームのあいだ』(山下 1996) までずっとそうである。しかるに、彼ら二人の間に師弟関係があったわけでもない。それどころか、時代的に言って両者が直接会ったはずもないのだ。その意味では、確かに実証主義という意味で、また分業論でコントを批判しているという意味で、**一つの源泉ではあっても、必ずしもそれ以上のものではないのではないか？** 他にも源泉があるのではないか？

そしてもしかすると、観点によっては、その、他の源泉から描かれる道程の方がフランス社会学発展の主要な道なのではないか？ とさえ思われるのである。我々にはそれが、コントの同時代人、トクヴィルであ

ると思われるのだ。この選択の真意は本書本文を読んでいただくしかないが、それにしても（コントでないにしても）なぜトクヴィルかという問いには、さしあたり次のように答えられるだろう。

　我々は、大きな時代区分（社会学は社会の近代化に伴う諸矛盾に際して発生したというようなもの）ではなく、もっと具体的な歴史、人間が生きた歴史と社会理論ないし社会的言説との関連をしっかりと見据えて考察したいと考えた。と言うのも、我々が社会学ないし社会科学と呼ぶものは、自然と呼ばれる意識外的な世界に根拠を持つ（とされる）自然科学とは——おそらく普段社会科学者に意識されているよりもずっと重要な水準で——異なり、その論者自身の生に根拠を置いていると思われるからである。そしてそれは、単に論者の主観性というだけの問題ではなく、むしろ大きく、その論者の置かれた環境、すなわち彼が生きた時代と場所、すなわち歴史の中に根拠を置いていると思われるからである。もちろん、この意味ではある時代ある場所に生きたすべての人々に社会学者たる資格があると言えるかもしれない。しかるに、ある時代ある場所を生きた膨大な数の人間の中で、別の場所別の時代にまでその思想を伝え残す人間など非常に少なく、ましてや、その思想とともにその生の諸事実を、とりわけその生における「思い」までをも明確に伝え残す人間は、ほとんど存在しない。印刷技術こそ存在したものの、電子的記録技術もなければそもそも人口の大半が文字を読み書きできなかった時代と場所にあっては、なおさらである。そして、我々がまず対象とする19世紀前期から中期のフランスでは、コントを含めそのような人物は数えるほどしかおらず、その中で、我々の社会学的関心を展開するに適する内容と分量を残してくれた——すなわち現在に生きる我々があたかもそれが現実そのものであるかのごとくその中で当たり前のように生きている、そしてまた現代社会学が意識的にも無意識的にも大前提としている、「社会」と「人間」という観念の、歴史の中での具体的な発生過程を、自分自身の生の記録として残してくれた——そのような人物こそ、トクヴィルだったと

いう次第である。この選択が適切なものであったか否かは、本文の具体的な記述をご覧ののち、ご判断いただきたいと思う。

したがってまた、本書ではトクヴィルを扱うと言っても、これまでのように政治理論としての民主主義論を分析しようとするのではない。むしろ、そうした研究が見落としてきた「フランス人トクヴィル」を見ること、つまりフランスの伝統・社会思想史にトクヴィルを位置付けることで、彼の議論の社会学的意義を明らかにしようと思う。

同時に、社会学の専門分化の中で問われることの少なくなった、そもそも社会とは何かという問いをそこで扱う。だからこそ、万人が認める社会学の創始者の一人デュルケームとともに、その一世代前にあたる、いわば社会学を準備したトクヴィルを対象として選んだのだ。換言すれば、社会についての学など、社会が人の集まりであるならば、人類始まって以来いつ発生してもなんら不思議ではないのに、実際にはある特定の時代・特定の時期にのみ産み出されたことの理由を問い、その理由の帰結としての、我々が日々科学的概念として利用しまたその中を生きていると表象している「社会」なるものが、いわばどのように歴史的に特殊なものとして成立しているのかを明らかにしようと思うのである。

それは彼らが生きた具体的な生(なま)の歴史に踏み込む以上、必然的に、形式としての社会理論のみならず、その実質としての社会的生のあり方にも踏み込むこととなる。

ところで、驚いたことにと言うべきか、もはやさもありなんと言うべきか、それ自体を一つのエピソードとして捉える歴史的ないし伝記的研究[13]を除けば、カトリシズムの伝統という背景からトクヴィルの社会理論を捉えた研究は、非常に少ない[14]。さらに、このような伝統的背景の意味をすぐれて**社会学的見地から**考察した研究に至っては、現在のところ皆無と言ってよい。

それは、これまでのトクヴィルに対する社会科学的研究が、もっぱら民

主主義論に着目し、しかもその「理論面」「制度面」に焦点を当ててきたことの裏返しであろう。したがって、現に生きた人物としてのトクヴィルの精神と理論の関係、とりわけ彼の信仰との関係はまったく問われていない。信仰の問題は、歴史研究に任されてきた。しかし、後に見るとおり、それでは見落とされる、社会学の出自にとっての大きな問題、まさに社会学的問題が存在するように我々には思われる。

　そこでなによりもまず我々の研究は、彼の生い立ちを確認することから始められることとなる。

第1章　アレクシス・ドゥ・トクヴィル

第1節　生い立ち
——家庭的背景から最初の懐疑へ

　1805年7月29日、パリにおいて、アレクシス・シャルル・アンリ・クレルル・ドゥ・トクヴィル（Alexis Charles Henri Clérel de Tocqueville）はこの世に生を受ける。時はナポレオン率いる第一帝制の初頭であり、フランス革命勃発から16年、革命の混乱と、その後も絶え間なく続く政治的混乱が、皇帝の出現によってようやく終止符を打たれるかという時代であった（もちろん、皇帝の出現も、さらに続く混迷の一場面でしかなかったのだが）。

　アレクシスの父親エルヴェ・ルイ・フランソワ・ジャン・ボナヴァンチュール・クレルル・ドゥ・トクヴィル（Hervé Louis François Jean Bonaventure Clérel de Tocqueville）は、この時33歳。したがって、革命を直に、青年貴族として経験した世代であり、1791年には亡命貴族軍に加わり、王党派として実際に戦っている。彼はノルマンディーの由緒ある貴族であり、その家系は確実に12世紀まで、おそらく1066年のノルマンコンクエストにおけるノルマンディー公ウィリアムの仲間の一人にまで遡ることができる。

　アレクシスの母親ルイーズ゠マドレーヌ・ル・ペルティエ・ドゥ・ロザンボ（Louise-Madeleine Le Peletier de Rosambo）もこの時同じく33歳。当然、夫と同じ革命の――恐怖の――体験を経ている。父親はロベスピエールの恐怖政治の中で処刑されており、自身と夫も逮捕され、（処刑に至る前に辛くも）テルミドール九日のロベスピエール派失脚によって生き延びている。

　したがって、アレクシスの生まれたトクヴィル家は、王党派貴族、そ

れもブルボン家を支持する正統王朝派であり、したがって(この時代の王党派フランス貴族としてまったく)当然カトリシズムの家系である。しかもこうした特徴は決して形だけのものではなく、親の世代の過酷な革命経験によって心情的にも強化されていたようである。実際、親族だけの食卓ではルイ16世を想って皆涙したとのアレクシスの回想も存在し、またエルヴェはこの後ずっとユルトラ(Ultra: 過激王党派)であったし、ルイーズに至っては「フランスに宗教[カトリシズム]と正統[ブルボン]王朝が戻ってきて再征服をおこなう可能性を信じ込んで」(Jardin 1984: 42=51)さえいたのである[15]。

このような伝統と環境の下に生まれた人間として、当然アレクシスも、特にその幼年期から少年期において、良き王党派であり良きカトリック教徒であったと考えられよう。もちろん、当時の彼自身の告白が残っているわけではない。しかし、残された数少ない記録によれば「彼[アレクシス]自身も第一次王制復古の時には、家族の熱狂ぶりを分かち持ち、ナポレオン像の引きずりおろしを見にいって、『国王万歳』を叫んだ」(ibid.)とのことである(当時アレクシスは8歳であった)。

しかし、親族のみに囲まれた生活に初めて別れを告げ、学校教育(リセ)を受けるために父親の知事としての赴任地メース(Metz)に居を移してから、この満たされ安定したバックグラウンドに動揺が生じる。

1820年、メースの知事公舎に単身赴任中の父とともに暮らし始めたアレクシスは、そこで父の膨大な蔵書[16]に沈殿することになる。そして翌21年、アレクシス16歳の時、35年後まで鮮明に記憶に残る根源的な懐疑に襲われた。

トクヴィル研究者によって「メースの危機」と呼ばれるこの深刻な精神的危機体験を、アレクシスは1857年2月26日付けスヴェチン夫人(Madame de Swetchine)[17]宛ての手紙の中で次のように語っている。

第1節 生い立ち　33

　人間存在の問題は、私にとって常に気掛かりであると同時に常に私を打ちのめすものです。私はこの神秘的な謎(mystère)に没頭することはできず、といってそこから目を逸らすこともできません。この謎は私に、交互に興奮と落胆をもたらします。この世では、人間の生は不可解なものであり、あの世では、空恐ろしいものだと思います。私は来世を固く信じています。完全に正しい神が我々にこの観念を与えられたのですから。また私は来世において、善行と悪行の報いを受けることを固く信じています。神は我々に善悪を区別する能力を与え、また選択の自由を与えられたのですから。けれども、こうしたはっきりとした概念の彼方に、この世の境界線を超えたあらゆるものが、理解し難い闇(ténèbres)に包み隠されているように私には思われるのです。この闇が私を恐怖に陥れるのです。私のその後の人生(vie)全体に深い痕跡を残した青年時代のある事件についてもうお話ししたかどうかわかりませんが、私は、幼年時代が終わった直後の数年間を一種の孤独の中で閉じこもって暮らしていました。私は、一つの大きな図書館の蔵書でしか癒しえないほど激しい好奇心に身を委ねていました。私は、ありとあらゆる種類の概念や観念をごたまぜに頭の中へ積み重ねていました。普通は、これらの概念や観念はむしろ別の年齢で経験しているものなのですが。それまでの私の人生は、内的な確信に満ちあふれた形で経過してきました。私の魂には疑いが入る余地すらなかったのです。そこに疑いが闖入してきたのです。いやむしろ、前代未聞の荒々しさで疑いが飛び込んできたと言うべきでしょう。それは、あれやこれやの事柄についての疑いだけではありませんでした。それは普遍的な懐疑(le doute universel)でした。私は、地震に遭遇した人が語るような感覚(sensation)に突然襲われました。足元では大地が揺れ、周りの壁が揺れ、頭の上では天井が揺れ、手にした家具が揺れ、目の前の自然全体が揺れる、そういう感覚です。私はこれ以上ないほど暗

い憂鬱にとらわれ、人生のことなど何も知ってはいないのに、人生に対する極端な嫌悪感にとらわれました。この世界(le monde)で今後まだ辿らなければならない道を見て、困惑と恐怖感に打ちのめされたようになりました。荒々しい情熱がこの絶望状態から私を引き出しました。それは、私の目をこの知性の廃墟から逸らせ、可感的な諸物(les objets sensibles)の方へと私を引っ張り込みました。しかし、青年期の初めに味わったこれらの印象は(その時私は16歳でした)、その後時々私の心を捉えに来ることがあるのです。その時私は再び、転倒した知的世界を目の当たりにするのです。そして私の信念と行動を支えてきた真理のことごとくをひっくり返し、揺さぶるようなこの普遍的動揺(mouvement universel)の中で、相変わらず迷い狂い乱れるのです。これは悲しく恐ろしい病気です。私はこのことをあなた以外の誰かに、これ程の強さと、そして不幸なことですがこれほどの真実さを持って言い表したことが、これまであったかどうかわかりません。望むらくは、このことをこれまで誰も知ることなく、今後も誰も知らずに済むことを！(Tocqueville 1857: 314-315)

　このまさに「告白」にはっきり現れているとおり、メースにおいてトクヴィルはその生い立ちに由来する根本的な世界観に対して自ら疑いを抱き、根源的な動揺を経験している。それは、もっとも表面的には、世間を知らずに育った子どもが、生家を離れ新しい土地で新しい経験をすることでより広い多様な認識を得、自分の生い立ちを相対化し、その矛盾点に気付いたということであろう。しかし、それはまったく表面的なきっかけにすぎない。彼自身述べているとおり、それはあれやこれやの事柄についての疑いではないのである。
　またそれは、神の存在や来世の存在に対する素朴な疑問でもない。これらに関する全体としての肯定もまた手紙の中ではっきり語られている。彼は無神論に走ろうとしているわけではまったくない。

それは、生まれてこの方、いやそれどころか生まれ育った家族全体が数百年に渡り代々信じ生きてきた**世界観そのもの**に対する深刻な疑惑、「世界」という一つの全体とその中での人間の生全体に対する懐疑なのである。そしてそれは、自身を取り巻く諸物と諸現象というだけではなく、それらを含み支える「土台」たる「世界」そのものが動揺したという意味において、まさに地震に比すべき事態だったのである。
　この「知性の廃墟」から、彼は、実り多き青年〜中年期を「可感的な諸物」に関心を向けることで一旦離れている。しかしそれは、いわば「目を逸らしただけ」であり、懐疑はずっとそこにあり続け、その後もしばしばこの感覚に襲われ続け、結局こうして最初の動揺から35年の後、アレクシス51歳の時、つまり死の2年前に、乱れた文体の悲痛な手紙としてその苦しみを吐露するに至るのである。

　ここには、後に我々が見る、「社会」に生きる「人間」の苦悩が早くも現れている。それは未だ萌芽にすぎないが、しかしこれが、我々の社会観と社会的生の苦悩のモチーフである。
　すなわち、不可解で不条理な経験に満ちた日常的生にあって、にもかかわらず絶対に正しいこと、**真理**があることを信じたい。しかし、その信仰への強い欲求にもかかわらず、考えれば考えるほど、つまり知性によってそれを把握し理解しようとすればするほど、何が正しいのかという真理の内容ばかりでなく、そもそもそのような真理の存在にさえ確信が持てなくなる。むしろ疑念がますます湧いてくる。この疑念を、もはや古い伝統に従って無意味化したり無視したりすることはできない。近代以前の伝統は既にそのような力を失っている。それらは古臭く、現実に合致せず、無知と蒙昧の産物とさえ思われる。けれども、だからといってそれに代わる自ら納得のゆく「信仰」は持てない。こうして「世界」の中で生きていることそのものに対する不安が生まれ、その不安定さの中で一切が動揺する。

そこで、この不安、動揺をどうにかやり過ごし生き延びるために、次のように考える。すなわち、万物のありかとしての「世界」を、知性によって確実に把握でき感覚によって確認できる経験的部分と、それ以外の超越的な部分に分け、前者だけを思惟の対象として措定する。比喩的に言えば「目に見えるもの」だけに取り囲まれて生きているのだと自らに思い込ませ、世界のそれ以外の部分から目を逸らす。こうして、「恐いものは見ない」ようにして自分をだますことでとりあえずの安定を得る。しかし、目を逸らしただけでそこにずっとある本質的な解かれえない問題は、事ある毎に視界に闖入し我々を悩ませる。

こうした苦悩の構造は、しかし、ここではまだ単なる疑い、最初の一歩にすぎず、あまりに曖昧な状態にとどまっている。この苦悩は、歴史の展開と密接に関連しており、したがってその詳細が明らかになるには、さらなる時代の展開を待たねばならない。今はこの萌芽の指摘にとどめ、先に進むとしよう。

この後、アレクシスはパリ大学で法律学を修め、1827年にはヴェルサイユ裁判所判事修習生となる。そしてこの立場のまま、1830年七月革命を経験することとなる。

この革命は、ナポレオン没落後フランスを統治していた正統王朝（ブルボン家）によるいわゆる復古王制が、旧体制（アンシャン・レジーム：Ancien Régime）への復帰を目指す過激王党派ユルトラの主導の下、あまりにも極端な反動的政策（1824年の瀆聖罪処罰法を始めとする一連のカトリック教会強化政策およびそれによる教育支配政策、1825年の亡命貴族補償法など）を推し進めた結果、臣民各層の猛反発を招くに至り、遂に崩壊した革命である。

勃発のきっかけは、日増しに増える反政府派に対する反撃として国王シャルル10世（Charles X）によって1830年7月26日公布された、自由な出版の禁止などをその内容とするいわゆる「七月勅令」であった。この勅令

が公布されると直ちに、自由主義者アドルフ・ティエール(Marie Joseph Louis Adolphe Thiers)[18]が中心となり起草された抗議文が発表された。これを契機として様々な層を含む反政府諸派は一斉に蜂起し、翌27日にはパリの各所にバリケードが築かれ、「栄光の三日間」と呼ばれる市街戦ののち、国王はイギリスに亡命、復古王制は崩壊した。この反乱を主導したのは共和派ではなく、勃興しつつあった中小ブルジョアジー(特に銀行家)を中心とするオルレアン派、すなわちブルボン家の分家オルレアン家の人間を王位に推す勢力であり、結果オルレアン家のルイ＝フィリップ(Louis-Philippe)が即位し、いわゆる七月王制が成立したのである。

しかしこの革命体験は、後に見る1848年二月革命ほどには深い影響をアレクシスの思想に与えはしなかった。実際、王制から王制への移行である七月革命は、王制から共和制に移行した二月革命に比べれば、国制の根本的な変化ではなく、敢えて言えば政権交代に比すべき変化である。したがってこの変化は、フランス社会を統合する原理ないし理念の、したがって社会思想の根源的な変化ではなかった。

ただしこの革命は、アレクシスの行動には大きく影響した。新政権下でも司法官であり続けるため、新法に従って、しかし家族の伝統に反して、新国王オルレアン公ルイ＝フィリップに忠誠を誓わなければならなかった。オルレアン家はブルボン家の分家であり、正統王朝派の立場からはもちろん王位継承など認められない。ましてやルイ＝フィリップは1789年の時には、革命側について戦った、いわば「裏切り者」である。これら原則的な問題だけではない。革命の影響は彼の愛する家族にも直接及んだ。特にアレクシスの父は、復古王制下にシャルル10世によって任命された(1827)ことを理由として、貴族院議員をやめさせられさえした。このような新政権に宣誓したアレクシスに対する家族・知人からの反発は猛烈なものがあり、また彼自身も内心の葛藤に苦しまねばならなかった(Jardin 1984: 88=105)。

革命がもたらした、公私に渡るこのような混乱状況に対して、アレク

シスは、人心が落ち着くまで親しい人々からも距離を取ろうと考える。これは彼だけではなく当時の青年貴族には一般的な反応であった。その結果として、アレクシスは、遠縁にあたりまた親友でもあるギュスタヴ・オーギュスト・ドゥ・ボーモン・ドゥ・ラ・ボニニエール（Gustave Auguste de Beaumont de la Bonninière）とともに、アメリカの刑務所調査を名目として、アメリカに旅立つことになった。

　これは確かにアレクシスの人生における大きな変化でありその意味で七月革命は大きな影響を彼に与えたのではあるが、しかし、彼の思想に新たな何かが加わったわけではない。先の手紙で見た懐疑のもっとも表層、つまり生まれ育った家族の時代錯誤な貴族的伝統からの乖離が次第に大きくなる、そのきっかけとなったにすぎない。それは、ジャルダンの表現を借りれば、せいぜい「傷口を広げた」だけである。そしてこの広がった傷口から、彼の思想が初めてまとまった明確な形で現れるには、アメリカでの体験が必要であった。

第2節　新大陸アメリカ
――神の摂理、知的道徳的世界、権威

　七月革命の思想的影響は小さかったとしても、アメリカ旅行のそれはそうではなかった。トクヴィルはボーモンとともに、1831年5月11日のニューヨーク港上陸から翌32年2月20日に同港を発つまでのおよそ9ヶ月間、北はケベックから南はニューオーリンズまで、東はボストンから西はルイヴィルまで、北アメリカ大陸を精力的に巡り、新大陸の現実をつぶさに観察した。その範囲は、単に司法・立法・行政といった公的な分野のみにとどまらず、哲学・宗教・家族・教育・文学・演劇などをも含む、非常に包括的なものであった。そして、その包括的な新大陸の現実の中に、旧大陸の未来を見て取った、いや、人類（人間性 humanité）の未来そのものを見て取った[19]。つまり彼の有名な言葉どおり「アメリカにおいてアメリカ以上のものを見た」(Tocqueville 1835: 12＝上40)のである。そしてこのアメリカ滞在を元に、帰仏後、自身の独自な思想を明確に文章化した。すなわち、その名を今日まで轟かせることになる名著『アメリカのデモクラシー』を以下のごとく著したのである。

　既に前節で見たとおりのフランス貴族の一員として、そして当然のごとくカトリック教徒としてこの世に生を受けたトクヴィルにとって、可知不可知を問わずすべてのもの、万物のありかとしての「世界」は、人智を超えた、その意味で超越的な神の権威によってその存在と意味の最終的な保証を与えられているものである。換言すれば、そのような「世界」の中の諸存在と諸現象はすべて究極的には神の摂理によるものである。

　「この[民主主義の]時代を特徴付けている独特の支配的事実」

(Tocqueville 1840: 102＝下182)として諸条件の平等(égalité des conditions)を捉え、またその全般的な進展をもって民主主義の進展と考えるトクヴィルは、『アメリカのデモクラシー』(第1巻1835、第2巻1840)序論において次のように語る。

　これ[＝諸条件の平等の進展]はフランスに特有なものではない。我々がどこかに目を向けると、すべてのキリスト教世界において続いているこの同じ革命が見つかるのである。
　あらゆる所で、諸民族の生(vie)の様々な出来事が民主主義に貢献しているのが見られた。すべての人間(hommes)はその努力によって民主主義を助成していた。民主主義の成功に貢献しようと思っていた者も、民主主義の役に立とうなどとはまったく考えていなかった者も、民主主義のために闘っていた者も、民主主義の敵であると宣言していた者でさえも、全員が同じ道にごたまぜになって押し進められていた。すべての者は、あるいはその意に反して、あるいは自覚なしに、**神の手の中の盲目の道具として**[民主主義の進展に]協力していたのである。
　それゆえに、**諸条件の平等の漸進的な発展は、神の摂理による事実**(un fait providentiel)であり、そのような事実の主要な性質を持っている。すなわち、それは普遍的であり、永続的であり、日々**人間の力を超えている**。……
　読者がこれから読む著作の全体は、何世紀もの間あらゆる障害を越えて前進し、今日もなお自ら作った廃墟のただ中を進んでいるこの抗い難い革命を見ることで著者の魂の内に生まれた、一種の宗教的畏怖の印象の下に書かれたのである。
　我々が神の意志の確証を見出すためには、神自らが語ることは必要ではない。自然の習慣的進行と諸々の出来事の持続的な傾向がどのようであるかを調べれば十分である。創造主が声高に語らずとも、

神の指が指し示した曲線を宇宙で天体が辿っていることを私は知っている。

　長期に渡る観察と真摯な黙考によって、今日の人間たちが、平等の漸進的な発展は、彼らの歴史の過去でありまた同時に未来でもあることを認識すれば、この発見のみによって、この発展が主の意志の聖なる性質を持つと認められよう。その時、民主主義を止めようと望むことは、神自身に対して闘うことと感じられるであろう。そして諸国民には、神の摂理が課す社会状態に順応する以外に道は残されないであろう (Tocqueville 1835: 4–5＝上26–28: 強調引用者)。

　こうして、民主主義の進展、平等の進展を神の摂理と見、またその摂理の特性として、普遍性・永続性・超人性を挙げるトクヴィルにとって、「人間」というものもまた、神の目の下にのみ、普遍性を持った存在として、つまりいわば「神の子」としてのみ、内部的な同類性・平等性を持つまとまった一種族＝「人類」として把握されうる。

　　[古代]ローマとギリシャとのもっとも深遠かつもっとも博識な天才たちでも、人間の類似性について、そして人間の一人一人が生まれながらにして自由に対して持っている平等な権利について、極めて一般的であるがしかし同時に極めて単純でもある観念に到達することはできなかった。彼らは奴隷制が自然 (nature) の内にあり、そしてそれが常に存在することを証明することに全力を尽くした。……
　　古代のすべての偉大な著作者たちは、主人が属する貴族階級の一部を成していた。または少なくともこの貴族階級がまったく反対されることなく確立されているのを自分の目で見ていた。彼らの精神は……奴隷制に縛られていたのである。そして人類 (espèce humaine) のすべての成員がその本性において (naturellement) 類似して

おり平等であるということが理解されるには、イエス・キリストが地上に到来し給うことが必要であった (Tocqueville 1840: 22 = 下42-43)[20]。

すなわち、少なくともこの時期のトクヴィルにとって、人間が互いに類似し平等であるということ、つまり、この世界に存在する個々の「なにものか」を「人間」として斉一的に把握することを可能としまたそれを保証しているものは、キリスト教（特にカトリシズム）であり、俗世を超越した神と呼ばれる人間の力を超えた計り知れないなにものかの存在と意志それ自身、そしてその意味においてそのような神の超越的権威なのである。

したがってまた、彼にとっては「どれほど個別的な人間行為であろうと、神について、神と人類との関係について、人間の魂の本質について、同類者たちに対する人間の義務について、人間が抱いた極めて一般的な観念から生まれていない人間行為はほとんどありえない」(*ibid.*: 27 = 下49) のであり、「これらの一般的観念は、他のすべてのものが出てくる共通の源泉以外のものではありえない」(*ibid.*)。そして、この「一般的観念」とは、「あらゆるドグマ的信念の内でもっとも望ましい」(*ibid.*)「人間の生(活)の日々の実践に不可欠な」(*ibid.*: 28 = 下50)、そして批判的に検討されることなく自明なものとして存在する、「宗教に関するドグマ的信仰」(*ibid.*: 27 = 下49) なのである。

こうして、人間の同類性・平等性とともに、世俗な人間の「行為」は神との関係において保証されている。このことは、換言すれば、人間は、現世の世俗な世界の存在としては——まさに、古代ギリシャ・ローマにおける市民と奴隷がそうであったとおり——必然的に同類・平等であるというわけではないということ、あくまで神との関係において、神の下に、超越的本質としてのみ人間は人間として把握されうるということを意味し、したがってまた、世俗な現世における不平等（例えば、身分差・

階級差など)は神の意志として正当化される、と言うよりも、より正確に言えば、そもそも異なった身分・階級は「平等・不平等」などという比較が初めから成り立たない、現世では本質的に異質な存在として把握されうるということを意味している。

このようなトクヴィルの世界観は、その「世界」の中に含まれている俗世・現世、すなわち人間たちの世界にもそのまま「投影」される。その際彼が用いる概念こそ、「習俗(mœurs)」であり、「道徳的知的状態(l'état moral et intellectuel)」ないし「知的道徳的世界(le monde intellectuel et moral)」とも表現される[21]。そしてそのように指示される「世界のある一部」の中で、人間の同類性・同質性とそれを支える権威について、先に我々が神との関係において見た論理が再び、ただし今度は世俗の中で、再現される。

> 私は、ここで**習俗**(*mœurs*)という表現を、古代の人々が**モーレス**(*mores*)という言葉に付与した意味で理解する。私はこれを心の習慣(habitudes du cœur)と呼ばれうる固有の意味での習俗に適用するのみならず、人々が持っている様々な概念(notions)、人々の間で流通している多様な意見(opinions)、そして精神の習慣(habitudes de l'esprit)が織り成されている諸観念の総体(l'ensemble des idées)にも適用するのである。
>
> それゆえに私は、この言葉の下に、一人民のすべての道徳的知的状態(tout l'état moral et intellectuel d'un peuple)を含意させるのである(Tocqueville 1835: 300＝中245-246: 強調原著者)。

> ……人々が互いに似通った信仰を持たずに繁栄することのできる社会は存在しない、と言うよりもむしろ、人々の間にそのような信仰なくして存続する社会というものはないということは明らかである。なぜなら、共通の観念なくして共通の行動はないし、また共通の行動なくしては、人間は存在しても社会体(un corps social)が存在

することはできないからである。それゆえに、社会がありうるためには……市民(citoyens)すべての精神が、いくつかの主要観念によって結集し団結していなければならない。そしてこれは、市民一人一人が時々自らの意見を同じ一つの源泉から汲み取り、[彼ら各人にとっては]完全に既成である多くの信仰を受け入れることに同意しなければ、ありえないことである。

　……仮に人間が、毎日用いているすべての真理を、自力で自らに証明しなければならないとすれば、それは徒労に終わるであろう。証明の下準備となる証明をすることだけで力尽き、前に進むことなどできないだろう。人間はその短い生涯のために、そのための充分な時間を持っていないし、また人間の精神の限界のために、そのような証明を成すだけの能力を持っていない。……

　それゆえに、どんなことがあろうとも、知的道徳的世界のどこかには常に権威(l'autorité)がなければならないのである。その場所は様々でありうるが、しかし、権威は必ずどこか一つの場所にあるのである(Tocqueville 1840: 16-17＝下30-32：強調引用者)。

　つまり、神ならぬ身、不完全な存在である人間が世俗な現世を成すためには、いわば「考え方・感じ方」の総体としての、その意味で一つの知的道徳的世界としての習俗の世界のどこかに、我々が「同じ人間」であることを保証する、その同類性の源泉としての権威が措定されねばならないのであり、またそうであって初めて、我々は「世界」の中で「人類」たりうるのである。

　こうしてトクヴィルは次のことを「予見(prévoir)」する。

　　民主的諸人民は[将来]、神的使命をたやすくは信じず、新しい預言者達を容易には相手にせず、**人間性(humanité)を超えたところにではなくその限界の内に自らの信仰の主たる審判者を見出そうと欲**

するであろう（*ibid.*: 17＝下33：強調引用者）。

しかし、19世紀フランスを生きた人間として、そしてなによりも、前節で見た「普遍的懐疑」を心に抱く人間として、以上のようなまるで中世ヨーロッパにおけるような神的な人間把握を貫徹することはトクヴィルには不可能であった。実際、今見てきたばかりの論理の中に既に、相異なる二つの論理のせめぎ合い、ないし認識上の「亀裂」を見て取ることができよう。

つまり、確かにトクヴィルの論理のもっとも根本的な部分では、人間性はこのような神的超越的本質として根拠付けられている。しかし、彼がアメリカにおいて眼前にした世俗的日常的な社会の中での平等の不可避的な進展を、その**神の摂理として**理解しようと努める時、そこには、人間の同類性・平等性の超越的な根拠付けと世俗な世界における人間の同類性・平等性の（したがって世俗的な）根拠付けとを、なんとか整合させようという認識的態度が看取されないであろうか。

さらに言えば、習俗という概念の存在こそが、このせめぎ合いをはっきり示しているのである。なぜなら、そもそも、神的超越的な世界観を採るのであれば、俗世をそれ自身として考察する論理的必要などないのだから。歴史上散々おこなわれてきたとおり、文字どおり「すべて」を神の超越的世界として一元的に把握することは十分に可能なのだから。にもかかわらず、トクヴィルは、超越的人間観・世界観を大前提としつつも、大衆社会論・人種問題・マスコミ論・女性論など多面に渡るこの書のアメリカ観察の、共通の基礎としてこの習俗概念を用いることで、知的道徳的世界を、超越的世界から切り離し、それ自身として、それ自身の内部で説明することを可能としたのである。

もちろんこの分離は未だ徹底されたものではない。せいぜい世界に亀裂が入ったにすぎない。完全な分離には今しばらくの時間が必要である。しかし、『アメリカのデモクラシー』について言えば、それは全体として、

超越的世界観・人間観から世俗的な世界観・人間観を一旦切り離して分析し、その上で、この二つの、互いに矛盾するかもしれない論理の整合性を保とうとする、この時代の苦しい努力と捉えられよう[22]。

　このことは、前節で我々が見たあの手紙を思い起こす時、一層明確となる。すなわち、あの苦悩が、ここに既に潜んでいるのである。

　大原則として、また基本的な世界観として神的超越的信仰から決して離れられないとしても、それに対する深い懐疑もまた持ち合わせるトクヴィルは、この根源的な難問に直面することを避け、「可感的な**物**」に目を向ける。つまり、この場合で言えば、神的超越的世界観・人間観を大枠としては採用しつつも、実際の具体的なアメリカ研究においては、習俗という形でその世俗的な要素にこそ目を向け、もっぱら習俗を観察し分析することでアメリカ社会を説明する（したことにする）ことによって、世俗な世界＝知的道徳的世界を超越的世界から分離し、それ自身として説明しようとしたのだ。

　もちろん、この態度は、明らかに折衷的な、おそらく矛盾を孕んだ認識であり、また「目を逸らした」にすぎない態度であるが、しかし、この苦悩に満ちた態度こそが――いずれ我々が本書で見るとおり――今日の「社会科学」の誕生を促した重要な態度なのである。気付いてはいても恐ろしくて正視できない超越的な「闇」を見ないこととし、さらにはそのようなものは存在しないことと自らに思い込ませ、そこに残された可感的な諸物からなる世俗な世界の中だけに必死で世界のraison（合理性＝理由）――とそこで生きる意味（sens）――を見出そうとした、この必死の努力こそが、社会現象をもっぱら社会的要因によって説明しようとする「社会科学」を産み出した主要な動因なのである。

　この主張の意味と裏付けとなる材料を十分に提示するには、さらに時代を進む必要がある。ここでは、この努力の結末として、『アメリカのデモクラシー』のまさに最後に至って、この努力のとりあえずの結末として到達した地点を確認して、先へ進もう。

神の摂理(la Providence)は、人類(genre humain)をまったく独立的なものとしても、まったく隷属的なものとしても造り給うてはいない。神の摂理が、すべての人間の周囲に、脱することのできない宿命的な円環を描いているのは本当である。けれども、人間はその広大な限界の中で、強力であり自由であるし、人民(peuples)もまたそうである(Tocqueville 1840: 339=下585)。

第3節　二月革命
──社会主義との対決：人民（peuple）と人間（homme）[23]

　1848年フランス二月革命。それは複雑な経過と、それにも増して複雑な意義を持つ歴史的事象である。まずは、その歴史的な諸事実の経過を概観することから始めよう。

　通常二月革命の始まりとされる２月22日のパリ人民蜂起に先立ち、既に前の月からパリには不穏な空気が流れていた。とはいえ、誰も彼もがその気配を感じ取っていたわけではなく、むしろすぐに革命の舞台に登場する役者たちのほとんどは、特に政治家たちは、七月王制末期の弛緩した雰囲気の中で安穏と日々を過ごしていた。実際、共和派の政治家たちでさえ、まさか翌月共和制が樹立されるとは夢想だにしていなかったのである。

　しかし、特に敏感な者たちは、常ならぬ空気を感じ取っていた。明らかにその一人であるトクヴィルは、１月27日下院(Chambre des députés)において、まるで革命を予言するかのような演説をおこなっている。

　　　私は恐れています。皆言っています、危機などまったくない、騒乱が起こっていないのだからと。皆言っています、社会の表層に物質的な混乱がないのだから、革命には程遠いと。
　　　下院議員の皆さん、失礼とは思いますが、皆さんが間違っていると私は信じています。おそらく混乱は事実の中にあるのではありません。それは人々の精神の奥底からやってきたのです。労働者階級の胸中で起こっていることをご覧なさい。今のところは平穏だと私

もわかっています。確かに彼らは、かつてそうであったほどには、固有の意味での政治的情熱に苛まされていません。しかし、彼らの情熱が、**政治的なものから社会的なものに変わった**のがわかりませんか？　彼らの胸の内で、次第に、意見や観念が拡大してゆき、単にあれやこれやの**法・省庁・政府自体にとどまらず、社会をひっくり返す**ところにまで行き着こうとしているのが、そして**今日社会が打ち立てられているその基盤が揺さぶられる**ところにまで行き着こうとしているのがわかりませんか？　毎日彼らが心の中で言っていることが聞こえませんか？　彼らが絶えず繰り返し言っているのが聞こえませんか？　現在自分たちより上位にいるすべての者たちには、自分たちを統治する能力もなければその品格もないと。これまでこの世界でなされてきた富の分配は不公正であると。所有は公正な基盤の上に立ってはいないと。このような意見が根を張り、ほとんど全土に広まり、大衆の中に深く浸透した時、遅かれ早かれ、いつどのようにかはわかりませんが、遅かれ早かれもっとも恐るべき革命へと導かれるに違いないということを、皆さんは信じられないと言うのでしょうか？

　皆さん、これは私の深い確信です。私たちは今まさに火山の上で惰眠をむさぼっています。私はそれを心底確信しています(Tocqueville 1848: 750：強調引用者)。

　実際、議会の外では、選挙制度改革と議会改革について考えるいわゆる改革宴会(banquet)がフランス各地でおこなわれていた。政治集会が禁じられていたために宴会の形を取りつつ、乾杯の音頭として演説・宣伝をおこなうという集まりである。

　当時、七月王制末期の規定では、下院議員の選挙資格は年200フラン以上の納税者に制限されていた。それは当時のフランス人人口約3000万に対してたかだか24万にすぎず、またその内訳も金融資本家や大土地所

有者などのいわゆる上層ブルジョアに限られていた。そして時の首相ギゾー (François Pierre Guillaume Guizot) 率いる政府は、代議士としての彼らに利権を配分し、事実上彼らのためだけの国政運営をおこなっていた。要するに、腐敗していたのである。

　この政治的腐敗の根源をこの選挙制度にあると考え、七月王制を支持しつつもイギリスのような立憲王制を目指していたオディロン・バロー (Odilon Barrot) ら王朝左派およびティエールら中道共和派は、制限選挙の緩和を目指して、1847年7月からこの改革宴会の運動を始めた。この点では、この運動は革命的なものであると言うよりは、はっきりと体制内の改革運動であった。しかし、この動きは、予想外に広範な支持を集め、多様な政治勢力が参集し、同年11月急進共和派(急進左派)ルドリュ＝ロラン (Ledru-Rollin) が明確に制限選挙の撤廃、すなわち普通選挙権を要求するに及んで以降、急速に先鋭化してゆく。とはいえ、この運動を開始しリードした政治家たちが、王朝左派から急進共和派に至るまで誰も革命を意図してはいなかったのも確かである。むしろ「これら諸派は、革命を予定したのでも計画したのでもなく、逆に、民衆蜂起による革命的騒擾を回避するため、議会改革を企図した」(中木1975：上.96) のである。

　ところが、事態はこれら多様な政治勢力のいずれの思惑をも超えて進んでゆく。1948年2月初頭、パリ12区において国民軍(民兵組織)を中心に改革宴会が企画された。パリ12区といえば、民衆 (peuple[24]) の居住が多く、民衆運動の際にしばしばその中心の一つになってきたところであった。そんな地域で、2月20日——民衆が集まりやすい日曜日——に改革宴会をおこなうことが決められたのである。この決定に対し、親政府・反政府という立場を超えて危険を感じた政治家たちは、急遽この改革宴会を、民衆居住地区から遠いシャンゼリゼのヴェルサイユ通り沿いでおこなうよう指示し、日取りも2月22日火曜日に変更した。ところが、一連の動きの中でむしろ気運の高まっていた改革宴会運動に危険を感じたギゾー政府は、前日になってこの宴会をも禁止した。ここで事態は政

第3節　二月革命　*51*

治の水準をはっきりと超え、民衆(人民)の、社会的な水準の運動へと決定的に変化する。

　政府の禁止命令にもかかわらず、政治諸派の思惑や動きをあざ笑うかのように、22日、パリ人民は蜂起した。ここに、民衆によって、いわば自然発生的に、二月革命が勃発したのである。彼らはパリ市内の各所にバリケードを築いて頑強に抵抗し、さらに政府が招集した国民軍の一部も反乱に荷担したため、市街戦はパリ民衆側の圧倒的勝利となった。翌23日ギゾーは国王ルイ＝フィリップによって罷免され、さらに翌24日ルイ＝フィリップ自身が退位に追い込まれる(のちイギリスに亡命)。そして同日、誰も予想も、希望さえもしていなかった共和国臨時政府が、穏健共和派ラマルティーヌ(Alphonse de Lamartine)を首班として、急進共和派ルドリュ＝ロラン、社会主義共和派ルイ・ブラン(Louis Blanc)、労働者代表アルベール(Albert)らによって樹立されるに至り、騒乱は誰の目にもはっきりと革命として認められたのである[25]。

　このとおり、したがって、確かに、トクヴィルがあまりにも鋭く「予言」したとおり、この革命は、政治の水準にではなく、より深い社会そのものの水準に、「社会が打ち立てられているその基盤」の水準にその真因を持っている。少なくとも、政治家たちの世界の論理では、革命の勃発自体説明できないのである。そしてその真因について、革命をすべて経験した後のトクヴィルは、次のとおり、その根底において理解するのである。それは一つの認識上の革命でもあったのだ。

　二月革命期を、下院の有力議員として、つまりまさに当事者として、しかしその直中にあっても諸派から距離を取り、独特の自由な立場を貫こうと努力したトクヴィルは、革命後の混乱未ださめやらぬ1850年7月から1851年3月にかけて、革命前後の状況を自らが直接経験し感じたことのみに限定して思い起こし記録した『回想録』第1部および第2部の中で次のように語る。

私はこの日［2月25日］、二つのことに特に強く印象付けられた。その第一は、今まさに達成されたばかりの革命の……**人民的な性格**(caractère populaire)であった。この革命は、**語の厳密な意味での人民**(peuple)、**つまり自ら働いて生活する階級**に、他の階級を圧倒するような全能の力を与えたのである (Tocqueville 1851: 91＝123：強調引用者)。

　この「人民的な性格」は、革命の暴力的側面という形としてのみならず、いわば思想として定式化された形でも表された。そして、その思想が人民にも広まり人民の大きな力となった[26]。この思想こそ「社会主義」[27]である。

　2月25日から千もの奇異な体系が、猛烈な勢いで改革者たちの精神から噴き出し、群衆の混乱した精神の中に広まっていった。王権と議会を除く他のすべてはまだ倒れていなかったが、革命の衝撃で社会それ自体が粉々に分解してしまうのではないかと思われた。そして、その後に打ち立てる構築物にどのような新しい型を与えるべきかについて、各人各様の設計図を提案し競い始めたようだった。……ある者は財産の不平等を打ち壊せと主張し、他の者は知識(lumières)の不平等をなくせと言う。第三の者は、もっとも古くからの不平等、つまり男女間の不平等をなくすことを計画していた。貧困に対する特効薬や、人類発生以来の苦悩の種である、労働に伴う弊害への対策が指摘されたりした。
　こうした理論は、それぞれずいぶんと異なっていて、相互に矛盾することもしばしばで、敵対するものすらあった。しかし、これらすべては、**政府よりももっと底辺のところに狙いをつけ、それを支える社会それ自体に到達しようと努力していた**のであり、社会主義という共通の名称を掲げていた。

第3節　二月革命

社会主義は、二月革命の本質的な性格として、またもっとも恐るべき思い出としてあり続けるであろう。共和制は目的としてではなく手段としてのみ、かろうじてそこに現れてくることになるであろう(*ibid.*: 95=130-131：強調引用者)。

　ここでトクヴィルは社会主義というものを、奇妙にも、非常に恐れている。と言うのも、確かに、自由のために共和制を守ることを選択したトクヴィルにとって、それを手段としてしまう社会主義は一つの脅威ではあったであろう。しかし、そのような政治的次元での脅威は、王党派に対しても山岳派に対しても教権派に対しても同様に感じられるものであり、社会主義のみを二月革命の「もっとも恐るべき思い出」とまで恐れるのは解せない。ましてや、社会主義の諸理論は、彼にとっては、「奇異な」「相互に矛盾、敵対さえする」ような混乱した、ある意味で取るに足らない理論であり、また社会主義者は歴史的にもこの後「当然にもあざけりの中に埋もれてしまった」(*ibid.*: 96=133)と捉えられているのであるから、なおいっそうこのトクヴィルの態度は不可解である。にもかかわらず、トクヴィルはなぜそのようなものを、二月革命の「本質的な性格」と考えるのであろうか。それは次の文章に一定程度明らかである。

　[1789年以降]人民はまず、すべての政治制度を変えることで自らを助けようとしたのだった。しかしその政治制度をいくら変えても、自分たちの境遇は少しも改善されないか、改善されたとしても彼らの欲求の差し迫った状態からすると堪え難いほど緩慢だということがわかったのだ。こうして、ついに人民はいつのまにか、自分たちをその地位(position)に閉じ込めておくものが政府の構成などではなく、社会それ自体を構成している不変の法則(lois)なのだということを不可避的に発見した。この事態は避けることのできないものだった。そしてまた人民が、自分たちにはこうした社会の法則を、

他の制度を変えたのと同じように変えてしまう力と権利があるのかどうかと問い返すようになっていったとしても、それは自然なことであった。所有(propriété)というのは我々の社会秩序の基礎のようなものだから、この問題を取り上げてみよう。すると、所有の特権を覆いいわばそれを隠していた [他の] すべての特権が破壊されており、所有の特権が**人間の平等**に対する主要な障害物として残され、特権の唯一のしるしとして立ち現れているのだから、人民が今度はそれを根絶することになる、とまで私は言わないが、少なくともそうした考えが所有の特権を持たない者たちの心に生まれてくるのは、必然のことだったのではなかろうか。

　人民の精神の中のこの自然な不安、人民の願望や考えのこの不可避的動揺、群衆の欲求や本能は、改革者たちがその上に数多くの怪物のような図柄、またはグロテスクな図柄を描くことになる、いわば布地を形作っているのだ。彼らの作品は滑稽なものだが、その下地になっているものは、哲学者も政治家も注目しうる、もっとも深刻な事柄なのだ(*ibid*.: 96=132-133:強調引用者)。

　つまり、トクヴィルが社会主義をあれほど恐れかつ二月革命の本質的な性格として捉えるのは、それが、人民の古く根深い欲求、つまり「人間の平等」への欲求を自らの土台としているからであり、またその欲求に、たとえ実現不可能な夢想としてであれ、応えているからなのである。そしてその意味で社会主義は、政府の組織といった政治制度などではなく、より根底の、いわば「社会」そのものを覆そうと欲しているからなのである。

　しかし、それにしてもトクヴィルの社会主義に対する極度の恐れはなお完全には解せないものである。なぜなら、仮に社会主義が人民の根源的な欲求に対応し根源的な社会変革を意図していたとしても、二月革命の現実的経過としては結局のところ、激しい戦闘がおこなわれた六月事

件とその後の大弾圧に典型的に表されるとおり、政府・議会側の圧倒的な勝利によって幕を閉じるからである。『回想録』執筆時点ではもちろんそのことを重々承知しているトクヴィルが、なぜそれでも社会主義を恐れるのか。

それは端的に言って、彼のこの恐れが政治的な次元のものではないからである。すなわち、彼は、人民の名を背景に語る社会主義の諸理論を、彼の人間把握・世界把握に対する認識論的次元での挑戦として受け取ったからである。

つまり、貴族の家系の一員としてのトクヴィルにとって、先に見たとおり、人民(peuple)とはまずもって、自ら働いて生活せねばならない貧しい下層階級のことであった。しかし、その人民の名の下に、社会主義者は、現実の政治の次元より深い社会それ自体の次元で語ることによって、トクヴィルに対し事実上次のように宣言したのである。「**お前たちも俺達と同じ人間**(homme)**だ！**」

つまり、もし社会主義者が人民とともに「次は俺たち人民の時代だ！お前たち支配層はお払い箱だ」と言ったのだと受け取ったとしたら、トクヴィルはあれほど彼らを恐れなかったであろう。それはつまり、彼が政治家として慣れ親しんだ政治レベルでの闘争であり、階級「交代」のための闘争だからである。そして、そのレベルでは、歴史的事実として、社会主義者＝人民は弾圧され制圧されたのである。したがって、少なくとも事後に思い返して恐れることは何もない。

しかし、トクヴィルにとって彼らの態度はそういったものとは思われなかった。彼ら社会主義者＝人民は、貴族の生まれだろうがブルジョアだろうが、はたまた王家であろうが、「人民と同じ人間だ」と主張・要求したのだと感じられたのである。これは、換言すれば、peuple は homme であると主張することを意味する。これは非常に大きな認識の歴史的転換である。その瞬間 peuple は一階級・一身分であることをやめ、したがって社会の一部であることをやめ、普遍的な人間性としての homme を体

現するものとして立ち現れる。しかもその人間性は、二月革命という形で、必要ならば武力蜂起をもって現世において実現すべき「人間の平等」として歴史的現実の中に立ち現れた。このことはつまり、前節で我々が見たトクヴィルの基本的な人間観とは真っ向から対立する、すなわち神的超越的な本質としてのみ同類であり平等な人間という観念とは真っ向から対立する、すべて人民たる人間は、世俗に生きるまさに現世でこそ同類であり平等な存在であるという人間観の現実的登場を意味しているのである。

だからこそ、トクヴィルにとって二月革命は、生まれながらの支配層の一員としての、またカトリック教徒としての自らの精神と存在を構成している根源的な人間観・世界観に対する挑戦であり、また、アメリカを見ることによってより明確となったそのような人間観・世界観に対する認め難い疑惑を無理矢理意識させる現実だったのであり、したがってなによりも──もはや我々には明らかなとおり──16歳から続く「信念と行動を支えてきた真理のことごとくをひっくり返し、揺さぶるようなこの普遍的動揺」をもたらすものだったのである。まさにこの理由で、彼はあれほどまでに社会主義に恐怖を感じたのである。そして、このような根源的な意味においてこそ、二月革命は、トクヴィルにとって人民的な性格を持つものだったのである。

実際彼は、二月革命を産み出す前提となった一般的原因・歴史的条件を挙げる中で次のように語る。

> 経済と政治に関する諸理論がそこ [＝人民の不快感] に出口を見出して姿を現し始め、**人々の貧しさは神の摂理によるものではなく、法律**(lois)**によって作られたものであること、そして貧困は、基盤を成す社会を変えることによってなくすことができること**を、大衆に信じさせようとしていた (*ibid*.: 84＝110: 強調引用者)。

つまり、社会主義的言説の影響の下、二月革命直前の人民にとって既に、現世の不平等は「神の摂理」という後ろ楯を失いつつあった。したがって、現世における平等が「人間として」当然与えられるべきものとして立ち現れつつあった。そしてそれは、世俗な現世、すなわち「社会」を「人民たる人間／人間たる人民の手で」、つまり「人為的に」変えることを意味していたのである。

　こうしてトクヴィルは、この「人民革命(révolution populaire)」(*ibid*.: 92＝124)がその根底において意味するものを次のように表現するであろう。

　　そこではただ単に一党派の勝利が問題とされたのではなかった。**一つの社会科学**(une science sociale)が、**一つの哲学**(une philosophie)が、つまりあらゆる人間を教え従わせることのできる一つの共通の**宗　教**(une religion commune qu'on peut enseigner et faire suivre à tous les hommes)とでも言いうるものを確立することが、渇望されていたのだった(*ibid*.: 92＝125：強調引用者)。

　すなわち、政治的党派・階級といった水準ではなくそれを基礎付ける「社会」の水準で「あらゆる人間」を「人間一般」として、すなわち平等な同類として対象としうる、したがってまたそれを神の高みからではなく現世の中でおこないうる、そのような意味で全人間に「共通の宗教」が人民革命たる二月革命においていわば新しい時代の共通認識として求められたのであり、それはまさに「社会科学」と呼ばれるべきものだったのである。

　歴史的現実としては、この「社会科学」は、もちろん社会主義の諸理論を指している。しかし、それが含む意味はさらに広い。なぜならそれは、社会科学というものが、先のような意味での世俗世界＝社会において同類であり平等な存在としての人間観を背景に、神の手を離れたいわば世俗な宗教として歴史的に登場してきたということを意味しているからで

ある。

　こうして、亀裂にくさびが打ち込まれた。神の超越的な権威に支えられた「世界」から peuple = homme からなる自立したもう一つの世界、すなわち「社会それ自体」が剥がれ落ちようとしている。換言すれば、「神の子」としてのみ同類・平等であった人間が、「人民たる人間／人間たる人民」として同類・平等である可能性が歴史的現実の中で提示されたのである。この認識の一定の完成を、我々は次に見るであろう[28]。

第4節 二月革命以後
―― 「人間」と「社会」の誕生

　さて、こうして、トクヴィルにとっても不可避的な歴史的事実として、「人間」は世俗な現世で、つまり「社会」の中で、当然に同類であり平等である**べき**存在として立ち現れる。こうして『アメリカのデモクラシー』における二つの論理のせめぎ合いに決着がつけられたということもできよう。

　しかし、歴史に深く根差した生い立ちを持つ人間としてのトクヴィルにとって、つまりあくまで貴族の家系に生まれたカトリック教徒としてのトクヴィルにとって、この人間観は、歴史的現実として眼前に提示されたからといって簡単に受け入れられるようなものではなかった。このため、彼は、これ以降、このような人間観の根拠を今一度歴史的現実の中に、しかも二月革命より以前に位置ししたがって二月革命の前提を成している、そして自らの生まれをも深く規定している、旧体制(Ancien Régime)期とフランス革命期の歴史の中に求め、さらに深く分析し根拠付けようという方向に導かれる。それが、『旧体制と革命』(1856)である[29]。

　この著作の中で、トクヴィルは、1789年に始まるフランス革命を「宗教革命のように作用し、いくらか宗教革命の様相を呈した政治革命」(Tocqueville 1856a: 88=112)と特徴付け、次のように論じる。

　　宗教の習慣的特性は、人間という共通の基盤に一国の法律・慣習・伝統が個別的なものとして加えうるものにかかわりなく、人間を人間自体において捉えることである。宗教の主目的は、社会の形態か

ら独立して、人間と神との一般的関係を、そして人間たち相互の一般的な権利と義務とを規制することである。宗教が指示する行為規則は、ある国またはある時代の人間に関係するよりも、息子、父、僕、主人、隣人に関係している。そういうわけで、宗教は、人間本性それ自体に基礎を持っており、すべての人間に等しく受け入れられ、そしてあらゆる所に適用されうるのである。……

　フランス革命は、宗教革命が彼岸を目指して作用するのとまさしく同様に、現世と結び付いて作用した。フランス革命は、宗教が国と時代とから独立して人間を一般的なものとして捉えているのと同様に、すべての個別的社会の外で、抽象的に市民を捉えている。フランス革命は、フランス市民の個別的権利が何であるかということのみならず、政治に関して人間の一般的な義務と権利とは何かということをも検討している。……

　フランス革命はフランスの改革を目指していると言うよりも、人類の再生を目指しているように思われる。……この革命はそれ自体一種の新たな宗教、不完全な宗教となっている。本当のところ、その宗教は、神のない、礼拝のない、彼岸のない宗教ではあるが、それにもかかわらず、イスラム教のように全地上を、自らの兵士たち、自らの使徒たち、自らの殉教者たちで充満させた宗教である（*ibid*.: 88-89=113-115）。

　つまり、トクヴィルはここで、「人間性」について、フランス革命という歴史的現実に依拠して、ある非常に微妙で危ういがしかし彼には説得的であり、また我々にも興味深い観念と論理に到達したのである。
　彼によれば、宗教の特質とは、「人間」を一般性の下に、抽象的な本質として、「ある国」「ある時代」といったような現実の世俗な社会からは超越して捉えることにある。そして、この超越的一般的本質としてのみ人間は同類として根拠付けられ、「人間性」として捉えられる。したがって

宗教はまた、「息子、父、僕、主人、隣人」という世俗的な主従関係については、いかにそれを抽象的に把握するとはいえ、その現世における不平等それ自身は、超越的な本質としての人間性に内在する自然なもの、すなわち神の摂理として受け入れる。この意味で、現世の世俗社会における不平等は人間性の定義にはまったく抵触しない。これは我々が第2節で既に見たとおりの論理である。

　しかし、ここではトクヴィルはさらに進む。彼によれば、フランス革命は、宗教と同様に「人間」というものを「国と時代とから独立して」「一般的なものとして」捉えている。その限りで、彼にとってフランス革命はもはや一つの宗教である。しかしこの宗教はそのような人間把握を「現世と結び付いて」おこなっている。もはやこの宗教には神も礼拝も彼岸もない。その意味でフランス革命が提供する人間性はもはや超越的なものではない。それは世俗な現世のものである。しかし、フランス革命以降、「人間」はそのようなものとして根拠付けられねばならない。すなわち、人間は、世俗な現世で行為する存在一般として同類なのでありこの現世において平等であらねばならないのである。

　こうして、トクヴィルは言うであろう。

　　　　［フランス人はフランス革命において、］不平等に対する激しく打ち消し難い憎しみによって……中世の諸制度の遺物をすべてその根底まで破壊しようと欲するところにまで、そしてその空き地になったところに**人類（humanité）が達しうる限りの人間の類似性と平等な諸条件とを有する社会を打ち立てる**ところにまで、押し進められたのである（*ibid*.: 247＝406：強調引用者）。

　この論理は確かに危うい。その危うさ・不安定性は、まさに「世俗な宗教」なるキマイラの中で最大となる。本当に、「世俗な」「宗教」性などという、これまで我々が考えてきた二つの異なる論理の奇妙な接合が可能

なのだろうか。換言すれば、「人間(性)」は、世俗な現世で行為する存在としての一般性というような形で、**普遍的一般的かつ非超越的に**規定できるのであろうか。さらに言い換えれば、人間は、形而下の経験的存在として、平等で**なければならない**のであろうか。

論理的には怪しくとも、もはや選択の余地はない。確かにこの論理は、二月革命以前のトクヴィルの中でせめぎ合っていた二つの論理を接合している。その意味で、あの課題は新たな次元で達成されている。またこの論理は、我々が前節で見た、二月革命体験の結果としてトクヴィルに感知され始めた新しい認識の一つの完成像・到達点でもある。そしてなにより、この人間観は、それ自身フランス革命および二月革命という歴史的事実によって唯一可能なものとしてトクヴィルに──そして実は我々自身にも──立ち現れてきてしまっているのである。

ここでトクヴィルが達した論理の決定的に重要な点は、その中で世俗な世界が神の手を離れたことにある。つまり、人間の平等性・同類性が現世に委ねられ、その中で自立したことにある。

つまり、こうしてついに「世界」の中から、「習俗」の世界が、「知的道徳的世界」が、すなわち「社会それ自体」が抽出され、分離されたのである。もはや我々は「神の子」ではない。いや、むしろ、「神の子」であろうとなかろうともはや問題ではないのだ。我々は、すべて「人民たる人間／人間たる人民」として、その意味において「社会的存在」として、そしてその意味において**こそ**互いに類似し平等な「人間(性)」「人類」として認識上自立し、それ自身で完結した存在と把握されうるようになったのである。

もはや我々は、神に保証された万物のありかとしての「世界」を自らの住処とはしない。我々は、世俗で行為するものとして本質的に同類・平等である人間たちが織り成す網の目としての「社会」を住処とする。そして我々自身をそのようなものとして互いに同類・平等な「人間」と把握する。そしてこの「社会」こそ「神が造り給うた、脱することのできない宿

命的な円環」であるが、世俗な人間性にとってその領域は広大であり、またその内部で人間は強力で自由なのである。そしてまた、この「社会」こそ、社会主義者と人民が見出した、政治組織の根底にある「社会それ自体」である。そして最後に、この領域、「社会」、を対象として考察するものこそ、世俗な人間一般とその相互行為を考察する学問、すなわち「社会科学」[30]なのである。

　以後我々は、「世界」を見失い、この「社会」があたかも「世界」であるかのように振る舞い始める。同時に神の権威も見失われる。こうしてここに歴史的に新しい認識が、すなわち「人間」と「社会」と、そして「社会科学」とが、歴史的現実のインパクトの下で19世紀半ばに産声をあげたのである。

第5節　死、信仰、そして生の意味

　かくして、社会学登場のためのいわば**地均し**は終わった。新たな認識が、「人間」と「社会」とが準備された。これ以降、この準備された基盤の上で、個々人を、世俗で行為するものとして、その意味において同質的な、そしてその意味の上に抽象化可能な、したがってそのような段階を経て相互に比較可能な、「人間一般」として捉えることが可能となるであろう。そして、社会科学はこうして、その議論が成り立つ基盤としての、諸存在と諸現象の比較可能性を確保するであろう。

　事実、トクヴィルの後、フランス社会学史ではデュルケームが、この基盤の上にトクヴィルの言う「一つの社会科学(une science sociale)」を、「社会学(sociologie)」として実際に確立しようと努力するであろうし、また彼に与えられた歴史的現実、すなわちフランス第三共和制の諸問題と格闘する中で、この基盤をさらに「社会学的に」深めてゆくであろう[31]。それは第2章で詳しく見ることになる。

　しかし、トクヴィルに関する記述をその死とともに終える前に、触れておくべき問題が一つある。それはすなわち、そもそもこのような人間概念・社会概念、そして社会科学概念を産み出す源となったあの普遍的懐疑・動揺の問題であり、そして最初に見た時には萌芽にとどまっていたあの「社会に生きる人間の苦悩」の問題である。

　第1節で見たスヴェチン夫人宛の「告白」の手紙が『旧体制と革命』刊行の翌年、そして死の2年前、1857年に書かれていることからも察せられるとおり、この後トクヴィルは、文字どおりその死に至るまで、このい

わば創造的な懐疑に苦しみ続けた。それは信仰に対する苦悩として現れる[32]。

ボーモンによれば、死の直前トクヴィルは、告解を勧める妻に対して次のとおり心の奥底を吐露している。

　　告解については決して触れないでくれ――決して！決して。私が自分自身に嘘をつくようにさせたり、信仰を欠いているのにうわべだけでも信仰しているような態度をとらせたりしないでくれ。私は私自身のままでいたい。嘘をつくような卑屈なまねはしたくない。……私が嫌だと言っているのは告解そのものに対してではない。むしろ告解は快いだろうと思う。……しかし、カトリシスムの告解の第一条件は、カトリック教会の教義すべてに対する信仰だ。認めないよう私が今実際に耐えているものは、認めたくもないし受け入れたくもないものは、この教義、私の理性 (raison) が常に異議を唱えてきたこの教義なのだ (Tocqueville 1859: 13–14)[33]。

　信仰に関する問題であるとはいえ、この苦悩は、神や来世の存在を信じるか否かというような単なる認識の問題ではない。それは先の「告白」の手紙の中にはっきりと表明されていたとおりである。この点についての彼の信仰は揺るぎない。彼が死ぬまで悩み、苦しみ続けたのは、むしろ教会の教義のような、現世に実際に作用している世界解釈と行為規範の合理性 (raison) であり、現世での生の意味を巡ってであるように思われる。つまり、この世のあらゆる――しばしばあまりにも不合理であり、またその総体としての世界があまりにも理不尽で悲惨な――現象と存在の理由に対する問い、「一体なぜ、いかなる意味の下に、このような生／世界を生きているのか」との問いを巡る苦悩である。次に挙げる手紙はこのことを端的に示している。
　1850年6月16日、ボーモンの娘がわずか4歳にして亡くなった。同年

8月1日、共通の友人であるコルセル（Francisque de Corcelle）宛の手紙において、この死を心から嘆き、またボーモンとその妻の悲しみに深く共感しつつ、さらに3年前のコルセル自身の幼い息子の死にも暗に触れつつ、トクヴィルは言う。

　一体なぜこのような苦しみが？　なぜこのように悪と善とが分かち難く結び付けられているのだろうか？　なぜ絶望ともっとも心に染みる喜びとが分かち難く結び付けられているのだろうか？……実のところ、来世に関するあらゆるものを取り巻いているこの闇の重みに、私はもうこれ以上耐えることができなくなってしまいました。この基盤、生がその上に築かれるべきこの確固たる地盤に対する欲求をもはや感じなくなってしまいました。もしあなたが信仰への、そう、神への秘訣を知っているのなら、私に教えてください！　だが、精神の自由な歩みへの意志はどうなるのだろう？　信じるためにはそれを望むだけで十分だと言うのであれば、私はずっと長いこと敬虔な信者であると言えましょう。いやむしろ、そうだったのでしょう。疑いは現世の悪の中でももっとも耐え難いものだと私はずっと思っていたのですから。私は、疑いを、死よりも悪いもの、少なくとも病よりも劣るものとずっと考えてきたのですから。……あなたが手紙ですばらしい神父であるクール（Cœur）師について伝えてくれたことを思い出し、パリを発つほんの数日前、人間の生の恐るべき諸問題について、長く真剣な会話を彼と持とうと思いました。私は彼に来てくれるよう頼みました。彼は来てくれましたが、私の精神をいっぱいにしていた問題について彼には何も言いませんでした。100回自問しても完全で絶対的な確信を作り出せなかったと彼にもし告白していたら、彼は何と言ったことでしょう。私は既に何度も、真理につながっていると信じたあらゆる道を巡りました。私は──そう信じていますが──正しい心を持って、そして確かに

確実なもの (certitude) が見つかるという情熱的な欲求を持って、これらの道を巡りました。しかしこの道は、人間の意見がその中で激しく揺れ動く底無しの黒い大きな穴にしかつながっていませんでした。人は信仰の能力を持って生まれると私は確信しています。そして、この問題に関しては、魂が生まれながらに備えている胚種を年齢が成長させるしかないのです。しかしこの憂鬱な考えは脇に置きましょう。たとえもし、神がすべての人に真なるものを見分ける才能を与えてくださってはいないとしても、少なくとも神は我々各人に善いもの、本当のものを感じ取る能力を授けてくださっています。そしてこの能力は、この不可解な闇 (ténèbres) の中で導きの糸として十分に役立つはずなのです (Tocqueville 1850a: 28–29)[34]。

まさに、この問い、この苦悩である。幼い子どもがなぜ死なねばならないのか？ 人の間で悪事を働いたり、神に背いたりすることなどできもしない幼子が？ そこに一体どのような合理性があると言うのか？ そのような悲劇が一度ならず起こるこの世界にどのような意味があると言うのか？ それを納得するためには、神を、そして神が造り給うた世界を全面的に信頼せねばならない。それができれば、人には見分けられずとも、世界に起こるあらゆる事に意味があると信じられるだろう。そしてその地盤の上に有意義な生を築いてゆけるであろう。しかし、この渇望とさえ言える信仰への強い欲求にもかかわらず、信じられないのだ。信じたいけれども、信じられないのだ。理性は疑う。世界の合理性は、理性的に疑わしいとしか思えないのだ。理性を完全に超越したなにものか、いかなる意味でも理解不能ななにものかはあるだろう。さもなければ世界そのものがありえないのだから。しかし、そのなにものかが創造し保証するはずのこの世界においては、わけても我々が日々存在し生き続けるこの可感的な物の世界においては、理性的・分析的に合理性を見出そうとすればするほど、その全体に対する疑いばかりが浮かんでくる

のだ。一体、なぜ、何のために我々は生きているのか？　幼子が罪無くして死に、私が生き続けていることに一体どんな説明がつくと言うのか？

これまで我々が見てきたとおり、トクヴィルはこの理不尽さをも含めた「世界」をそのまま丸ごと神の摂理として受け入れることはできなかった。むしろそれを理解しようと努めた。彼は歴史に深く根差した自らの生い立ちを背景としつつ、自らがその中で生を営む時代の流れを捉え直した。この努力は、「世界」の可感的な部分をそれとして抽出し分析することでそのraison（合理性・理由）を探る営為として、後世先駆的な社会科学と評価される第一級の分析として現実化した。それは押しも押されもせぬ「古典」と称されるほどの見事さだった。それは続く時代における社会学の誕生を準備さえした。

しかし同時に、この可感的世界へのまなざしによって、このとおり、生の意味の安定性は失われた。超越的な神が体現する不変の真理、「生がその上に築かれるべきこの確固たる地盤」は、見失われた。それは「信じたいけれども、信じられない」もの、信用できない**あやふやな**ものになってしまった。

トクヴィルにとってこのまなざしは、幼年時代家族環境を通して経験されたカトリシスムの慈愛に満たされた世界を再び見出そうという努力であったかもしれない。それは、神による安定した世界全体への普遍的懐疑により否応なく視界に入ってきた不条理な闇から目を背けたという否定的態度であると同時に、世俗な世界たる社会をいわば実証的に解明することが真理につながる道であってほしい、そうであるはずだとの切迫した必死の希望的な態度であったのだろう。先のコルセル宛の手紙からはこの切望がはっきりと読み取れる。

だが、この努力は報われなかった。少なくともトクヴィルは、可感的な物の世界から真理へは、俗なる社会から聖なる世界へは、到達できなかった。一生を掛けて誠実に懸命に努力した結果は、完全な失敗でもな

ければ完全な成功でもなかった。「社会」と「人間」、そして「社会科学」というすばらしい認識視角を手に入れ俗世をそれとして見事に分析し理解できはしたものの、確実なもの、真理へは到達できず、その間、すなわち神の世界と現世の間には「理解し難い闇」が残ってしまった。真理の世界へ向かってこの闇を照らそうとすればするほど、闇の一部が次第に合理的に理解されればされるほどかえってその不合理性が明らかとなり、心は揺れ動き、迷い、疑い、結局底無しの穴に落ちてしまう。こうして、トクヴィルは幼年期以降の一生の間、深い疑いの中で苦悩し続けたのである。

　事実彼は、死の前年、神の認識が可能であると主張する旧友の形而上学者ブシテ (Louis-Firmin-Hervé Bouchitté) に対して、次のような返事を書いている。ここにも、自らも専心してきた科学的探究に対する信頼とその限界に対する認識が、「信じたいけれども信じられない」心情が、そして世界の存在理由・合理性に対する渇望と疑念と、そしていくばくかの諦めを含んだ疲れが、はっきりと現れている。

　　[あなたの] あのお手紙はまさしく何度も読み返す価値のあるものであり、またそこで扱われている主題は、人間がその注意を向けるに値するもっとも重要なもの、いえ、ほとんど唯一のものであるとさえ言いうるものです。この問題に比べれば、他のすべてはつまらぬ小事にすぎません。もし私がそこからもっと多くの実りを引き出すことができていたとすれば、あなたがこれまで全生涯を費やしてこられた哲学的研究を情熱的に愛好したことでしょう。しかし、私の知性 (esprit) が足りなかったせいか、企図を追究する勇気を欠いていたせいか、それとも題材の特殊な性質のせいか、私はいつもある地点で立ち止まってしまいました。その地点とは、科学が私に与えてくれたあらゆる概念がそれ以上先には導いてはくれなかった地点であり、とても単純なごく少数の観念によって最初から達してい

た地点としばしば変わらない地点であり、実際のところすべての人が多かれ少なかれ把握している地点です。これらの[少数の単純な]観念は、第一原因(une cause première)に対する信仰へと人をたやすく導くものです。この第一原因は、まったく自明であると同時にまったく不可解なものなのです。例えばそれは、物理的世界に見られるがままの不変の法則[の存在]であると同時に道徳的世界では推定せざるをえない不変の法則[の存在]であり、神の摂理(la providence de Dieu)[の存在]であると同時にその結果としての正義[の存在]であり、善悪を見分けうる人間の行為の責任[の存在]であると同時にその結果としての来世[の存在]です。告白しますが、啓示を除いて、もっとも洗練された形而上学でさえ、これらすべての点について、もっとも粗野な常識以上に明確な概念を私にもたらしてくれたことは決してありませんでした。このことで私は形而上学に対して少々不審を抱くようになりました。**私には触れることのできない根底**と私が呼んだもの、それは**世界のいわれ**(le pourquoi du monde)です。それは我々にはまったくわからないあの創造の計画です。我々は我々の身体についてさえ、まして我々の精神についてはなおさら、まったくわからないのです。またそれは、我々が人間と呼ぶこの特異な存在の、自らの状況の悲惨さを自らに示すのにちょうど足るだけの、しかしその状況を変えるには足りない知性を与えられたこの存在の運命の理由です。これこそ、私の精神の野心が触れようと望み、しかし真理を知るために私が持つ手段では常に無限にそこから離れている、**根底**(le fond)、いやむしろ**諸々の根底**(les fonds)なのです(Tocqueville 1858b: 475−477:強調引用者。ただし「私には触れることのできない根底」のみ強調原著者)。

こうして、初めは萌芽にすぎなかったあの苦悩が、次第に表面化する。確かに、それが意識されているのは未だ一個人の内にすぎない。しかし、

苦悩を言語的に表現し後世に残すことのできた人間が希有であるとはいえ、それが今見たとおり時代と生に密接に関連したものである以上、そのような限られた人間の限られた苦悩であるとは到底思われない。まったく反対にそれは、我々が前節までに「社会科学」の誕生を導きの糸として追った、ある歴史的に特殊な「社会」と「人間」という概念に構造的に内在する一般的な苦悩であるように私には思われる。それは「世俗宗教」の持つ危うさの一つであるようにさえ思われる。実際、これまでのところこの苦悩はトクヴィルという一個人が背負っているにすぎないが、この先、歴史の進展とともに「社会」に生きる「人間」はみなこの苦悩を背負って生き、あるいは死ぬことになるのだ。この意味は、第2章において、「社会学」の誕生と展開を追う中で、明らかになるであろう。

| インテルメッツォ

第二帝制[35]

　もっぱら第二共和制下に活躍したトクヴィルと第三共和制下に活躍したデュルケームの間には、第二帝制が位置している。この時代が彼らの思想に大きく影響した跡は見受けられないが、しかし歴史の流れとともに、概念そして認識枠組の連続的展開を追跡する本書においては、だからといってこの時代を無視するわけにはゆかない。そこで、あくまで我々の関心に関係する範囲で、この時代を描写してみよう。

　六月事件が象徴しているとおり、実際のところその成立以来常に不安定であった第二共和制は、既に1848年12月10日の大統領選挙において、地方小農民層に熱狂的に支持されたルイ・ナポレオン（Charles Louis Napoléon Bonaparte）の大勝（実に得票率74.2％）という危機を迎える。彼はその名が示すごとく皇帝ナポレオン（1世）の親族（甥）であると同時に、共和主義者ではなく——言うまでもなく——帝国主義者であった。彼は、3年後の1851年12月2日、任期切れを目前にしてクーデタによって議会を解散する。その1年後の1852年12月2日には、国民投票によって皇帝ナポレオン3世として即位、ここに第二帝制が成立する[36]。

　第二帝制は、なんといっても帝制らしい、メキシコから果てはカンボジア・インドシナにまで至る派手な海外への侵略が目立つが、我々の関心からは、次の二つの点が目を引く。

　まず、第二帝制が国政の基礎に普通選挙制（男子普通選挙制）を敷いた初めての国家であることは重要である。当初こそ専制的な政治体制であったが、その誕生過程が示すとおりまさに人民が支持基盤であったがゆえに（派手な対外政策も人民の人気取りの面が強い）、次第にかえって自由

主義的な改革を進めざるをえなくなり、「人間たる人民」を「社会」に、そして広い意味での政治に参加させる結果となり、祖国フランス社会はそこに住む人々全員がその成員であるという意識を準備し、したがってある意味では自らの意に反して、続く第三共和制における「国民(nation)」の創出を準備することとなったのである。

　次に、第二帝制は、社会を国家の下に統合するための社会的なインフラストラクチャを整備したことも極めて重要であると言えよう。第二帝制期は基本的に長期に渡る好況期であり、ナポレオン3世は銀行の設立を進め、人民の預金をまとめあげた。このまとまった資金は、とりわけ鉄道事業に投資され、帝制誕生時には3600kmにすぎなかったフランスの鉄道網が帝制末期には2万3000kmに達するという結果をもたらした。海上交通も発展し、さらに重要なことにはフランス全土をほぼ網羅する電信および郵便制度が完成した。こうした交通・通信網のフランス全土への展開はすべてパリから放射状に、したがって各地方間の直接連絡路なしで整備され、財も情報もすべてがパリに集中する傾向をもたらしたとともに、パリが地方を斉一的に「支配」する手段をもたらした。

　またオスマン(Haussmann)知事による有名なパリの大改造、いわゆるオスマン化がおこなわれたのも第二帝制下である。それは1855年および1867年の二度に渡りパリで開催された万国博覧会を強力な動因として一段と進められ、これにより今日我々が見る近代都市パリの基本構造が作られた。この過程で多くの道路の拡張・延長がおこなわれたが、それは、直近の六月事件の悪夢の再来を阻止するため、つまり1789年の革命以降絶え間なく続く民衆の反乱の際執拗な抵抗の場となってきたバリケードの構築を阻止し、さらに政府軍が迅速に展開・行動できることを意図したものでもあった（例えば、当時パリに多く見られた袋小路が今日ほとんど存在しないのはこのためである。つまり袋小路の入り口にバリケードを築かれると、裏から攻め込めないため、あたかも要塞のように立て籠られ頑強に抵抗されるため、都市改造の道路工事によってできる限り貫通させたのだ）。さらに

このような都市改造は地方都市にも波及し、都市構造を近代化するとともに、一種の公共事業として第二帝制の経済的繁栄を支えたのである。
　こうして、選挙制度という社会制度の改革が意識を準備したとするならば、インフラストラクチャの整備はその意識を実現し支える物質的基盤を提供した。こうして来るべき第三共和制の基盤が、我々になじみ深い諸々の社会制度（義務教育など）を伴った、通常国民国家と呼ばれる統合された近代社会成立の基本的条件が、第二帝制繁栄のまさしく直中において準備されたのである。
　しかしこの帝制の最後はあっけないものであった。メキシコ干渉（1862-1867）での敗北に加え、自由主義的譲歩政策の拡大に伴う帝制としての基盤の弱体化から、その権威を失墜させつつあったナポレオン3世は、失地回復のため対ドイツ政策に注力したものの、かえってドイツ統一を掲げた鉄血宰相ビスマルクの策謀によって、「帝制の自殺」と呼ばれる絶望的な戦争に突入することになる。1870年7月13日、スペイン王位継承問題において対立したプロイセン王ヴィルヘルム1世に対し、ナポレオン3世は駐普大使を通じてその主張を伝えた。当時エムスの離宮に滞在していたヴィルヘルム1世はこの会談の内容をベルリンのビスマルクに電報で送ったが、これを受け取ったビスマルクは内容を改変し、ナポレオン3世がヴィルヘルム1世を脅したかのように偽り発表した（エムス電報事件）。この発表に両国の世論は互いへの非難で沸騰し——ビスマルクの計略どおり——フランスは対プロイセン戦の開戦を決定（7月15日）し宣戦を布告（7月19日）、ここに普仏戦争が開始された。しかし、何年も前から周到に戦争準備を進めてきたプロイセンに対し、フランスは成す術なく敗北を続け、遂に9月2日にスダンで皇帝自身が捕虜となるに至り降伏した。そしてその知らせが9月4日パリに届くやパリで革命が勃発、臨時国防政府（事実上の共和制）が成立し、第二帝制はあえなく崩壊したのである。臨時国防政府は当初こそ戦争を継続したものの、翌1871年1月28日パリを開城し降伏した。この結果、ドイツ軍のフランス

駐留はもちろんのこと、アルザス・ロレーヌ地方の割譲と国家の税収総額の2年分にも及ぶ50億フランという莫大な賠償金支払いという屈辱がフランスにもたらされた。付け加えれば、降伏にわずかに先立つ1871年1月18日、ヴェルサイユ宮殿鏡の間でドイツ皇帝の戴冠式がおこなわれドイツ帝国（第二帝国）の成立が宣言されるという屈辱もフランスは味わっている。

　さて、いずれにせよこうして第二帝制は終焉を迎えた。それは、続く第三共和制の基盤整備をしたとともに、近代フランス政治史の主要三政体である王制（君主制）・共和制・帝制の内、帝制というものの決定的な後退を、自らの没落によってもたらすという結果に終わったと言えよう。事実、こののち今日に至るまでフランスに帝制が確立したことはなく、政治勢力としても物の数ではなくなる。したがって、以下デュルケームとともに我々が見る第三共和制において壮絶な争いを繰り広げるのは、残る二つの政治勢力、すなわち王制派（王党派）と共和制派（共和派）である。

第2章　エミール・デュルケーム

1858年4月、トクヴィルについに死をもたらす病の最初の徴候が出始めた頃、ロレーヌ地方の一都市エピナルで、ユダヤのラビの息子として、エミール・ダヴィド・デュルケーム (Émile David Durkheim) がこの世に生を受ける[37]。

彼は、一世代前に準備された新しい認識、すなわち「人間」と「社会」をもはや自明の前提として、それらを固有の研究対象として持つ、学問の新しい一分野、すなわち「社会学(sociologie)」を打ち立てようと、19世紀末からその努力を始める[38]。この過程を追うことから始めよう。

第1節　第三共和制[39]

　まず、デュルケーム社会学誕生の背景となったフランス第三共和制初期(1870・80年代)の歴史的状況と、その中でのデュルケームの位置を確認しよう。
　フランス第三共和制初期。それは、近代フランス政治史を貫く三つの主要な政治潮流、王制・共和制・帝制の内、この最後のものが、ナポレオン3世による第二帝制の普仏戦争敗戦に続く惨めな崩壊に伴い勢力を最小化され、残る二つの潮流、すなわち王制と共和制が壮絶な抗争を展開した時代であった。それは単なる国家の覇権、そして政治体制に関する闘争であったのではなく、さらに、その背後にある思想としての教権主義(カトリシスム)と共和主義との原理的な対立でもあった。この対立は、第二次大戦まで続く第三共和制全体を通して何度も政体自身を崩壊させかねない重大な危機の原因となるが、ここで問題とする共和制確立期には特に、70年代の「根深い伝統に支えられた教権主義対未だ揺籃期にあり弱体な共和主義」から80年代の「後者による前者の弾圧とさえ言える巻き返し」に至る激しい闘争を繰り広げていた。
　プロイセンへの降伏後、1871年2月8日の普通選挙の結果、フランス南部の都市ボルドーに王党派(したがって当然に教権主義者)が圧倒的多数を占める国民議会が成立する。この議会はティエール(共和派。ただしかつては王党派)をフランス共和国行政長官に任命し、組閣させる。ティエールは、2月26日に仮平和条約をプロイセンとの間で締結した後(この条約こそ先に見た過酷で屈辱的な内容を含む条約である)、王制か共和制の選択

を平和回復後に先送りする「ボルドー協定」を議会に承認させた。その後「フランスの内乱」パリ・コミューン創出の動きに対応して、国民議会を、したがって政府をパリ近郊の、そして言うまでもなくかつての王家ブルボン家の拠点ヴェルサイユに移転、この反乱をまさに徹底的に弾圧する。5月21日政府軍は大軍を編成しパリに侵攻、「血の一週間」と呼ばれる壮絶な市街戦が繰り広げられた。この戦闘で子どもを含め推定2万5000人が虐殺され、またしてもセーヌ川は血に染まった。そして一週間後5月28日、パリ・コミューンは遂に崩壊。その後の軍事裁判では、1万人以上が有罪判決を受け、その半数がニューカレドニアへの流刑に処せられた。

　パリ・コミューン鎮圧後、ティエール政府が最初に直面した問題は、ボルドー協定で先送りされた国制の問題、すなわち祖国フランスは今後王国として復活するのか、それとも共和国として復活するのか、その選択の問題であった。先にも述べておいたとおり、国民議会は圧倒的に王党派が多数であったため、王制復古の可能性は十分確実に存在していた。しかし他方では、記憶に生々しいパリ・コミューンを始め近代フランスが経験してきた血生臭い変動、特に一連の革命を鑑みれば、内乱を回避し安定した国家たりうるためには、この時点においては共和制しかありえないことを多くが理解していた。そこに、共和派は、秩序を強調するとともに、共和制は既成の政治制度であることを強調、懐古主義の王党派と異なる「真の保守主義者」として登場し、国民各層の広範な支持を得る。そして遂に1871年8月、国民議会は大統領制を議決し、ティエールを共和国大統領に指名するのである。

　しかし、このいわば「しかたなく選ばれた政体」は、妥協の産物であるがゆえに明らかに弱体であり、その後幾度も王党派からの強力な攻撃に晒され、たゆたう。翌1872年5月には、王党派多数の議会がティエールに対し不信任を突きつけ、ティエールは早くも失脚、次いで王党派マクマオン (Marie Edme Patrice Maurice, comte de Mac-Mahon) が大統領に指名され、カトリック教会の強いバックアップを得つつ「道徳的秩序再建」を旗

印に新たな王制復古が企てられる。しかし、ブルボン家を推す正統王朝派と、分家であるオルレアン家を推すオルレアン派の積年の対立に、妥協は試みられたものの調整がつかず、この企図は王党派の内部的不一致という形で流産してしまう。そして結局、1874年以降の農村における経済危機を背景としたボナパルティスムの急速な人気回復に一様に恐れおののいた帝制派以外の政治勢力による、またしても妥協によって、国民議会はいわゆる75年憲法を制定し、形式的にも第三共和制を完成させるのである。

さてしかし、生まれたばかりの第三共和制は、このとおりよちよち歩きの危うい歩みを1870年代の間ずっと続けつつも、既成事実として共和制的基盤を徐々に確立してゆき、1880年代には攻勢に転ずるほどになる。

1875年頃に始まり1882年頃まで続く、小規模ではあるが安定した好況という経済状況を背景に、第三共和制は、次第に急進共和主義を放棄し、穏健共和主義の傾向を強めてゆく。しばしば「オポルテュニスム (opportunisme：日和見主義)」と揶揄されるこの体制は、しかし、ガンベッタ (Léon Gambetta) ら急進共和派を切り捨てる一方で他の共和派諸派の協調をもたらし、結果として共和派全体の勢力を安定させ強化した。そしてこの強化された勢力を背景に、政府は1880年にはパリ・コミューン特赦をおこなうとともに、王制、とりわけその精神的基盤を成す教権主義に対する弾圧を開始する。

ジュール・フェリー (Jules Ferry) 内閣によって主導され、「フェリー時代」とも呼ばれるこの時期の内政は、事実、反教権主義に貫かれている。フェリー法と呼ばれる1881年から1882年にかけて制定された一連の法律により、初等教育は完全に無償とされるとともに義務化され、さらには宗教教育の完全な排除が規定され、ここに——今日の我々にまで至る——公教育の「無償・義務・世俗性」の原則が確立された。また1884年には憲法および上院選挙法を改正し、終身議員の廃止や有利な選挙区割りの改正など、王党派の排除政策が実施された。1886年には教育者の世俗化

が決定される。こうした「フェリー反教権主義の中心的意図は、人口の多数を占め、第三共和制の強固な基盤を成す小土地所有農のオポルテュニスム体制秩序内への把握……である。すなわち、執拗に生き延びてきた伝統的名望家層の最後の精神的支柱であるカトリック教会の影響力から農民を切り離し……王党保守主義の基底を掘り崩すこと、ここにフェリーの企図があった。……政教分離問題は当時の左・右勢力を分ける『分界線』となった」(中木1975：上256)のである。

このような共和主義と教権主義との闘争は、中でも教育の問題においてくっきりと現れる。科学的理性的な教育を重視し、またプロテスタンティズム的信仰のために信者各人が聖書を自力で読む必要から識字教育にも力を注いだプロイセンに対し、人文主義的修辞学的訓練を重視し、「救いを秘蹟や超自然的信仰におき」(渡辺ほか1997: 18)人々を文盲のままにとどめ「無知の傍らに超越的神秘を開花させた」(ibid.)カトリシズムを、敗戦の知的道徳的遠因と考える共和制は、そのような欠陥を一掃する学校教育、すなわち世俗な公教育を打ち立てようと努力した。

第三共和制においては、学校はまず「フランス国民統合の手段であると見做された。それは身分や階級や生活様式の相違をこえて共通の魂を全フランス人に付与することによって、教会がもはや(世俗化が進む社会で)実現することのできない国民的統一を作り出す使命を委ねられた」(ibid.: 19)。さらにそれは「共和制の礎石と捉えられた。と言うのも、たとえ自由や平等の原理が高らかに謳われようと、文盲が存在する限り自由や平等は名ばかりにすぎず、また農民大衆が世俗教育を受けない限り、教会の知的ならびに政治的影響力の束縛から解放されないと考えられたからである」(ibid.: 20)。そして、「教会がキリスト教の教義を教え込み、良き臣従を作るのを目的としたのに対して、世俗的学校は、読み書き計算と市民的道徳を教え、自由な精神と良き市民を育成することを目指した」(ibid.: 21)のである。

その結果、「学校は今や中世の教会と同じように、村落の中心、世俗的共和主義という新しい信仰の新しい寺院」(ibid.)となり、「学校教師はいわば共和主義的信仰の布教者として立ち現れた」(ibid.)。
　つまり、この対立は、国民の政治的統合を巡っての闘争であると同時に、その統合を基礎付ける教義・信仰上の闘争であり、民衆に対する知的な覇権を巡っての闘争でもあったのである。ただし、この闘争の特殊な点は、それが、伝統的な宗教間の超自然的・超越的信仰・教義間の争いではなく、カトリシスムの教権主義として歴史の中に現れた超自然的・超越的世界観と、同じく共和主義として現れた世俗な世界観の間の闘争だったという点である。
　このような歴史の中で、デュルケームはその社会学を構築する。1882年以降リセで教鞭を執っていた彼は、1887年、ボルドー大学文学部において社会科学講座および教育学講座の講師に任命される。この任命の際、重要な役割を果たしたのが、当時高等教育局長の職にあったルイ・リアール (Louis Liard) である。「新しい社会科学としての社会学と道徳学の樹立、反教権思想および教育改革等で共通した考えを有していた」（夏刈1996：65）デュルケームに対し「それらの思想に基づいて社会秩序を再構成してゆく上で……大きな期待を寄せ」(ibid.)ていたリアールは、第三共和制の指導者の一人として、ジュール・フェリー始め他の指導者を説得し、根強い人文主義的伝統を持ち社会に関する新しい講座の導入には極めて冷淡であった当時の文学部に対し強力に働きかけ、デュルケーム活躍の場を用意したのである。実際、社会科学講座は、デュルケームのためにわざわざ新設されたものである。
　以上のような時代状況と個人的経緯の中で、社会に関する一科学を打ち立てるということは、したがって、カトリシスムの教義・世界観・世界解釈に取って代わりうる共和制の世界観・世界解釈＝世俗な世界解釈枠組を打ち立てることを意味したのである。もちろんそれは、直接的には、フランス共和国をそれによって統合しうる、国民に共通な世俗な信仰・

世界観を提供する作業ではある。しかし、だからといってデュルケーム社会学を単なる第三共和制のイデオロギーとして片付けるのは早計にすぎる。ここで問われているのはもっと普遍的なことなのだ。つまり、先にも指摘したとおり、それは超越的な諸信仰間の争いでもなければ、世俗なイデオロギー間の争いでもない。それは、超越と世俗との争い、換言すれば、**超越性なくして**いかにすれば世俗な世界たる「社会」を安定的に捉えられるかという近代社会の根本問題なのであり、さらに——議論を少々先取りして言えば——そのような世俗な社会における日常的生をいかにすれば**それ自身として**、すなわち非超越的に意味付けられるかという根源的問題なのである。これこそ、デュルケームに課せられた、フランス第三共和制やカトリシスムといった具体的な政治状況にとどまらない、世俗化が進む近代史全体からの、いわば歴史的課題なのである[40]。

第2節　客観的科学としての社会学

　では、具体的にデュルケームはこの歴史的課題に対してどう応えたのか。彼は、まさにこの時期、自らの社会学の基本原理を定式化した『社会学的方法の規準』(1895)第1版への序文最終段落において、自らの立場を「我々の受け入れる唯一の名称は、**合理主義者**(*rationaliste*)[41]である」(Durkheim 1895: IX=19:強調原著者)と位置付けた上で次のように語る。

　　もし事実が全面的に知的に理解可能であれば、それは科学を……満足させる。なぜなら、その時には当の事実の外部にその存在理由を探求する理由は無くなるからである (S'ils [=les faits] sont intelligibles tout entiers, ils suffisent à la science...car il n'y a pas alors de motif pour chercher en dehors d'eux les raisons qu'ils ont d' être...) (*ibid*.: IX=20)。

　この言明の意味を、以下、同書の中から探ってゆくことにしよう[42]。
当時のフランスアカデミズムにおいて、社会学は事実上なにものでもなかった。いや、それ以上に状況は悪く、むしろあざけりの対象でさえあった。デュルケームの甥にして協力者のマルセル・モースは、1895〜1896年ボルドー大学におけるデュルケームの講義原稿を編集し本人の死後出版した『社会主義論』序文の中で、その様子を次のとおり証言している。

　　当時、社会学はほとんど人気がなかった。コント主義者たちの直

近の行き過ぎが社会学を嘲笑の対象にしたフランスにおいてはとりわけそうであった。その上、社会学は確立されていると言うには程遠いものであった。コントやスペンサーはもちろん、エスピナス(Espinas)さえ、またドイツ人のシェフレ(Schäffle)やヴント(Wundt)でさえも、社会学には哲学しか与えていなかったのだから(Durkheim 1928: 27=7-8)。

　この逆風の中でデュルケームは、他の諸科学から独立した一科学として社会学を打ち立てようと懸命に努力した。彼はその際「一つの科学は、他の諸科学が研究しない一群の事実を対象とすることによってしか存在理由を持たない」(Durkheim 1895: 143=268)と考え、したがって社会学がその固有の研究対象を持つことをその独立性の条件と考えた。ゆえに彼は、社会学の独立宣言とも言いうるこの『社会学的方法の規準』の中で、自らの社会学を、形而上学や神秘主義など、つまり物の超越的な説明から執拗に区別しようとする[43]。

　本節の冒頭に引用した文章の直前に付けられた、ある註の中で彼は、社会学の先駆者オーギュスト・コントおよびハーバート・スペンサー(Herbert Spencer)のいわゆる実証主義的社会学を「実証主義的形而上学」(*ibid*.: IX=20)と断じ[44]、自らの立場としての合理主義との混同を厳しく諫め、また、あらゆる神秘主義を「一切の科学の否定者」(*ibid*.: 33=99)と断じ、さらに同書結論部では「**社会学者は科学者であって神秘家ではない**」(*ibid*.: 139=261: 強調引用者)として、「社会的なものの本質についての教義的な意味[付け]」(*ibid*.)を、例えば「社会的なものが他の宇宙的諸力に還元されうるといったこと」(*ibid*.)を、明確に拒否している。加えて、こうした言明にもかかわらず寄せられた批判に対して反論した、第2版への序文(1901)の中では、さらにはっきり「**筆者の立てた規準は、いかなる形而上学的な見方も、存在の本質についての思弁も含んではいない**」(*ibid*.: XIV=27: 強調引用者)と述べている。

つまり、このような諸物と諸現象の超越的な理解・解釈の全面的排除を大前提として、デュルケームはその有名な社会学の構築を始めるのである。すなわち、ありとあらゆる現象の場・万物のありかとしての「世界」の超越的な部分をすべて社会学的探究の対象から排し、残った世俗な部分のみを、すなわち「社会」のみを社会学に固有の研究対象領域とし、その中で個人的意識に対する外在性と拘束性を持つ社会的事実（faits sociaux）を措定、その「客観的な実在性」を主張（ibid.: 3-4=51-52）し、続いてその社会的事実を「物のように考察する」（ibid.: 15=71）という「第一の、そしてもっとも根本的な規準」（ibid.）を立て、さらに他の諸規準を構築してゆくのである。

この構築過程とそこで展開される社会学については、これまで数え切れないほど論じられてきたものであり、ここで概説的にそれを再現することは意味がなかろう。ただ、我々の観点からは、次の点が浮かび上がってくる。

まず社会的事実について、彼は言う。

社会的事実とは……個人に外的な拘束（_contrainte extérieure_）を及ぼすことができ、さらに言えば、固有の存在を持ちながら所与の社会の中に一般的に広がり、その個人的な表明からは独立しているあらゆる行為様式のことである（ibid.: 14=69: 強調原著者）。

それは、個々人に先立って存在し、種々の教育を通じて個々人の意識に内面化され、個々人の評価にかかわらずその「客観的な実在性」を保持するという意味において個々人に対する外在性を持つ。それは、法や習慣の中に規定され教育を通じて個人に受け入れられる市民の義務に、また、個人が作り上げる習慣からは独立して機能している諸々のもの、例えば「私が自分の思想を表現するために用いられる記号の体系、負債を支払うために使用する貨幣制度、商取引関係の中で用いる信用手段、職

業上従っている慣行など」(*ibid*.: 4=52)に示されているとされる。そして、このような意味での外在性を持つものとしての社会的事実は「**個々人の意識の外部に存在する**という顕著な属性を示すところの、行動、思考および感覚の諸様式」(*ibid*.:強調引用者)であるとされるのである。また、このような社会的事実は「**個人が欲するか否かにかかわらず自らを個人に課す、命令的で強制的な力**」(*ibid*.:強調引用者)を持つ。例えば、犯罪行為の禁止と罰則、世間の慣習や服装に反した場合の嘲笑や反感などである。社会的事実の持つこの性質をデュルケームは拘束性と呼ぶのである。

　社会的事実のこうした性質から、それは個人の主観的な意識現象に還元されえず、したがって社会学は心理学とはまったく異なる対象領域を持つ独立した一科学たりうるはずである。それどころか「それ[社会的事実]は、一つの**具体的形態**(un corps)を、すなわち固有の**可感的な形態**(forme sensible)を取り、これを表示する個人的事実(faits individuels)からは非常に明確に区別される**一種独特の実在**(réalité *sui generis*)を構成する」(*ibid*.: 9=59：強調引用者。ただし「一種独特の(*sui generis*)」のみ強調原著者)のである。さらに第2版への序文では、この点を断言している。

　　社会的事実は、単にその質においてのみ心理的事実(faits psychiques)と異なっているのではない。**両者は、**[社会それ自体と個々人の意識という]**それぞれ異なった基体**(*substrat*)**を持っている**のであり、同じ環境の中で展開されるのでもなければ、同じ諸条件によって規定されるわけでもない。……集団の心性(mentalité)は、個々人の心性とは異なったものであり、それ固有の諸法則を持っている。したがって二つの科学[社会学と心理学]は、きっぱりと区別されずに存在することなど不可能なのだ(*ibid*.: XVII=32：強調原著者)。

　続いて「物」としての社会的事実について言う。

第2節 客観的科学としての社会学

　社会現象は物であり、物のように取り扱われねばならない。……実際、物とは、観察に与えられるものすべて、観察に供される、と言うよりはむしろ観察に強制されるものすべてである。……諸現象を物のように取り扱うこと、それは、科学の出発点を成す**資料**(*data*)としてそれらを取り扱うことに他ならない(*ibid*.: 27=90-91：強調原著者)。

　社会諸現象は、それらを表象する**意識主体から切り離して**、**それ自体として**考察されなければならない。**すなわち、外在する物として、外部から**研究されねばならない。なぜなら、それらが我々に対して現れるのは、そのような性質においてであるからである(*ibid*.: 28=91-92：強調引用者)。

　物(choses)の外的な特徴が我々に与えられるのは**感覚を通して**(par la sensation)であるから……**科学は、客観的であるためには**(pour être objective)……**感覚から**(de la sensation)**作られた概念から**出発しなければならない。科学は、その出発点における定義を構成する諸要素を、**可感的な与件**(données sensibles)**から直接に**借りなければならないのである(*ibid*.: 43=114：強調引用者)。

　つまり、彼の社会学の認識対象でありまたあらゆる社会現象がそれによって構成されるところの社会的事実は、単に方法論上ないし認識論上の仮定としてのみ、それを表象する意識主体に外在しそれを拘束し、独自の実在性を持つのではなく、より根本的な意味で、すなわちそれが**自然物と同じ資格において**「観察に強制される・感覚に与えられる・可感的な」という意味で、まさに**世俗の中に**「実在」する「事実」なのであり、したがって、このような社会的事実は、世俗世界内部において正しく感覚

し正しく認識すれば、唯一の「事実」＝真実として議論の余地なく万人に認められるものであるということになる。実際、デュルケームは、社会学上の諸概念を構成する際には個々の現象に共通に見られる外部的特徴に従って余すところなく分類すべしと主張する中で、次のように述べる。

　　このような手順を実行するならば、社会学者は、その第一歩から**無媒介に実在の内に立脚する**ことになる。実際、このような事実の分類の仕方は、社会学者自身から、すなわち**彼の精神の個別的な傾向から独立しており、物の本性**(la nature des choses)**に基づいている**。事実をこれこれのカテゴリーに整理せしめる特徴は、**万人に示され、万人によって認知されうる**（*ibid.*: 36＝103-104: 強調引用者）。

　結局、この意味において、社会的事実は、まさに**他ではありえぬ**「事実」であり、真実であり、超越性を排した世俗世界＝可感的な物の世界＝社会における、いわば「直接目に見える真理」なのである。そして、このような「事実」に立脚して、世俗世界の解釈枠組としての「客観的な科学」たる社会学が展開されるのである。

　さて、このような立場、すなわち、形而上学・神秘主義といった物の超越的な理解を完全に排し、残された可感的な物の世界、世俗世界である「社会」の内に、超越的な真理に取って代わる「事実」を見出し、そこを土台・根拠として世俗世界（のみ）の体系立った認識枠組たる社会学を構築するという立場は、まさに前節で見た歴史的課題に正面から応えたものであることは、明らかであろう。

　と同時に注意すべきは、それが、科学としての社会学内部から論理的に導かれる要請ではなく、科学**外**的な歴史的要請であるという点である。それは社会学創設の大前提となる、世界に対する一つの「構え」「態度」である。社会という固有の対象が客観的に存在する**から**、社会学が独立した学問たりうるのではない。まったく反対に、世俗な世界としての社会

を完結したものとしてその内部で説明しうる学問を構築すべしと歴史的現実によって要請されたがゆえに、社会現象は「事実」としての「客観性」を持って見えてくるのである。つまりそれは、社会諸現象を世俗社会内で完結する現象として、つまり物として見てみたらどうなるか、という一つの見方であって、そのような見方自体が、超越的なそれより適当だという根拠や保証は、少なくとも「客観的には」存在しないのである。

そうではあるが、しかし、世界内の諸現象と諸物の理解・根拠付けに際して超越的なものを持ち出さないことを歴史的に初めから課せられていたデュルケームは、歴史的現実としてカトリシズムに代表され、社会学史的先行研究としてコントやスペンサーの「形而上学的社会学」に代表されるような超越的なものが持つ「真理性」を、社会的事実の(可感的な！)「事実性」として、世俗な世界＝社会の中に見出し、もって超越性を失った世界＝社会の内的な完結性を根拠付けたのである。

もちろん、デュルケーム以降大きく展開された現代社会学の立場からは、この主張を文字どおり受け取るわけにはいかない。言葉の厳密な意味において社会的事実は可感的な物ではない。社会現象・社会的事物**そのもの**が感覚に与えられるはずはない。今日的に見れば、そのような主張は(19世紀の)自然科学の単純なアナロジーでしかなく、決して社会的事実の事実性を根拠付けるようなものではない。しかし、19世紀末当時としてさえ厳密には無理があると思われるようなこの社会的事実の可感性という主張は、あくまで世俗な世界の中で根拠付けをおこなうという歴史的要請を考えあわせれば、上述のように今日的にも有意義に理解できるように思われる。

そして、いずれにせよ重要な点は、このようにして社会学が社会の外部になにものをも認めないものとして成立したという事実であり、それゆえに、この可感的な俗世現世内の諸現象によってのみ構成され、そのような諸現象を単なる「現れ」とするような超越的な本質や真理は認めないという、「世界」に対する認識視角・認識態度から描かれる像を、我々

は今日に至るまで「社会」と呼ぶのである。

こうして遂に、本節冒頭の引用文の意味も十全に理解可能なものとなる。すなわち、「もし事実が全面的に知的に理解可能であれば」「当の事実の外部にその存在理由を探求する理由は無くなり」「科学が満足する」ということは、「世界内の諸物・諸現象は、世俗な世界＝社会における可感的な事実として論理的に余すところなく理解可能であるという態度をもって世界を認識する」「その事実の超越的な真実や根拠を探究することは歴史的背景から必要ないと判断する」「このような態度をもって社会学という『客観的な』認識枠組を構築する」という歴史的な宣言なのである。

付け加えれば、この社会学的＝世俗世界観的態度は、その内部で根拠付けられておらず、むしろそれが世界に対する一態度であるという点において、一種の信仰であるとさえ言いえよう。実際、デュルケームはこの「宣言」の直後、次のように「告白」する。

　　したがって、神秘主義がよみがえろうとしている現代では特に、このような企ては……**理性の将来に対して信仰をともにするすべての者によって**、不安なく、共感をさえ持って迎えられることができるし、また**そうでなければならない**と思うのである（*ibid*.: IX=20: 強調引用者）。

さて、以上のようなデュルケームの社会学、とりわけそれを支える社会観が、トクヴィルの認識態度の、超越性から目を逸らし可感的な物の世界に没頭するというあの態度の継承であり、トクヴィルによって産み出された「社会」と「社会科学」という概念の展開であり、その一つの完成形であることはもはや明らかであろう。

今一つの概念、「人間」についても同様である。と言うのも、社会的事実の総体として「社会それ自体」を捉えること、換言すれば、そのすべては、固有の実在性を持ち、外的に観察可能で、したがって誰から見ても

同じように表象される一つの全体として「習俗の世界」を捉えること、要するに、世俗な、可感的に可知的な諸物の一総体として「知的道徳的世界」を構成することは、そのような社会の中で生を営む「人間」もまた、そうした世俗な可感的可知的な物として同質性を持つ一つの類だということを前提としているからである。なぜなら、個々人がそのような「人間」として同類であるからこそ、要するに人間が「社会的存在」であるからこそ、個々人がそれぞれ別々におこなう行為とその結果を一つの社会的事実として斉一的に把握することができるのであるし、また個々人それぞれがそのような「人間」としての同じ認識を共有しているからこそ、「万人によって認知されうる」社会的事実を措定できるのだから。逆に、そうでなければ、すなわち個々人が——例えば天使とバクテリアのように——異質の存在でありそれぞれの行為を一つの概念にまとめ上げることが不可能ないし無意味であるとしたならば、また、ある社会的事実が個々人によって本質的に異なって、しかしそれぞれ正しく表象されうるとしたならば、その時社会的事実の「客観的実在性」はそれを支える前提を失うのである。

　この人間概念の継承には、このような論理的理由ばかりでなく、歴史的理由もある。先に見たとおり、この時期のデュルケームは、歴史的課題として、客観性を持つ一科学としての社会学をフランスのアカデミズムに認めさせようと努力していた。その彼にとって、社会的事実が個々人の意識から独立しつつ、社会的存在としての人間の産物として、固有の存在性を持つ「客観的事実」であること、したがって個々人はみな「人間」として同類であるがゆえに（少なくとも正しい仕方で把握されれば）一つの社会的事実はどの個々の「人間」にとっても同一の唯一のものに映るということは、否定することなど政治的にも不可能な——その時にはデュルケーム社会学の「客観性」が、したがって「科学性」が否定されるのだから——歴史的に**必要な**事実だったのである。

　こうして、ここでもまた「社会」と「人間」は表裏一体のものであり、「社

会(科)学」⁴⁵ もまたその不可分な随伴物、と言うよりもむしろ、前二者を一体化している歴史的視点である。

　最後に、まさしくこの人間観を前提としてこそ、『社会学的方法の規準』に続く著作『自殺論』(1897) が可能になる。なぜなら、個々人はみな社会の中の同じ人間であるからこそ、個々人の自殺という現世の個別行為は「物」として同類・同質的であると把握され得、その把握を前提として個別事例としての自殺を積算し、「量」として数学的に統計処理できるのだから。次節では、こうして可能となった把握の一つの帰結を見てみよう。

第3節　生の意味喪失
——自己本位的自殺

　ここに至ってついに、本書冒頭に掲げた二つ目の問題について踏み込んだ考察を始める準備が整った。若き日のトクヴィルの懐疑に端を発し、これまでもしばしば顔を覗かせていたあの問題、トクヴィルが文字どおり死ぬまで苦しんだあの問題、つまり「生の意味問題」である。『自殺論』を題材として、ここで議論を始めよう。

　このように世俗な世界＝社会という表象と、そこがいわば全世界であるとする社会学という世界解釈枠組を採用し、超越的なそれを見失うこと——例えば「迷信」として見捨てること——は、我々が生きる世界を狭くし、いわば「生を社会化すること」を意味する。我々は以後、可感的なこの社会と呼ばれる世俗世界でのみ生き、我々の存在はその中でのみ意味を持つ、と言うよりその外に世界は——少なくとも正当なものとしては——見出せなくなる。

　しかし、この「生の社会化」は極めて深刻な困難をもたらす。それを、『社会学的方法の規準』に続く著作、諸規準の実際の社会現象への最初の適用であると同時に、近代社会の根本的な問題を自殺という観点から浮き彫りにした名著、『自殺論』の中で見てみよう。

　その困難は特に、デュルケームによって「現在もっとも広範に発生し、年間自殺数の増加にもっとも大きくあずかっている自殺のタイプ」(Durkheim 1897: 406=450)とされた「自己本位的自殺(suicide égoïste)」において鋭く顕在化する。この自殺のタイプは、周知のとおり、「社会があらゆる部分において十分に統合されておらず、そのためにすべての成員

の拠り所となることができないところから発生」(*ibid*.: 428=477)し、またそのような弱統合状態によってもたらされる「文明に随伴する過度の個人化に起因」(*ibid*.: 257=285)するとされ、具体的には宗教・家族・政治の各社会集団を対象に、それら集団の統合の強度と自殺数の反比例の関係が、統計資料を用いて論じられている。そしてそれは、それを経験する個人にとっては、次のような社会的な生の意味喪失として現れる。

　よく人間は二重の存在であると言われている。それは物理的人間の上に、社会的人間が重ねられているからである。ところで、社会的人間は彼が表現し彼が役立つ社会の存在を必然的に前提とする。ところが社会の統合が弱まり、我々の周囲や我々の上に、もはや生き生きとした活動的な姿を感ずることができなくなると、我々の内部に潜む社会的なものも、あらゆる客観的根拠(tout fondement objectif)を失ってしまう。……すなわち、我々の行為の目的となりうるようなものは消滅してしまうのである。ところが、この社会的人間とは文明人に他ならないのだ。社会的人間であることが、まさに彼らの存在を価値あるものとしていたのである。このことからして当然、[社会の統合が弱まると]彼らの生きる理由も失われることになる(*ibid*.: 228=254)。

　この人間活動の高度な形態[＝肉体的生命維持の欲求を超えた人間活動。宗教・道徳・政治・芸術・科学など。つまり文明]が、我々各人に受肉化され個人化されている社会そのものなのだ。……人々は社会から切り離されていると感じれば感じるほどそれだけ、その社会を源泉にも目的にもしているこの生からも切り離されることになる(*ibid*.: 227=252-253)。

つまり、我々が物理的身体的存在として単に「生き延びる(survivre)」

のではなく、さらにこの世界に「意味あるもの」「存在理由を有すもの」として存在し、価値あるものを行為の目的として意義ある生を「生きる (vivre)」ためには、デュルケームによれば、我々がしっかりと社会的な存在でなければならず、したがってそのような存在としての我々を産み出し支える社会そのものがしっかりと統合されていなければならないのである。さもなければ、次のような過度の個人化が結果し、人はその生の意味を見失う。

　　信仰を固く奉じている信者や、家族社会や政治社会の諸関係に強く結び付いている者にとっては、[自らの生の意味の]問題は存在しない。彼らは自ずから、反省に頼ることなく、自分の存在とその行為を、それぞれ教会やその生きた象徴である神に、あるいは自分の家族に、あるいはその祖国または党派に委ねる。……しかし、信者に疑問が芽生えるようになると、すなわち、属している宗派への連帯感が弱まって、それから離れるようになると、また自分の属していた家族や都市がよそよそしいものになってくると、それだけ彼らには自分自身が謎となり、神経を刺激する、そして不安に満ちたあの疑問から逃れられなくなる。「一体、何のために…(à quoi bon?)」(*ibid*.: 227-228=253)。

こうして、存在の社会性を剥ぎ取られた＝過度に個人化された個人は、先の定義からして当然、その社会的生の意味を喪失し、一種の虚しさに襲われる。そしてその虚無の中では、「自分の努力が空虚(vide)の中に消えてしまうという感覚」(*ibid*.: 228=254) の中では、「証明などするまでもなく……ほんのごくわずかでも失望する原因があれば、簡単に絶望的な決断が下される。生がもはやそれを生きる労苦に値しないとなれば、あらゆることが生を放棄する口実となる」(*ibid*.: 228=255) のである[46]。

このような虚しい生の状態から、しかし、デュルケームは必死で脱し

ようとする。彼によれば、そもそもこのような危機の原因は社会統合の弛緩にあるのだから、そこから脱するためには、それを再建すればよいわけである。

> たとえ宗教、家族、祖国などが自己本位的自殺を抑止することができるとしても、その原因は、それらの各々が呼び起こす感情の特殊な性質の内に求められるべきではない……。そうではなく、その原因の効力はすべて、それらが社会を成しているという一般的な事実に由来している。そして、それらが十分に統合された社会……である限りにおいて、初めてその効力が発揮される、とすれば、まったく異なった集団でも、それが等しい凝集力を備えていさえすれば、同じ働きをすることができることになる (*ibid*.: 434-435=485)。

そして、かつては十分な統合力を備えていたが今ではもはやその能力の期待できない伝統的諸集団、政治集団・宗教・家族に代えて、よく知られた「同じ種類のすべての労働者、あるいは同じ職能のすべての仲間が結び付いて形成する職業集団ないし同業組合」(*ibid*.: 435=485) を、経済生活の重要性が増大し職能間の分業が進展する**近代社会において唯一可能な**、社会統合のための集団として提案するのである[47]。

しかし、ここで当然の疑問が湧いてくる。そもそも本当にこのような意味での社会統合の弛緩が原因なのか。そして同業組合による統合の強化によって、人々は生の意味を回復し、自殺という現世からの逸脱から遠ざかることができるのか。それが根本的な解決策たりうるのか。と言うのも、少し考えただけでわかるとおり、たとえいずれかの社会集団によって社会全体の統合を強化したとしても、その集団が統合される焦点たる集合的目的それ自身は、いつでも疑問に付されうるのである。デュルケームの言葉を用いて表現すれば、それぞれの教会や自分の家族や祖国や党派の集合的価値はそれがいかなるものであっても、いつでも「一

体どんな理由があって私はこれを信じているのか」「そもそもなぜ他でもないこの社会にこのようにあるのか」との疑問を持ちうるのである。なぜなら、確かにある社会集団が個々人に先立ち個々人の死後存続すると思われるという意味で各個人を超えているとしても、しかし、それはいずれかの時点で生まれいずれかの時点で消滅する有限な、限定された歴史上の一時的な存在でしかありえないからである。我々はいつでも、「他の時代に生まれていたら」とか「他の国に生まれていたら」と考え、現在の時代や社会を相対化することができるのである。

　これに対して、デュルケームは、先に見たとおり、その社会がいかなる内容・目的・教義を持つものであるかは問題ではなく、ただそれが現実に統合力・凝集力を持つものであれば、つまり人々が活発に交流し合いその社会の価値観と適度に一体化できるものであればよいと考えている。換言すれば、我々人間が社会的(social)という形容詞によってまとめられる存在であればよいと考えている。しかし、それは、とりあえず自己本位的自殺から目を背けるのによいのであって、決して生に確固たる意味を与えてくれるからよいわけではないのである。この解決法では、次のような問いにはまったく答えられないのである。すなわち、そもそも私はいかなる理由の下に他ならぬこの社会に存在するのか。この私のこの生には、偶然や一時的でない——死んだらそれで終わり、ではない——本質的な普遍的ないかなる意味(sens)があるのか。次いで、私はこの現世でどのように行為すればよいのか。つまり、今ここからどの方向(sens)に進めばよいのか。単にこの世で「生き延びる」だけではなく、また時代や諸条件が変わって否定されたり無視されたりすることのない、確かに価値ある存在として「生きる」ことができるのか。

　デュルケームの解決では、しかし、生の意味は、ある時点において統合力が期待できる適当な集団が持っている「現実に可能な」論理や目的でしかなく、それを奉じる個々人にとってそれは、特にそれでなければならないような確固たる内在的理由を持たない、偶然でしかないもの＝他

でもありうるものでしかない。この状態は、一時的な、不安定なものであり、そこでの生の意味は、どこまでいっても偶然的な、仮のものでしかない。そこでは人は、たまたまそこに生まれ存在するからというだけで、そこで生き延びるために、ある社会の価値や意味を自らのものと余儀なくさせられるにすぎないのである。したがって、同業組合であろうが他の社会集団であろうが、社会統合の強化の主張は、せいぜいのところ、その社会で重要とされる俗世の価値に没頭し、生の意味に対する究極的な問いを互いにはぐらかし合い、もって各人の身体的寿命が尽きるのを待つという、悲しい一時しのぎにしかなりえないであろう。

「そのような（普遍的な生の意味を希求させるような）疑問を持たせないほど強く集団に個人を一体化させ統合する」ということでは、解決にはならない。これも先と同じく「目を逸らせ」と言っているにすぎず、疑問自体は、疑問を産み出す不安定さ自体は、そのまま残されている。そもそも、いかなる社会であれそれが現世のものである以上、結局いつかは無くなってしまうことに変わりはない。その意味では、せっかく強化した社会統合も、崩壊の可能性を必然的に内包せざるをえない非常に不安定なものでしか原理的にありえないのである。

実は、デュルケーム自身、この問題が、このような意味において、単なる社会統合の問題である以上に根の深いものであることに、薄々気付いていたふしがある。

　　　神は、その荘厳さのゆえに、この世界と世俗的なもののすべてから遠ざけられてしまったが、そのような神は我々の世俗的活動の目的にはなりえないであろうから、我々の活動はこうして目的とすべきものを見失う (se trouver sans objectif)。それ以来、神に無縁のものがあまりにも多くなり、神は生に意味を与えることができなくなっている。神は、現世を自らにふさわしくないものと見て我々の下に打ち捨てたが、と同時に、我々は、現世の生活に関するあらゆるこ

とに対して、自分自身でやってゆけと捨て置かれてしまったのだ。[したがってもはや、]人々が生存から離脱するのを防ぐことは……[神に対する]信仰によっては達せられない。一口に言って、自己本位的自殺が抑止されうるのは、我々が社会化されている限りにおいてなのである（*ibid.*: 431–432=481）。

つまり、真の問題は、社会関係が、社会の統合が一時的に弛緩していること、その意味で社会が異常な状態にあることではない。そうではなく、社会が社会である限りにおいてそれが必然的に弛緩してしまうこと、社会はその内部に確固たる統合の中心たりうる我々の生の普遍的な意味を持ちえないこと、その意味で神に見捨てられた世俗世界というあり方そのものが著しく不安定であり、その中に閉じ込められた生が行き当たりばったりのものでしかありえないことが問題なのだ。このために人は、ある者は生の意味を求めて、他の者は生を無意味なものとして諦めて、いずれにせよ社会的生からの離脱に惹かれるのである。そして、さらに悲劇的なことに、この意味喪失の真因がわかっているにもかかわらず、それがこのような社会という概念の内部で考え生きるという歴史的に課された思考枠組そのものに由来するため、そのような不安定な生からの人々の離脱を防ぐために提案できることは、根本的解決すなわち我々がその上で安心して充実した生を送ることのできる生の意味を発見しそれをもって安定した統合を達成するという解決ではありえず、そのような中心は見出せないがとにかく現状から可能なように思われる社会集団の統合を形だけでも強化し、「人々を社会化」し、みんなで助け合い、延命しようという程度の一時しのぎ的解決でしかないのである。これこそ、生それ自体が社会化されることによってもたらされた根本的な困難なのである。

したがって、結局、この観点からデュルケームの自己本位的自殺の議論を振り返ってみれば、自己本位的自殺の原因としての社会統合の弛緩

の指摘とその処方箋としての同業組合による社会統合強化の主張は、なんとか俗世たる社会の内部で＝超越性に頼らずに生を意味付けようというまさに**ぎりぎり**の歴史的な試みとして解釈できる。つまり、彼に与えられた歴史的条件の中で、かつて真理と普遍性を持ち我々の日常的な生の意味の源泉でもあった見失われた超越的世界を、社会的事実の客観的実在性をもっていわば新たな「事実としての真理」という形で世俗的世界内で位置付け、そこに新たな世俗な生の意味の源泉を見出そうとした努力であると解釈できるのである。

であるからこそデュルケームは、薄々はその根拠の破綻に気付いていたとしても、ここでもまた次のように強く主張せざるをえないのである。さもなければ社会概念そのものの意味が、そして「社会学という行為」を含めその中でのあらゆる生の行為の意味が不安定となり結局意味をなくしてしまうのだから。

> [社会の自殺傾向のような]集合的傾向は、固有の存在であり……宇宙的な諸力と同じように現に実在する力なのだ。……自殺のような道徳的行為も同じように個人に外在する力によって規定されている……。ただしその力はもっぱら精神的なものであり、個人としての人間以外にこの世に精神的な存在といえば社会しかないから、それはまさに社会的な力でなければならない。……この力の実在性を承認し、我々に作用を及ぼしている物理・化学的力と同じように外部から我々に行動を促している力の総体としてこれを理解することが重要である。それは、まさに**一種独特の**ものであって、言葉の上だけの実在ではない。ゆえに、ちょうど電流や光源の強さを測定するように、それらを測定することもできれば、相互の大きさを比較することもできるのである。したがって、社会的事実は客観的なものである (les faits sociaux sont objectifs)、というこの根本的な命題、筆者が他の著作の中で確立し、社会学的方法の原理と見做している

この命題は……自殺統計の中に……証拠を得たことになる (*ibid.*: 348–349=388–389: 強調原著者)。

 これが可感的な事実、目に見える真理としての社会的事実の主張であること、そして同時に彼に課せられたあの歴史的課題に対する回答であることは、もはや明らかであろう。と同時にここから明らかなことは、それが「客観的な」社会的事実・社会認識という「原理」・「信仰」に立脚しており、その信仰は現代に生きる我々には(少なくとも彼のような素朴な形では)もはや奉じることのできないものである以上、我々は結局現在に至るまで社会化された生の困難を克服してはおらず、暗闇の中でめくらめっぽうに生きているという絶望的な——しかし誰もが多かれ少なかれ感じている——事実、そして所詮我々が生きる世俗世界としての「社会」という表象にとどまる限り、この生の意味は永遠に見失われたままかもしれない、自殺に対してはその場しのぎの延命策しか見出せず[48]、我々は結局虚しく「生き延びて」ゆくしかない、そしてそれがデュルケームの社会学の、と言うよりもむしろ「社会」の外延を思考の外延とするあらゆる言説の、限界かもしれない、という絶望的な展望である。

第4節　ドレフュス事件[49]

　さて、トクヴィルによって用意され、デュルケームによって確立されたばかりのこの新しい認識のあり方は、しかし、またしても歴史的現実によって深刻な挑戦を受ける。それが、フランス第三共和制を根底から揺るがした一大事件、時には「ドレフュス革命（Révolution Dreyfusienne）」とまで呼ばれる（Sorel 1909）、あの「ドレフュス事件（Affaire Dreyfus）」である。

　まず、歴史的事実としてのドレフュス事件の概要を把握しておこう。

　時は1894年。20年以上前の、しかし我々も先に見たとおりのまことに屈辱的な結果を招いた普仏戦争敗戦をいまだに引きずりつつ、フランスは国内のドイツ人を潜在的なスパイとして警戒し、その動向を監視していた。そんな中、ドイツ大使館のくずかごの中から、破り捨てられたメモの断片が見つかる。そのメモを、統合参謀本部情報部少佐ユベール＝ジョゼフ・アンリ（Hubert-Joseph Henry）がつなぎ合わせ解読したところ、そこには、フランス陸軍の最新兵器である120mm砲に関する機密情報が、ジャック・デュボア（Jacques Dubois）なる署名――もちろん偽名である――とともに書かれていた。そしてさらに、別の報告書では彼はドイツ人から「あのDのやつ」と呼ばれていた。この兵器の情報を入手可能なのは砲兵部隊だけであり、こうして、アンリ少佐により、砲兵部隊でその名がDで始まる唯一の人物、アルフレッド・ドレフュス（Alfred Dreyfus）大尉にスパイの嫌疑が掛けられた。

　調査の結果得られたドレフュスの人物像は、スパイとは程遠いもの

だった。アルザス地方から避難してきた裕福な家庭で育った彼は、陸軍大学を優秀な成績で卒業した前途有望な軍人であり、借金もなく、幸せな家庭生活を営んでいた。ただし、彼はユダヤ人だった。

フランスは、ユダヤ人に市民権を与えたヨーロッパで最初の国である。しかし、それゆえに、ユダヤ人の社会進出は他のヨーロッパ諸国よりも進んでおり、そのことがまた、19世紀末フランスに反ユダヤ主義(反セム主義)を全社会的水準で渦巻かせるという結果をもたらしていた。とりわけ、ユダヤ系のロスチャイルド一族を筆頭とする上層金融資本と政界との癒着を告発・糾弾する反ユダヤ主義的愛国主義は、民衆の中に静かに、しかし着実に根を下ろしていた。

1894年10月15日、陸軍省に出頭したドレフュスは、そこで書かされた手紙の筆跡が、件のメモと同一であるという理由で、その場で国家反逆罪の疑いにより逮捕される。アンリ少佐の計略どおりに。当初この逮捕は軍の機密として扱われたが、まもなく情報がマスコミに漏れ、特に反ユダヤ系の新聞が大きく取り上げるに至って、フランス全土に国民的一大スキャンダルとして広まってゆくことになる。と言うのも、ドイツのスパイが逮捕されたというだけでも衝撃的であるのに、さらにそれがユダヤ人であり、しかも神聖とされるフランス軍内部で見つかったという事実が、この事件を、他の事件以上に社会の幅広い層の関心を引くものにしていたからである。

軍法会議が開かれた。しかし、フランス軍は、その権威を守るため、文字どおり是が非でもドレフュスを有罪にする必要があった。そこで軍部は有罪の証拠を捏造し、ドレフュスを陥れ、有罪判決を得た。この判決を民衆は熱狂的に支持し、判決から2週間後、陸軍士官学校校庭で公式に軍籍を剥奪された際も、敷地の外から盛んに「裏切り者を殺せ」「ユダヤ人に死を」との叫びが上がったという。かくしてドレフュスは、南米仏領ギアナにある灼熱の監獄、悪魔島に連行、そして幽閉された。

ドレフュスが収監されている間、彼の家族、特に兄マチュー(Mathieu)

は弟の無実を証明するために証拠と協力者を捜し回ったものの、事態は絶望的であった。

ところが1896年3月、またしてもドイツ大使館の廃棄書類の中から、大使館員がフランス陸軍少佐フェルディナン・ヴァルサン・エステラジー (Ferdinand Walsin Esterhazy) に宛てて書いた、実際には送られなかった電報が見つかった。そこには「先日の件に尽き、さらなる情報を求む」とあった。疑惑を抱いた参謀本部情報部長ジョルジュ・ピカール (Georges Picquart) 中佐は調査を指示し、その結果、エステラジーはその放蕩三昧の生活を維持するために軍の給与以外の多額の金を常に必要としていることが判明した。さらに尾行により、ドイツ大使館への出入りが確認された。そして、驚くべきことに、彼の筆跡は、ドレフュスを有罪にしたメモの筆跡にうりふたつであった。

こうした証拠により、ドレフュス事件は無実の人間を軍部が陥れたものであると確信したピカール中佐は、ドレフュスの釈放に向けて行動を起こした。1896年9月、彼はエステラジーのスパイ疑惑とドレフュスの無実を、軍上層部に報告した。アルザス出身のカトリック教徒であり反ユダヤ主義者であるピカールは、しかし情報部長としての職務をまっとうし、ドレフュス事件における件のメモは、エステラジーによって書かれたに違いないことを指摘した。しかし、それを指摘した相手の軍幹部たちこそ、自らの名声や権力、そして威信のために、そのメモをドレフュスのものとした当の本人たちだったのである。真実を見出したピカールは、賞賛されるどころか、この事実を口外しないよう固く口止めされた挙句、チュニジアに左遷された (後に投獄される)。忠実な軍人としてこの事実を暴露することこそなかったものの彼は、軍部の陰謀を知った自らの身を案じ、事件の詳細を記した手紙を弁護士に託すとともに、自らの身に何かあった時には、その手紙を大統領に渡すよう頼んだ。

1896年末、ドレフュスが悪魔島を脱走したというニュースが流れた。これは、事件の風化を懸念する兄マチューの流したデマであったが、こ

れを機にマスコミはドレフュス事件に関する情報を続々と発表し、世論はまさに真っ二つに分裂した。ドレフュスの無実を信じるドレフュス派(dreyfusard)と、有罪とする反ドレフュス派(anti-dreyfusard)である。

興味深いことに、それは一般市民にとっても、もはや一個人の冤罪事件ではなかった。そうであったなら、第三共和制という国家の体制自体を揺るがすような大事件にはならなかったであろう。市民にとってそれは、それぞれの異なった立場から、しかし、1789年以来政治的変動の絶えないフランスにあって、国家とは何か、祖国とは何か、軍隊とは何か、フランスとは何かという共通の大問題をいわば強制的に考えさせる大事件であった。

翌1897年、マチューは事件に関して彼の持つ情報とそこから得られた結論を発表する。それは、件のメモの筆跡は別の将校のものであること、そしてその事実を軍部は最初から知っていたというものであった。マチューはエステラジー少佐を国家反逆罪で告発した。ユダヤ人によってなされたこの告発は、それゆえに一層、世論に大きな衝撃を与えた。

しかし、軍部は、エステラジーをかばった。と言うのも、エステラジーがスパイだということになると、彼ら自身も荷担した陰謀によって封印され風化しかけていたドレフュス事件そのものの疑惑が再燃する可能性があるだけでなく、さらに、スパイを突き止め排除することもできないフランス軍そのものの正当性を世論が問題視する可能性があったからである。こうして、軍法会議においてエステラジーは無罪を言い渡され放免された。この一件はドレフュス有罪をかえって確信させる形となり、フランスの世論は圧倒的にドレフュス有罪説に傾き、スパイ事件としても社会的事件としてもドレフュス事件にはこれで決着がついたかに思われた。

ところが、このドレフュス派にとって圧倒的に不利な状況の中、1898年1月13日、社会批判を続けてきたことで有名な作家エミール・ゾラ(Émile Zola)がオーロール(Aurore)紙上に「私は告発する(J'Accuse)」と題す

る、大統領に宛てた手紙を発表する。それは、ドレフュス事件における軍部の陰謀を暴露し、神聖とされ尊敬されていた軍部の腐敗を告発するものであった。この手紙は国民の間に大きな衝撃と議論を巻き起こし、国論はまさに二分され、ドレフュス派・反ドレフュス派の市民が市街で衝突し、大規模な暴動を起こすほどであった。

　ゾラは名誉棄損罪で逮捕され、すぐさま有罪となり、控訴を待たずにイギリスへ亡命した。しかし、このゾラの勇気ある告発によって、ドレフュス事件は国際的にも注目を浴びる事件となり、軍部ももはや無視を決め込むことはできなくなった。そこで、軍部は、ドレフュス有罪の証拠を、さらに偽造した。あのアンリが、ドレフュス逮捕のそもそものきっかけとなったメモに細工し、ドレフュスがスパイであるとの文章を書き加えたのである。

　当時陸軍大臣に就任したばかりのジャック・マリー・ウージェーヌ・ゴドフロア・カヴェニャック（Jacques Marie Eugène Godefroy Cavaignac）[50]は、この陰謀を知らず、副官に関連資料の洗い直しを命じた。その結果、アンリのメモ偽造が発覚した。アンリは逮捕された。尋問の中で彼は偽造を認め、「ドレフュスの有罪がフランスのためになる」と語り、反ドレフュス派はこれを「愛国的偽書」としてむしろ賞賛した。アンリは監獄に送られた翌日、死体で発見された。その死は自殺とされたが、今日に至るまで事実は解明されてはいないものの、自殺であるとは誰も信じてはいない。こうして、もはや陰謀の存在は明白となり、エステラジーはイギリスへ逃亡した。

　1899年6月破棄院はドレフュスに対する最初の判決を無効とし、再審を命じた。こうしてドレフュスは、約4年半ぶりに帰国した。そして同年8月軍法会議が開かれた。しかし、驚くべきことにと言うべきか、やはりと言うべきか、この軍法会議でドレフュスは再度有罪を宣告された。軍部は前回と同じ主張を繰り返し、判事は、判決に絶対の確信がないことを示す「情状酌量の余地あり」との言葉を付け加えたものの、彼に10年

の禁固刑を言い渡した。ここでも、問題となっていたのは、ドレフュスがスパイ行為を働いたか否かという事実問題ではなく、個人の権利と、軍の名誉そして国家の安定とどちらを優先すべきかという原理的な問題だったのである。

　この有罪判決の10日後、大統領による恩赦がドレフュスに与えられた。翌年にパリ万国博覧会の開催を控え、フランスのイメージを低下させる国際的ニュースとなっていたドレフュス事件をこれ以上続けることは、対外的に不利益だったからである。ドレフュスは恩赦を受け入れたが、無実を証明するための努力を続けた。

　この努力の甲斐あって、ついに、1906年7月破棄院が2度目の有罪判決を、再審の命令なしで、取り消した。ドレフュスは軍務への復帰を認められ、かつて軍籍を剥奪された同じ陸軍士官学校校庭で、レジオン・ドヌール勲章を授与された。

　単なる冤罪スパイ事件がこのように国民的な関心事となり国家体制を揺るがす大事件に発展したのはなぜだろうか。それは、この事件の対立軸が複数存在し、各人がその各様の立場からいずれかの対立軸に関与する形になっていたからだろう。つまり、この事件は、ドレフュスが実際にスパイか否かが問われたのではなく、いくつかの異なった立場から、ドレフュスが有罪である**べき**か否かが問われたのである。

　確かにこの事件は、後に一般的に言われるとおり、反セム主義対人権擁護の対立であり、その意味では人種差別絡みの冤罪事件であった。ドレフュス有罪説が当初市民の間で圧倒的に優勢だったのも、彼がユダヤ人であったことに由来すると言わざるをえない。しかし、その裏にはさらに、当時のフランス財界を牛耳っていたいわゆる二百家族と呼ばれる金融資本（その多くはユダヤ資本であった）に対する強烈な反感も潜んでいた。この点で「反ユダヤ主義は反資本主義・反独占の象徴」（中木1975：上313）であり、そこにゲード（Guesde）派やブランキ派といった社会主義勢

力が加わることで、資本主義対社会主義の対立軸が形成されてもいた(ただし社会主義勢力＝反ドレフュス派という図式が成り立つわけではない。ジャン・ジョレス(Jean Jaurès)がドレフュスを擁護したのはよく知られている)。さらにもちろん、旧王党派・カトリック勢力も反ユダヤであると同時に反金融界であった。ここではドレフュス事件は、教権主義(Cléricalisme)対反教権主義の対立として展開されていった。さらに、「対独復讐のため軍の権威の維持というナショナリスト・右派勢力・軍の運動」(*ibid*.: 上318)は、既に我々が見たとおり強烈であった。ここに、個々の事実よりも国家の権威を優先させる国家主義(Étatisme)対反国家主義の対立軸が形成される。この対立軸は、とりわけ国家のあり方に直結していただけに、次第に国粋ナショナリズム側からの第三共和制批判、とりわけその議会制に対する批判の色彩を強めていった。そして最終的にこれら複数の対立軸は、政治的には第三共和制擁護派対反共和制派として、社会的には人権擁護対国家主義として大きくまとめられ、全体としてドレフュス派対反ドレフュス派の対立として歴史の中に現れたのである。

　しかしこれら事件に内在するいずれの対立軸も、単なる事実の問題や政治的駆け引きの水準の対立ではなく、そもそもの国のあり方・社会統合の原理を巡っての対立であったことに変わりはない。すなわち、祖国フランスは何を中心に統合されるのか、それはカトリシスムそしてブルボン家なのか、ナショナリズムなのか、資本主義なのか、社会主義なのか、それとも普遍的人権なのか。そして強力な国家、威信を備えた軍こそが統合され安定した社会のための最高位の条件なのか、その上に議会共和制、そして人権は置かれうるのか、否か。さらにその根底として――議論を少々先取りして言えば――社会の統合は、その具体的表象が何であれ、カトリシスムであれ神授された王権であれ神聖なフランス軍であれ、いずれにせよ超越性に根拠を持つ権威によるのか。それともこの人間たちの世界たる俗世、フランス革命以降希求され実現されてきた共和制を一つの具体的形態とするような、世俗性に根拠を持つ権威による

のか。結局のところ、この一点において多様な立場が収斂し、全体として「ドレフュス事件」という多くの人々を巻き込む大事件を構成していたのだと思われる。

　さて、ドレフュス擁護派知識人の一人として、人権同盟のボルドーにおける指導者の一人として、そして自身ユダヤ人の一人でありまさに当事者として、この事件を直接体験したデュルケームは、事件がまさに進行中の1898年7月、論文「個人主義と知識人」を発表し、この事件の意味するところを論じている。
　デュルケームにとって、ドレフュス事件における分裂は、単に政治的次元の分裂ではなく、ましてや単なる事実認定次元の分裂ではなく、より深い「社会」的次元での分裂であった。それはユダヤ人大尉ドレフュスが「事実として」スパイ行為を働いたか否かについての分裂ではなく、既に我々が確認したとおり、多くの面での対立を含む、しかしいずれにしても社会統合の根本原理を巡っての分裂であった。デュルケームはこの点をはっきりと認識している。彼自身の言によれば、「昨日の論争はより根深い不一致の表面的な現れにすぎず……人々の精神（les esprits）は、事実の問題（question de fait）についてよりもずっと、原理の問題（question de principe）について分裂した」（Durkheim 1898c: 262＝207）のである。
　しかし、このような形でデュルケームの眼前において繰り広げられた社会的現実は、彼の認識に大きな困難をもたらした。なぜなら、我々が先に確認した彼の「社会学的」認識によれば、社会現象は、それがいかなるものであれ、固有の存在性、「客観的実在性」を持つものであり、したがって少なくとも正しい仕方によってならば、誰にも同一の「事実」として表象されるはずである。その意味で、ドレフュス事件は本来外的に観察可能な証拠によってドレフュスの有罪無罪を判定しうる事実問題にとどまるべきものであり、たとえ仮にそれが政治問題化したとしても、同様に「事実」に立脚した議論によって反ドレフュス派の誤謬を訂正し、本

来の「事実の」道へ導かれ解決されるべきものである。したがってもし祖国(patrie)フランスが一つの社会であるならば、起こりうる分裂はせいぜいのところ政治的次元のそれであり、社会的次元のものであってはならないはずである。しかし、現実に、単なる政治的権力争いの水準ではなく、「社会の分解(dissolution sociale)」(*ibid.*: 274=216)に帰結しかねない深い原理的な社会的分裂が生じていることを、デュルケーム自身否定することはできなかった。この困難な認識論的挑戦を彼はどのように受けて立ったのか。

彼は言う。

> 一社会は、その成員の間に一定の知的道徳的共通性(communauté intellectuelle et morale)がなければ結合されえないことは明らかである(*ibid.*: 271=214)。

そう、社会学者デュルケームにとって、また社会認識の歴史的発展の一段階として、そうであらねばならないことはもはや我々にも明らかである。しかし、この共通性を、換言すれば「社会」の自立性を、その意味で「社会的存在」としての「人間」の「人間性」を、どのように保証すればよいと言うのか。もはや神の支えを見失った我々は、どのような意味において「人間」たりうるのか。

デュルケームによれば、歴史の進展に伴う社会の規模の拡大と分業の進展により、個々人の多様性はますます、必然的に増大する。その結果として、

> 我々は、同一社会集団の成員が、その人間性(qualité d'homme)すなわち人間的人格一般(personne humaine en général)を構成する諸属性以外には何の共通点も持たない状態──今日既にそこにほとんど到達しているが──に向かって少しずつ進んでゆくのである

(*ibid.*)。

そして、

　個人はその尊厳を、より高い次元の、あらゆる人間に共通な源泉から受け取るのである。個人がこの宗教的尊敬に対して権利を持つのは、彼が自らの内に人間性(humanité)のなにものかを保持しているからである。人間性こそ尊敬さるべきもの、聖なるものであり、個人の中のみにあるのではない。……人間が同時に対象であり主体であるこの崇拝は、個人として存在しその固有の名前を持つ個別的な存在に向けられるのではなく……人間的人格(personne humaine)に対して向けられているのである。それゆえ、こうした目的は、非人格的(impersonnel)[51]かつ匿名的であらゆる個別意識を超えた彼岸にあり、これらの意識の結集の中心として役立っている。……ところで、社会が結合を保つために必要な条件は、その成員が同一目的に視線を集め、同一信念を持って結集することである。……結局、このように理解された個人主義は、自我ではなく、個人一般(individu en général)の栄光の賛美になるのである(*ibid.*: 267–268=211–212)[52]。

この「個人主義(individualisme)」こそ、そしてなによりもこの「人間的人格一般」「個人一般」こそ、先の問いに対するデュルケームの回答である。彼にはもはや権威を人間性の外部に見出し、現世における人間の平等性・同類性を放棄することはできなかった。それは敵対者達、すなわち反ドレフュス派として歴史の中に表現された教権主義や国家主義の原理であった上に、先に見た彼の社会認識からして不可能な選択であった。さらに、より根源的には、歴史上一旦見失われた超越的権威は、それがどのような形であれ、この時点においてはもはや人間性を支えるものではなく、かえってそれに対する抑圧と感じられたのである(まさにこの点こ

そが、既に確認したとおり、ドレフュス事件における原理上の一大争点だったのだ）[53]。

　事実、ドレフュスが無実であると知っているにもかかわらず国家のために——そしてそれが直ちに社会のためであるとして——有罪と認定すべしとする国家主義者に反対しつつ、デュルケームは主張する。

　　人格の権利が国家の上にある時、いかなる国家的事由（raison d'État）も人格に対する侵害を正当化することはできない（*ibid*.: 265=210）。

　　最近、国家の安泰にとって不可欠だとすべての人が認めている公的行政の機能に支障をきたさないため、この[個人主義的]原理の一時的な隠蔽に同意すべきではないかとの疑問が提起された。……[しかし]公的生活（vie publique）の機関はそれがいかに重要であれ、一つの道具にすぎず、目的のための手段でしかない。もし目的から離れれば、どんなに注意深く手段を維持しても何の役に立とう。生きる（vivre）ために、生（vie）の価値と尊厳を成しているものすべてを放棄するとは、なんと悲しい打算であろう。
　　生きるために、その理由を失うとは！（*Et propter vitam vivendi perdere causas!*）[54]（*ibid*.: 274-275=216-217: 強調原著者）

　つまり、かつて世界を保証し支えていた超越的権威は、今や社会と人間を抑圧するものとして立ち現れている。人間が権威の目的ではなく手段になってしまい、人間の生はその理由・意味を失ってしまう。こうして、ひとたび権威が抑圧的なものとして歴史の中に現れたがゆえに、デュルケームにはもはや、そのようなものとしての権威を保証人として措定することはできなかった。しかし、人間の同類性・共通性を、すなわち「社会それ自体」を保証するためには、その同類性・共通性の源泉たるなんら

かの権威を見出すことが、歴史的に形成された彼の社会認識からして不可欠であった。これこそ、デュルケームが辿り着いた根本的なジレンマである。

かくしてデュルケームは、超越と世俗とのどちらでもない、その「間」のどこかに、人間性を(抑圧するのではなく)保証する権威を見出すという極めて悩ましい地点に到達したのである。そして同時に、この困難な課題に対して、先の引用に端的に示されているような一応の回答を与えたのである。すなわち、**社会の発展＝歴史の必然的な進展として、世俗な「物」としての個人とは区別されると同時にその世俗性の中にこそ見出されうる「人間性」そのものを、「一般的普遍的ではあるが非超越的な」権威として抽出し、もって社会と人間の新たな保証として位置付けたのだ**[55]。

こうして、トクヴィルの「予見」は現実のものとなる。我々はついに、人間性の限界の内に、我々を社会的存在として自立した人間たらしめる「一つの権威」を見出した。「人間は人間に対して神になった」(*ibid.*: 272＝215)のだ。

我々は「神の子」から「人の子」になったのである[56]。

第5節　知的共通性あるいは論理的調和性

　確かに、ある意味でこのデュルケームの回答は見事なものである。歴史的課題にも論理的課題にもある種アクロバティックではあるが、答えている。しかし、この回答は、そのアクロバティックな見事さゆえに、煙に巻かれたような感がないでもない。実際、さらに考えてみれば、この回答による認識は未だ不安定であることは明らかであろう。例えば、本当に「人間的人格一般」というような人間そのものの一般性を、人間性の内に、つまりかつての神的な権威と異なる「非超越的な」権威として規定できるのか。そもそも超越と世俗とは、世界を**二分**したものだったはずである。なのに、この回答ではその**間**なる、不可思議なことを言っている。これは一体どういうことか。それは背後にやはりなんらかの超越性を隠し持っているのではないか。さらに言えば、そもそも「人間的人格一般」なるものの内実は何か。その内実が提示されなければ、その人間観は、内容のない空虚な、言葉の上だけのものに、つまり「人間とは人間性を持ったものである」という同義反復をしているだけのものになってしまうのではないか。
　これらの問いに答えるため、デュルケームに即して続ければ、彼の探究はこの後、それでもまだ支えきれない人間と社会のさらなる根拠を求めて、社会と人間の同質性に関する一層深い分析へと導かれることとなる。すなわち、知的道徳的共通性の分析とその起源および性質の探究、社会的権威の生成原理（トーテム原理＝マナの観念）の探究、そして魂の起源、人格性の起源の探究が、主に宗教社会学的研究において、彼の身体

第5節　知的共通性あるいは論理的調和性

が終わりの時を迎えるまで続けられる。そこで、以下本節および次節において、これまでトクヴィル以来長く追ってきた議論全体のまとめとして、デュルケームがその長いとは言えない一生の中で辿り着いた終着点まで追ってみよう。そしてさらにその地点の問題点と可能性を、その後のフランス社会思想史の展開をも念頭に置きつつ探ってみよう。

デュルケームは、晩年の大著『宗教生活の原初形態』(1912)序論「探究の目的」において、この書における研究の目的を二つ掲げている。

第一の、そして主要な目的とされるのは、宗教社会学的な目的である。彼は言う。

　　すべての実証科学同様、社会学は、なによりもまず我々の身近にあり、したがって、我々の思想や行為に影響を及ぼしうる現在の実在(réalité actuelle)を説明することを目的とする。この実在とは、すなわち人間(l'homme)、とりわけ今日の人間である。これ以上に我々が知りたいと興味を抱いているものはないからである(Durkheim 1912：1-2＝上18)。

そしてここでは、「人間の宗教的本質(nature religieuse de l'homme)を理解せしめるために、すなわち人間性の本質的で恒久的な相(aspect essentiel et permanent de l'humanité)を明らかにするために」(ibid.: 2＝上18)、キリスト教はもちろんのこと、古代エジプトやインドやギリシャやローマの諸宗教のような「雑多な要素から構成されているので、一次的なものから二次的なものを、従属的なものから本質的なものを区別することが極めて困難」(ibid.: 7＝上23)である複雑な、いわゆる高級な宗教によってではなく、「付属的なもの、二次的なもの、すなわち奢侈的な発展がまだ根本的なものを覆っておらず……すべてがそれなしには宗教が成立しないもの、不可欠なものへと還元されている、しかもこの不可欠なものこそ本質的なものである」(ibid.: 8＝上25)ところの、いわゆる原始的な宗教(具

体的にはオーストラリアおよび北アメリカ大陸のトーテミズム[57])が研究の対象とされる。このような一見的外れな、そうでないとしても遠回りに思われる対象設定が正当なものであるのは、デュルケームの見るところ「あらゆる信仰の体系や礼拝の根底には、必然的にいくつかの基本的な表象や儀礼上の態度が存在していて、これらは装う形態を互いに異にしていても、いたるところ同じ客観的意義を持ち、またいたるところ同じ機能を満たして」(*ibid.*: 6=上23)いるからであり、「宗教における永遠かつ人間的なもの (d'éternel et d'humain) を構成しているのはこれらの恒久的な (permanent) 要素」(*ibid.*) であるからであり、「これらは一般に『宗教』と言う時に表されている観念の客観的な全内容である」(*ibid.*) からである。またそのような、いわば宗教の普遍的な本質を実証的に明らかにするには「観察する社会が複雑でないほど、より容易に観察されうる」(*ibid.*: 11=上28)からであり、その意味で、原始的とされる素朴な宗教は「個々の事実とその関係が一層認められやすい好都合な実験を提供」(*ibid.*)するからでもある。

　この第一の目的の目指すところは、要するに社会的存在としての人間の本質とは何かを明らかにしようということ、換言すれば我々が時代や場所を超えてともに同じ人間であるということを、人間の社会性ないし集合性として、デュルケームの言い方では人間の宗教的本質として捉え、その本質を実証主義的に科学的に明らかにしようということではあろう。しかしこれだけではまだ、その内容は今ひとつ明らかではない。この目的の真に意味するところは、むしろ、もう一つの目的を先に検討してからの方が理解しやすいように思われる。そこで、まずそちらを見てみよう。

　第二の、副次的な目的とされるのは、認識の理論に関するもの、より正確に言えば、「範疇の観念の社会学的理論」(*ibid.*: 526=下239) の構築と実証、ありていに言ってしまえばカントの範疇論の社会学的根拠付けである。このテーマに関するデュルケームの論述は既に、『宗教生活の原

初形態』に先立って、マルセル・モースとの共同論文「分類の若干の未開形態について」(Durkheim et Mauss 1903) において端的な形で現れている[58]。したがって、『宗教生活の原初形態』での議論は、かつての議論を深化させ、また実証データとしても拡充したものと言えよう。

デュルケームは言う。

　人が世界と自己とについておこなった表象の最初の体系が宗教的起源のものであったことは以前から知られていた。神性に対する思索であると同時に宇宙論でない宗教は存在しない。哲学や諸科学が宗教から生まれたということは、最初は宗教が自ら科学と哲学を代行していたということである。しかし、宗教が、あらかじめ形成されていた人間精神をいくつかの理念によって豊富にしただけではないという事実は、それほど注目されてはこなかった。宗教は精神そのものを形成するのに貢献したのである。人はその知識の内容だけではなく、これらの知識がそれによって洗練された形態をもまた非常に多く宗教に負ったのである。

　我々の判断の根本にはいくつかの基本的概念(notions essentielles)があり、それらがあらゆる知的生活を支配している。それはアリストテレス以来哲学者達が悟性の範疇(catégories de l'entendement)と呼んでいるもの、すなわち時間・空間・属・数・原因・実体・人格性などである。それらは物のもっとも普遍的な性質に対応するのである。それは思考を囲む堅い枠のようなものである。思考はそこから脱すると必然的に破滅するらしい。なぜならば、我々は、時間または空間内に存在しないあるいは数のない対象物などを考ええないからである。その他の概念は、偶発的で動きやすく、ある人、ある社会、ある時代ではそれを欠くことも考えられる。ところが、先の範疇は精神の正常な働きからほとんど分離できないようである。これはあたかも知性の骨格である(Durkheim 1912: 12-13＝上29-30)。

続いてデュルケームは、こうした諸範疇が社会的な起源を持つものであり、集合的に形成されたものであることを主張する。例えば、日・週・月・年などへの時間の分割は、公的儀礼・祝祭・祭儀の周期律に対応して作られたものであり、したがってそのような時間は、個人的な時間ではなく「同一文明のあらゆる人々により客観的に思考される時間」(*ibid*.: 14＝上32) であり、時間の範疇とは「我々の個人的生存のみならず、人類 (humanité) の生存をも包含する [思考の] 抽象的で非人格的な外枠」(*ibid*.: 14＝上31-32) である、と。空間についても同様である。例えば、(東西南北のような) 方位とは、一部族の野営地における諸氏族の配置に従って空間を分割したものであり、であるからこそ「同一文明の人々はすべて同じ様式で空間を表象する」(*ibid*.: 16＝上33) が他方で「空間の分割 [の仕方] は社会によって異なる」(*ibid*.: 16＝上34) のである。さらに、属や種といった概念、すなわちすべての物を一つのまとまった体系の下に分類するという観念そのものも、同じ起源を持っているとされる。「属として役立ったのは胞族、種として用いられたのは氏族である。人々が物を組織できたのは、彼らが組織されていたからである。……そしてまた、これら様々な物の分類が、単に互いに並置されるのではなく、一つの統合された見取り図 (un plan unitaire) に従って秩序立てられているのは、これらの物と混淆している社会集団自体が相互に連帯しているからであり、またそれら集団の統合によって有機的全体 (un tout organique) が、すなわち部族が形成されているからである。これらの最初の論理的体系の統一は社会の統一を再生するにすぎない」(*ibid*.: 206＝上260) [59] のであり、要するに「[範疇による物の体系的分類は] 社会組織を雛形とした、あるいはむしろ社会の枠そのものを枠とした」(*ibid*.) のである。

こうして、全体として「範疇は、集合体が構成され組織されている様式、その形態、その宗教的・道徳的・経済的な諸制度などに従う」(*ibid*.: 22＝上41) のであり、「それは何にもまして集合体の状態を表現する」(*ibid*.)

のである。したがって、デュルケームの主張をまとめれば次のようになろう。すなわち、それぞれの社会の構成のされ方・組織のあり方が、空間・時間・属・種・全体性・統一性の概念といった人間の認識活動のもっとも基本的な範疇のモデルになっており、その意味で、これらの諸範疇の起源は、先験的なものでも諸個人の雑多な私的経験によるものでもなく、社会という集合体の中での、それをモデルにした集合的形成にある、と。

さて、このように論じる中で、デュルケームは、我々の関心に照らして極めて興味深い指摘をおこなっている。

> 実際、範疇は物の間にあるもっとも一般的な関係を表明する。それは、我々の他の概念をはるかに凌いで、知的生活のあらゆる細部を支配する。したがって、**もし各瞬間に、この本質的観念について相互に理解し合わないとしたら、人々は時間・空間・因果・数等の同質的概念を持たず、知性間の一致はまったく不可能となり、ひいてはすべての共同生活が不可能となるであろう。……社会が生きてゆけるためには、そこに充分な道徳的調和性**(conformisme moral)**が必要であるだけではない。そこには、それ以上はなくては済ませることのできない最小限の論理的調和性**(conformisme logique)**というものがあるのである。**この理由から、社会はそのあらゆる権威をもってその構成員の不一致を防ぐのである(*ibid.*: 23-24=上43:強調引用者)。

ここでまず指摘しておくべき重要な点は、直上の引用文において、「論理的調和性」と「道徳的調和性」が明確に区別されている点である。「共通性(communauté)」が「調和性(conformisme)」と、また「知的(intellectuel)」が「論理的(logique)」と言い換えられているものの、この二つを合わせたものが、これまで「知的道徳的共通性(世界・状態 *etc.*)」「習俗の世界」などと呼ばれてきたもの、要するに「社会それ自体」であることは明らかであろう。ここでデュルケームは「社会が生きてゆけるため」の最小限の条件を

挙げているのだから。

　つまり、トクヴィル以来ずっとこれまで「知的道徳的」とひとくくりにされてきた世俗世界の一体性が、社会が社会としてありうるための基盤たる人間の共通性が、どこまでもその内実を問われることで、分析的に吟味され、ついに知的な共通性と道徳的な共通性とに分けられたのである。そしてその知的な共通性は、このように認識範疇の共通性として把握され理解されたのである。つまり、思考のもっとも基本的概念である認識枠組としての範疇が社会的・集合的に発生したものであること、したがって各人の認識はもともと同じものの分有であること、しかもそれは社会という世俗世界の中に起源を持つものであることを立証することで、なぜ我々は相互に一義的に理解可能なのかを、なぜ我々各人が、言葉の厳密な意味において「同じもの」では決してないにもかかわらず、少なくとも社会生活を送るに足るだけの、世界の諸物と諸現象に対する共通の認識を持ち、ともに人間としてコミュニケーションしうるのかを、神がそのようにお造りになったといったような超越性や先験性を持ち出すことなく根拠付けたのである。この意味において相互に理解し合えるものこそ、社会的存在としての「人間」なのである。これが社会学的人間観であり、その定義である。そしてこのような人間とその相互行為の総体が「社会」なのである。こうして世俗世界は一つの全体、その外部が存在しない一つのまとまりとして自己完結する。

　かくしてデュルケームは宣言する。

**　概念によって思考しない人間がいたとすれば、それは人間ではない。なぜなら、彼は社会的存在**(être social)**ではないからである**(*ibid.*: 626＝下361：強調引用者)。

　そしてまた、

第5節　知的共通性あるいは論理的調和性

　社会はそれ自体、全体的な類(genre total)であり、**その外にはなにものも存在しない**。全体性の概念は社会の概念の抽象的形態にすぎない。すなわち、それは**あらゆるものを含んでいる全体**であり、他のすべての部類 (classes) を含んでいる**至高の部類** (la classe suprême) である (*ibid*.: 630＝下367：強調引用者)。

　さらには、「根本において、全体性の概念、社会の概念、神性の概念はまさに同じ単一の観念の異なった相にすぎない」(*ibid*.: 630-631＝下376：ただし訳書では「神性の概念(concept de divinité)」の語が抜け落ちている) とまで、ここに至ってデュルケームは明言できるのである。こうして、超越性(神性)は、全体性という範疇の集合的形成を媒介として、世俗性(社会)の水準に、いわば「引きずりおろされる」。かつて我々を支えた超越的権威としての神性は、「実証的な」やり方で社会の中に吸収される。そしてこの社会という世俗性こそが、全体性として、すなわちそれ以外には何もない、至高の**経験的な**存在として、我々の人間性を、社会的存在として保証する。と言うより、保証もなにも、他には何もないのだから、我々人間が、そして世界そのものが現に存在しているということを否定しない限り、他に選択の余地はない。そして我々が前節で見た超越と世俗という二分法の「間」なる不可思議な論理矛盾は、結局、この意味における世俗性内部の位置付けの問題として解消されるであろう。

　この結論は、言うまでもなく、社会的事実の事実性を、ひいては社会学の客観性を基礎付ける。と言うのも、我々の知的な精神活動の根幹にある範疇が社会という共通の源泉を持つのであれば、その社会の成員すべては同じ範疇を用いていることが保証されるため――と言うよりも物を見、考えるということはそういうことであり、他のやり方はない――、彼らのすべてにとって物事は――正しく見れば――ある一つの紛れもない「事実」として一義的に認識されるに相違なく、その「事実」に則った議論も、もちろん万人に共通な論理によって、「客観的な真実」へと、現実

に対する唯一可能な解釈であり万人が必然的に受け入れざるをえない「事実としての真理」へとつながってゆくことが保証されるのだから。

実際、この点は『宗教生活の原初形態』結論部の次の記述にはっきりと表されている。

> 概念は、比較的不動であると同時に、普遍的(universel)であり、そうでなくとも少なくとも普遍化することができる(universalisable)。ある概念とは、私の概念ではない。それは、他の人々と私に共通なもの、あるいは、いずれにせよ、彼らの間でコミュニケーション可能なものである。私の意識の感覚を他人の意識に移すことは不可能である。それは私の有機体と私の人格性に密接に固着していて、これらから取り去ることはできない。……これに反し、会話、人々の間の知的な交流(commerce intellectuel)は、概念の交換(échange de concepts)からなっている。**概念とは本質的に非人格的な表象である。人間の知性は、概念によってこそコミュニケートできるのである。**
>
> **このように定義された概念の性質は、その起源を物語っている。概念が万人に共通なのは、それが共同体の所産だからである。**……
>
> 今や、論理的思考の発生における社会の役割が何であるかを垣間見ることができる。論理的思考は、人が可感的な経験(expérience sensible)に負う、はかない表象を超えて、知性の共有地である堅固な理念の世界を考えるようになる時のみ可能である。論理的に考えるということは、実際には、常に、ある程度までは、非人格的な様式で考えるということである。それはまた**永遠の相の下で**(*sub specie aeternitatis*)考えることである。**非人格性**(impersonnalité)**と安定性**(stabilité)、**これが真理の二つの特徴**である(*ibid.*: 619-623＝下353-357：強調引用者。ただし「永遠の相の下で(*sub specie aeternitatis*)」のみ強調原著者)。

第5節　知的共通性あるいは論理的調和性　125

　かくして社会学は、その客観的な科学性の保証を、誰にでも等しく理解される非人格的で永遠の安定性を持つ「事実としての真理」を掴み取る保証を、世俗世界内で手に入れることになるのである。

　この回答もまた、見事なものである。それは、『宗教生活の原初形態』に引用・参照されたトーテミズム諸社会の膨大な観察結果という極めて具体的な実証的資料に依拠して、したがってまさしく世俗世界の内部で、人間と社会を根拠付ける形さえ、はっきりと取っている。しかし、にもかかわらず、この水準での人間の同類性・同質性の根拠付けと世俗世界としての社会の完結には、重大な問題が存在するのだ。
　確かに、この論理的な共通性の保証に基づいて、生(なま)のままではカオスにすぎない「世界」は共通に一義的に理解可能なものとなり、したがって我々自身も相互に理解し**うる**ことは保証されよう。そして、相互に理解し**うる**存在として規定される「人間」によって編まれた総体としての社会は、科学としての社会学によって全面的に理解され**うる**であろう。そしてその解明された社会的事実の説明は、万人によって理解され**うる**であろうし、その限りにおいてそれは「真理」を名乗ることができよう。ここに社会科学の科学性の一つの基盤があるのは確かであろうし、社会学ないし社会科学は通常この水準で調査・分析・議論を、要するに「科学」を進めているのであろう。
　しかし、ここでは未だ、社会とそして人間の存在は可能性の水準でしかない。この水準、すなわち概念的な理解可能性によってのみ描かれる社会とは、「そうであるかもしれないが、他であるかもしれない」ものでしかない。例えば、何かある現象を社会学的に理論的に記述し説明したとしよう。そしてそれを皆が理解したとしよう。しかし、その理論がそのある現象そのものを捉え説明したとは言いえない。なぜなら、その説明がその現象についての可能な一解釈以上のものであること、唯一可能

な解釈であること、すなわちそれが真理であることはどこにも保証されていないからである。たとえその理論が、それ以上ありえないほどに細部に渡って、またいかなる異論の余地なく合理的に世界を説明していたとしても、そうなのだ。なぜなら、その理論が対象としている世界そのものが合理的に説明し尽くされうるということ、世界が合理性に貫徹されているということなど、どこにも保証されていないのだから。このような世界の合理性の貫徹は、理論モデル構築の**先験的な**、**無根拠の**、恣意的な前提にすぎないという批判を跳ね返す根拠はどこにもない。したがって、理解可能性の水準にとどまる限り常に、他なる正しい解釈が存在する可能性を原理的に排除できないのだ。この水準での事実性や真理性は、それゆえ、究極的には、「皆がそれで納得している」ということ以上には根拠付けられない。よって、そこで見出される「事実としての真理」も、仮説と通常呼ばれる真理の候補でしかありえないのだ。

　事態は、実は、さらに悪い。と言うのも、実際には、その「事実としての真理」は、真理の候補でさえありえないのだ。なんとなれば、その内容の真理性はどこにも土台を持っていないのだから。集合的に生成される範疇の正しさは、社会的にのみ有意味化されており、したがって、社会学的言説について言えば、その根拠付けは循環してしまっているのだ。つまり、ある範疇に従って社会的事実が見えその上に社会学理論が構築されうるが、それ自体の正当性は、対象となっているものと同一の社会(の構成)に起源があるのであり、いわば「社会が社会を見ている」ようなもの、「鏡が鏡を覗き込んでいる」ようなものである。よって、それが語の正確な意味での真理、すなわち現実と呼ばれる、経験されまた経験されうる諸物と諸現象とのすべてが他ならぬこのようにあるということの唯一可能な説明であるかどうかはまったくわからない。それは他でもありうる説明の一つであり、その意味では仮説でさえありえず、良くても小説かたとえ話、悪くすればある一定の(意識的であれ無意識的であれ)利害関心から描き出された戦略的言説となる[60]。その時社会学は——

第5節　知的共通性あるいは論理的調和性

社会科学と呼ぼうが社会学と呼ぼうが他の名前で呼ぼうが、いずれにせよ「人間社会」をそのものとして対象とする科学は——それでも「科学」と言うのであれば、それは「規範科学」でしかなくなる。

　しかし、社会学がいやしくも本来の科学、真実を追究する科学たろうとするのであれば、そしてとりわけ、デュルケームに課された歴史的課題すなわち「かつて世界を把握していた超越性に取って代わり、あらゆる超越性なしで世俗な世界たる社会を全面的かつ安定的に捉える」という近代社会の根本的課題を考えれば、社会学は少なくとも真理を見出さねばならず、その真理は当然にも定義上「唯一の正しさ」でなければならない。

　もちろん真理とは、とりわけ科学的な正しさとは、所詮「皆が納得している」という以上のものではないとの立場もありえよう。それはそれで確かに、検討に値する立場ではある。しかし、それをここで議論している水準で貫徹するのであれば、それは行き当たりばったりと何の変わりもない。その場合には、ある学説に対し皆が納得し他の学説には納得しないという経験的事実さえ説明できなくなる。なぜなら、いかなる説明であれその説明自身が原理的に無根拠にならざるをえないのだから。この経験的事実を、学者各人の利害関心に従って、と言うのであれば、それは既に科学ではないし、偶然にと言うのであれば、それは説明の放棄以外のなにものでもなかろう。

　したがって、社会を正しく、すなわち真理に基づいて、根拠付けるにはどうしても、この水準での社会概念の外に、いわば社会学的社会の外に、基盤を見つけなければならない。さもなければそれは根拠のない循環、自分の根拠が自分自身にしかない永遠の堂々巡りにしかならないのである。

　もはや同じ困難のバリエーションにしかならないが、社会と人間の同質性を支える権威についても同じことが言える。先の引用文末尾では「社会がそのあらゆる権威をもって成員の論理的調和性からの逸脱を防止す

る」とされている。しかし、もはや言うまでもなくこの論理は――この水準では――循環している。前節で見たとおり歴史的文脈によって、権威を社会の外部に見出す道を閉ざされたデュルケームの論理は、社会がありうるための最低限の条件とされた論理的調和性の存在の保証を、したがって社会が存在している根拠を、他ならぬその社会が既に強力にあることに、すなわち成員の逸脱を許さない社会の強力な権威の存在に、依らざるをえなくなってしまったのである。これは、「社会とは何か？ 一体、社会はあるのか？ その根拠、その基盤はどこにあるのか？」との問いに対し、「社会はある。なぜならあるのだから」と言っているに等しい。それはもちろん、説明ではない。

　同じことが我々の日常的具体的な社会生活においてもあてはまる。確かに、この共通性の保証の上に我々は同じ人間として言葉を発し合うことができるだろう。そして確かに経験的に我々は日々そのようにして社会的生を営んでいる。しかし、我々は何について語るのか。いや、語ればよいのか。我々は単に思考の**外枠**をやりとりしているのではない。意味を成さない「言葉だけ」を発しているのではない。我々は常に、その内容を、つまり意味をやりとりしている。それが善いまたは悪いと信じて。にもかかわらずこの可能性の水準でその同類性を保証される人間は、それだけでは、何を話し何を考えるのかがまったく未確定のまま捨て置かれている。共通の概念を用いて考え相互に理解し合うことが保証されているだけで、一体何を考え何を理解し合うのか、何を考え何を理解し合うのが望ましいのかそうではないのか、それはまったく未定のままである。

　一言で言って、この水準での人間は「生きて」いないのである。彼がなぜ他ならぬこの現実の中に他ならぬこのようにあるのかという問題、そして彼がその現実の中でどのように生きればよいのかという問題、このような自己完結した世俗世界たる社会の中でどのように行為すればよい

第5節　知的共通性あるいは論理的調和性　*129*

のか、要するに生の意味問題は、まったく未解決のままである。

　もちろん、そのような問題、意味内容に関する問題というものは、常にケースバイケースであり、ある意味偶然だとの立場もあろう。そしてそれが科学ないしその限界なのだとする立場もあろう。しかし、そもそも「偶然」では説明になっていない上に、意味内容が社会的文脈によって様々と言うのであれば、そのような科学のあらゆる主張が真理の保証——それが生の確固たる意味を成すのだ——を失うのみならず、それが（先に論じたとおり）「客観的な事実」である保証さえ失うことになり、したがって、いかなるものであれ科学自体が存立しえないことになってしまうのである。その意味でも、この問題は無視しうる問題ではなかろう。

　確かに我々は通常、日常的行為を、その意味をいちいち意識することなどなく、つまり習慣的に、おこなっている。まれにその意味を反省する時にも、多くの場合、その意味付けは将来への目的定立という形でおこなわれる。つまり、未来に得られるべき結果を目的として措定し、「その結果に達するために」という形で、現在を未来からの逆算として意味付けている。例えば、「試験に合格するために／資格を得るために勉強する」「会社で出世するために／お金持ちになるために仕事に邁進する」「名声を得るために／『成功』するために起業する」などなど。

　この意味付け方の問題は、それを日常において、すなわち世俗世界としての社会の内でおこなう以上、有限の時間の内に、すなわち現世内で、その結果が達成されようがされまいが、行為が必然的に終了し、それに伴い行為に付与された意味そのものが終了してしまうことにある[61]。換言すればそれは一定の条件の下でのみ有意味なものとなる目的でしかないということである。すなわち、社会内に定立されたあらゆる目的は、常に仮の一時的な目的でしかなく、その終了に伴い、他の目的を模索し定立せざるをえないのである。そして残念ながらそのような一連の目的定立を方向付けうる世俗内価値は存在できない。なぜなら、それもまた世俗内のものである以上、問題が一つ後退しただけで、今度はその価値

をさらに方向付ける価値が必要となるからである。したがって、この生き方では、我々の生は、仮の目的・意味措定とその追求を次々とおこなった末、いつか身体的寿命が尽き、最後の目的は常に未完のまま、すべてが終わることになる。

　たとえ、国家や家族や宗教といった個々人に外在する「客観性」を持つような社会集団に価値の源泉を求めたとしても——これこそ、既に見たとおり、個人の虚無に陥らないためにデュルケームがかろうじて措定できた当のものであり、また同時に、社会集団および社会そのものの根本的な「社会的」意味なのであるが——その集団さえ、それがいかなるものであれ、我々の科学的認識によれば、有限の時間内のいずれかの時点で消滅する。そして、同じく我々の科学的認識を信じるならば、人類そのものも、いつかは滅びるであろう。その時には、こうして生の意味を求めている問いそのものが、完全に意味をなくすのである。このような世界観の生は、なんと虚しい生であろうか。結局何をしようと、仮の意味しかない。いつかはすべて無に帰するのである。

　この一連の目的定立＝意味措定の基準を、各「個人」に置くのが『自殺論』における自己本位主義（égoïsme）である。これがいわゆる近代的自我の発達した現代の社会において可能な唯一の拠り所と思う向きも多いであろう。しかしそれもまた、デュルケームが看取したごとく、虚しいものに終わらざるをえない。なんとなれば、社会内存在としての個人を基準にするのは、根拠のない自己参照にすぎず、いつでも自分に裏切られうるからである。自分はこれが好きだ・こうしたいのだと思っても、そのように判断している自分の正しさを根拠付けられるのは、これまた自分でしかない。そして正しさを根拠付けた自分の正しさを根拠付けるのは、これまた自分でしかない。そして正しさを根拠付けた自分の正しさを根拠付けた自分の正しさを根拠付けるのは……。結局この意味付け方では——少なくとも話を社会内に限れば——いつまでたっても「自分がそう思っている」という以上の根拠を見出すことはできず、ただただ自

己参照の終わりのない繰り返しとなり、「本当に自分はこうしたいのか？」と自問した瞬間に、その根拠の無さの前に呆然と立ちすくみ、その空虚の中で不安定にならざるをえないのである。

　この恐るべき虚しさから脱するため、ある者は、身体をこの世に置きながら意味上一挙に超越的世界へとジャンプする。ある者は、この世から身体ごと脱する。いずれにせよ、この虚しい現世にそのままの形ではとどまれない。

　したがって、人間の現実的な社会的生を理解しようと言うのであれば、そして意味を持って「生き」ようとするのであれば、この可能性の水準の外に、この「社会」と「人間」が必然的に抱え込む虚しい循環の外に、論理と意味の無限の自己参照の外に、人が「生きて」いないところの外に、型としての人間概念の外に、どうしても出なければならない。デュルケームに即して表現すれば、その社会学がかつての超越的世界把握に取って代わろうとするのであれば、その中で、道徳的にまたは不道徳に、いずれにせよある方向に向かって**行為する**人間を包含せねばならない。我々は、現実に生きるこの社会と呼ばれる世俗世界において、いずれかの方向(sens)に足を踏み出し続けなければならないのだから。それは「生きるため」の動作と言うよりも、それ自身こそが、可能性としてではなく現実に生きるということなのだから。要するに、社会学の中に行為の方向(sens)を示し生の意味(sens)たりうる(事実としての)真理性が含まれていなければならないのだ。つまり、社会を対象とする科学が社会の真理を解明しようというのであれば、万人の行為の指針たりうる現実的な、それゆえ必然的な真理を明確に示しうるものでなければならないのだ。「社会が結合を保つために必要な条件は、その成員が同一目的に視線を集め、同一信念を持って結集することである」とするならば、そのような目的が真理として提示されなければならないのだ。一言で言って、社会が社会たりうるための道徳的同質性が確保されねばならないのであ

る。

　では、この点をデュルケームはどう考えたのか。社会、したがって世俗な存在としての人類の道徳的同質性はどのように確保・保証されるのか。そして結局、デュルケームにとっての社会があるということは、我々が相互に同じく人間として社会を成すということはどういうことなのか。今こそ、知的道徳的世界の残り半分について、『宗教生活の原初形態』の第一の、主たる目的について論じる時である。

第6節　道徳的共通性あるいは
　　　　道徳的調和性

　振り返ってみよう。前々節でデュルケームは、社会において人間がともに同じ人間たりうるのは人間的**人格**一般を持っているからだという、まさにぎりぎりの地点に辿り着いていた。そしてその意味するところの半分は、今まさに明らかにしたこと、すなわち、我々は肉体的に個体であるとしても、そして私的な相異なる利害を持つとしても、我々の意識の内には社会に生成された認識の枠組が等しく分有されているということに社会的事実の表象の同一性の保証を置くことだった。しかしながら、そこで人格概念について直接論じられたわけではなかった。では、「人間的人格」そのもの、狭義の「人格」について彼は何と考えているのか。
　『宗教生活の原初形態』第2編第8章においてデュルケームは魂の観念について論じている。彼は言う。

　　魂の観念(idée d'âme)は、久しく人格性(personnalité)の観念の通俗的形態(forme populaire)であったし、今もなお一部そうである。したがって、これらの観念の内、前者[魂の観念]の発生は、後者[人格性]の観念がどのようにして形成されたかを理解する助けとなるはずである。
　　……人格(personne)の概念は二種の因子の産物である。その一つは、本質的に非人格的である。これは集合体に魂として役立つ霊的原理である(c'est le principe spirituel qui sert d'âme à la collectivité)。事実、個人的魂の実質そのものを構成しているのはこの原理である。とこ

ろが、それは特定の人物のものではない。すなわち、それは集合的資産の一部を成しているのである。あらゆる意識は、その中で、またそれによってコミュニケートするのである。しかし他方、個々別々の人格性(personnalités séparées)が存在するためには、この原理を寸断し、これを分化する他の一因子が介在しなければならない。言い換えれば、個別化(individuation)の因子を必要とするのである。この役割を演ずるのが身体(corps)である。……

　ともに不可欠なこれら二因子の内、非人格的因子の重要性の方が劣るということはまったくない。なぜなら魂の観念の素材を提供するのはこの要素だからである。……

　個別化とは、人格の本質的特徴ではないのだ。一つの人格、それは単に他のすべての者から区別された特異の主体ではない。それはその上なかんずく、自らがもっとも直接に接触している環境との関連において、相対的な自律性をその属性として持つ存在である。それはある程度までは自分だけで行動できるものとして表象されている。このことをライプニッツは、モナドは外部に対し完全に閉じている、と過度な様式で表現したのである。ところで、我々の分析は、この概念がどのようにして構成され、またこれが何に応えるものであるのかを了解させる。

　事実、人格性の象徴的な表現である魂は人格と同じ次のような特徴を持っている。それは身体に密接に結合されているにもかかわらず、これとは根本的に区別されるものとみられ、身体に比べれば広範な独立を享受しているとされている。生存中魂は身体を一時的に去りうるし、また死に際して決定的にこれから立ち去るのである。魂は身体に依存しているどころか、自らに備わるさらに高い威厳をもって身体を支配しているのである。魂は確かに、自らが個別化する外的形態を身体から借りることができるが、本質的なものは何もこれに負わないのである(Durkheim 1912: 386–388＝下65–68)。

要するに、近代社会において我々が言う人格とは、トーテミズム社会で言う魂と本質的に同じものであるということである。デュルケームに即して表現すれば——今日では人類学的に支持し難いが当時は一般的であった「トーテミズム社会は文明化された近代社会よりも『原初的primitif』である」という仮説に即して表現すれば——人格概念の起源が魂概念であるとの主張である。正確に言えば、魂は人格の象徴的な表現だということ、すなわち近代社会において人格という形で一定程度分析的に表現されるなにものかは、別の文化においては、魂という象徴的な形で表現されるが、両者の違いはそのまさに表現の違い以上のものではないということである。さらに言えば、魂そして人格が各人に分かれているという経験的事実は——私はあなたではないという経験は——なんら本質的なことではなく、むしろ本質は、魂＝人格の非人格性、そしてそこに由来する各個の身体からの自律性にあるということである。したがって、それはまた、我々自身の人格は、その外的に観察される形態とは、すなわち明らかに可感的な**物**である身体とは、まったく別物であるということでもある。

　よろしい。この意味において人格と魂は本質的に同じものだということを、したがって魂の観念を分析すれば今日の我々の人格の本質が理解できるということを、デュルケームに従って、認めてみよう。ではその時、魂とは一体何なのか？　デュルケームはこう答える。

　　魂とは、一般的に言って、各個人の内に受肉したトーテム原理
　　(principe totémique, incarné dans chaque individu) 以外のなにものでもな
　　い (*ibid*.: 355-356=下25)。

　かつてと同様に今日でも、魂とは、一方では我々自身の内にあるより善い、かつまたより深いものであり、我々の存在性 (notre être)

の卓越した部分である。……社会が、個人の内にのみ、かつまたこれらによってのみ存在しているのと同様に、トーテム原理は、その連合が氏族を形成する個人意識の内にのみ、かつまたこれらによってのみ生きるのである。もし個人意識がその内にトーテム原理を感じなかったならば、トーテム原理なるものは存在しないであろう。個人意識こそ、この原理を物の中に置くものである。したがって、トーテム原理は、必然的に、個人意識の内に分配され、細分化されなければならない。これらの断片の各々が一つの魂なのである(*ibid.*: 356＝下26–27)。

言い換えれば、

　人間の魂はトーテム神性の小片(parcelles de la divinité totémique) (*ibid.*: 357＝下27)

であり、さらに言えば、

　個人の魂は集団の集合的魂の部分にすぎない。それは、崇拝の基底にある、誰のものでもない力(force anonyme)であるが、ある一人の個人の中に化身して、その人格性と相即しているのである。それは個別化した**マナ**(du *mana* individualisé)なのである(*ibid.*: 378＝下56：強調原著者)。

つまり、我々が通常考える魂、すなわち個々人の魂——それはとりもなおさず、我々の個々の人格ということになるが——とは、集合的な魂の、それが何かはここではともかく少なくとも自分自身とは別のなにものかの、部分・かけらであるということらしい。個人の魂は、その結合によって自分以外のなにものかを存在せしめると同時に、それ自身その

なにものかの受肉化され細分化されたものであるということらしい。魂＝人格の本質が非人格性にあるという先の主張は、この意味において個々の魂、個々の人格が実は、受肉化し可感化されて我々に現れている姿とは本来別のもの、それら自身ではないもの——複数の個別的魂によって構成されるという意味においてそれらより大きなものであり、それらのより善くより深く卓越した部分の由来であるという意味においてそれらより一層善なるもの——自分とは別のものそのものであり、したがって特定の誰のものでもないということであろう。そしてこのより大きなより善なるなにものかは、トーテム原理・トーテム神性・マナなどと呼ばれているらしい。

よろしい。では、それらは一体何なのか？　デュルケームは、『宗教生活の原初形態』第2編第6章において次のようにまとめている。

　　トーテミズムが聖と認める諸物の第一位には、トーテムの画像的表象（représentations figurées）が置かれることを我々は確認した。次いで、氏族がその名を帯びている動物や植物が置かれ、そして最後に氏族の成員が置かれる。これらの諸物はすべて不平等ではあるが同じ資格で聖であるから、それらの宗教的性質は互いを区別する個別的属性のいずれにも由来しえない。ある種の動物または植物が畏敬的恐怖の対象であるとしても、それはその動植物の特殊な性質によるのではない。と言うのも、氏族の人間の成員もまた、度合いは多少低いとしても、同じ特権を享受するうえに、この同じ植物あるいは動物の単なる画像はさらに著しい尊敬を鼓舞するからである。これらの様々に異なった物が、信徒の意識の中に、これらの物の聖なる性質を作る同じような感情を呼び覚ますということは、それが、すべてに区別なく共通する原理から来ている以外に明らかにありえない。……事実、崇拝が向けられるのは、まさにこの共通の原理に対してなのである。言い換えれば、トーテミズムは、なにがしの動

物、あるいはなにがしの人間、もしくはなにがしの画像の宗教ではない。これらの存在のいずれにも見出されるが、それにもかかわらずそのいずれとも混交されない一種の**匿名の非人格的な力**の宗教である。**これをすべて所有しているものはなく、またすべてがこれを分有しているのである。トーテムは、それが受肉化している個別の主体よりも後まで生き延び、かつまたこれに先行するほどに、これら特定の主体から独立している**。個人は死ぬ。世代は過ぎ去り、そして他の世代に取って代わられる。けれどもこの力はいつも現実に生き生きとしてその姿を変えずに残る。これは、昨日の世代に生命を吹き込んだ (animer) ように、明日の世代に生命を吹き込むであろうように、今日の世代に生命を吹き込む。この語を極めて広い意味に取れば、これは、**トーテム的崇拝が崇める神である**と言えよう。ただし、**それは世界に内在し、無数の雑多な物の中に拡散している、名も歴史もない非人格的な神である**（Seulement, c'est un dieu impersonnel, sans nom, sans histoire, immanent au monde, diffus dans une multitude innombrable de choses.）（ibid.: 268–269＝上 340–341：強調引用者）。

しかし、オーストラリア人はこの非人格的な力 (force impersonnelle) を抽象的な形態では表象しない。……彼らはこれを動物または植物の種類、要約すれば可感的な物 (chose sensible) の種類として考えるに至った。これがトーテムを実際に構成しているものである。すなわち、**トーテムとは、この非物質的な実体、このあらゆる種類の異質的存在を通じて拡散しているエネルギーが、想像力をもって表象される物質的形態以外のなにものでもない**のである。これだけが、崇拝の真の対象である。こうして我々は、原住民が、例えばカラスの胞族の人々はカラスであると断定する時、何を意味しているかをよりよく理解しうるのである。彼らは、明らかに、この語の通俗的

で経験的な意味で彼らがカラスであると解しているのではない。そうではなく、彼らの全員の中に、彼らの持つもっとも本質的なものを構成している原理が、彼らと同名の動物とに共通な原理が、そしてまたカラスという外的形態の下で考えられている原理が存する、と解しているのである (*ibid.*: 270＝上342-343：強調引用者)。

　そう、それは神なのだ、やはり。この神は、しかし、伝統的な人格神ではない。それは「世界に内在し、無数の雑多な物の中に拡散している、名も歴史もない非人格的な神」であり、「非物質的な実体」であり、「あらゆる種類の異質的存在を通じて拡散しているエネルギー」である。そして、この神によってこそ、世界のあらゆる場所に浸透し作用するこのエネルギーによってこそ、世界内の諸物、個物としては相互にまったく異なる——と言うのも、本来異質なもの同士だからこそそれらは個物たりうる、すなわち「これではなく、あれ」と言いうるのだから——あらゆる存在は、その個別性・異質性をもたらす物質性を超えて、したがって——カラスと人が異なるように——その外見の違いを超えて、すなわち可感性を超えて、非物質的な実体として、共通性を持つものとして、本質において同じものとして把握されうるのである。

　こうして、人間もまた、世界の内の他の物と同様、互いにどれほど異質であっても、互いにどれほど異なる物質であっても、その物質性を、その可感性を超えて、この神の下に、この神性を分有するものとして、受肉化され個別化されたトーテム原理を持つものとして、みな同じ人間たりうることになる。社会が世界の部分集合であり、人間が万物の部分集合である限り。そしてここに現れた人格概念こそ、ドレフュス事件の際デュルケムが到達した「人間的人格一般」「個人一般」の正体である。それは魂であり、神性であった。かくして、人間の同質性は、この水準で、非物質的な、非可感的な水準で、そしてまた単なる思考の外枠ではなくその中身としての人格性＝意識＝魂として、トーテム原理によって

保証されることになる。

　しかし、この解決でよいのだろうか？　これでは、デュルケームに課せられたあの歴史的課題に明確に反しているのではないか？　いくらトーテム原理が世界に内在するものであるとはいえ、このような非可感的な水準による、しかもカトリシズムのそれではないにせよ神性によって保証される人間の同質性の根拠付けは、可感的諸物の総体としての世俗世界＝社会内にその根拠を見つけるという課題から逸脱しているのではなかろうか？　これでは、トクヴィル以前に戻ってしまうのではなかろうか？

　さらに、デュルケームが辿り着いたこの論理においては、生の意味問題はどうなるのか？　トーテム原理によって保証された人間の共通性は、すなわち源を同じくする同質の魂をともに有するものとしての人間の同質性は、つまりまさにこの意味において定義された人間的人格一般による人間の同類性は、それが論理的調和性の水準ではなく道徳的調和性の水準である以上、道徳的価値規範を持っているはずである。トーテム原理とは、魂とは、「我々自身の内にあるより善い……我々の存在性の卓越した部分」であり、より善なるなにものかだったのだから。それは認識と相互理解を可能とする水準の問題ではない。それは道徳、すなわち我々の現世における具体的な日々の社会的行為の水準の問題である以上、何が善きものであり何が悪しきものであるのか、その基準となる内容を含んでいるはずである。とすれば、デュルケームは、そして我々自身もついに、そこに生の真実の意味を、（トーテミズム）社会という具体的な生の場の内部において、見出し根拠付けたということなのだろうか？　現に生きている人々のみならず、かつて生きた人々もこれから生まれる人々も、すなわち万人がこの生において必然的に目指すべき真理がここにあり、この風変わりな神の発見によって、我々は世俗世界の内にありつつ、永遠の真理の下に、知的にのみならず道徳的にも統合されるということなのだろうか？　だとすれば、思考の外枠の内実である人

格＝魂の、そのまた具体的な内実が、つまり何が真の善で何が真の悪かが示されねばならないであろう。それともまったく逆に、本章第３節および第５節において我々の論理が辿り着いたとおり、やはりこの世に生の意味はなく、トーテム原理なるものに巧妙に隠された超越性にそれを求めざるをえないということなのだろうか？　善と悪は所詮現世内の抗争でしかありえないのだろうか？　真理なるものは存在しないか、存在しても不可知なものにとどまり、世俗世界内の行為は、その世界の統合の中心は、そしてその世界の進むべき道は、結局その時々の利害状況と権力関係の反映でしか、原理的にありえないのだろうか？　そしてその結果、やはり我々は、どうあがいても神の下にのみ同じ人間であり、神の子でしかありえないのだろうか？

　これらの疑問点を明らかにするためにも、この未だ曖昧なトーテム原理概念について、さらに尋ねてみよう。すると、アメリカの大多数の部族に見られる「ワカン(wakan)」と呼ばれるトーテム原理について、次のように言われているのに気付く。

　　ワカンは特定の、あるいは特定しうる力能、あれやこれやを成す力能ではない。それは、絶対なあり方のもの、形容する語もなければいかなる種類の限定もない、**力能**(Pouvoir)である。諸種の神的威力はその個別的な顕現や擬人化にすぎない。……それは、生きているあらゆるものの、活動しているあらゆるものの、動いているあらゆるものの、原理である(*ibid.*: 275-276＝上348：強調引用者)。

　　この共通の生命原理(ce commun principe de vie)こそがワカンである。トーテムは個人がこのエネルギーの源泉と関係を結ぶ手段である。トーテムが力能を持つのはワカンの化身だからである(*ibid.*: 279＝上351)。

さらに、メラネシアに見られるトーテム原理すなわち「マナ(mana)[62]」について、次のとおり言われている。

　それはまた、同じ遍在性(ubiquité)を持っている。すなわち、マナは、ここそこと特定できる仕方ではどこにも位置していない。と同時に、それはいたるところにある。生のあらゆる形態は、人間の行為(action)も、生物の活動(action)も、単なる鉱物の作用(action)も、すべての効力は、マナの影響に帰されている。……マナは全宇宙に拡散している(*ibid*.: 278=上350–351)。

これらの記述に現れているとおり、結局トーテム原理とは、マナ、ワカンなどとトーテム諸社会によって呼び方は異なれど、世界を可能なものとするにとどまらず——つまり世界を可能性の水準、あるかもしれない水準、他でもありうる水準、つまり論理的調和性の水準にとどまらず——実際に有らしめるものとして、さらに正確に言えば、単に存在するだけでなく、動的なものとして、生あるものとして、行為の水準で、つまり道徳的調和性の水準で有らしめる力能なのである。したがってそれは、当然にも世界に遍在している。それこそが世界を単に静的な物としてとどめず、世界に変化を、動きを与えるエネルギーなのだから。さらに言えばそれこそがこのような世界の動きそのもの、世界が生きているという事実、我々が世界の内に生きているという経験的事実そのものなのだから。世界が実在し我々が実際にそこで行為しているということを、すなわち生きているということそのものを、否定しない以上、それが世界を満たしていることを否定することは論理的に不可能である。

であるからこそ、デュルケームは言う。

　トーテムは氏族の**道徳的生の源泉**である。同じトーテム原理の中でコミュニケートしているあらゆる存在が、トーテム自身によって、

互いに道徳的に結ばれていると自覚しているのである(*ibid.*: 271＝上344：強調引用者)。

　それは、社会内に存在する、いや存在するだけでなく、生を続けるために——むろん、一貫せずともとにかくある一定の、善いまたは悪い方向に向かって——行為せざるをえない具体的な我々人間の、その生の方向(sens)の、したがってその生の意味(sens)の源泉である。氏族の成員は、自らの内にも分かち持つこの原理に従って道徳を形成し道徳的(または不道徳な)生をまっとうするのである。
　しかし、だとするとこのトーテム原理は、言葉は違えどやはり伝統的な神そのもの、デュルケームが見てはいけない超越神なのではなかろうか？　彼はこう結論付ける。

　　我々のおこなった分析そのものから、トーテムが異なった二種類の事物を表現し象徴することが明らかとなった。一方で、それは、我々がトーテム原理、またはトーテム神(le dieu totémique)と呼んだものの可感的な外的形態である。しかし他方それは、氏族と呼ばれるこの特定の社会の象徴でもある。それは氏族の旗である。それは、各氏族が互いに区別するための記号であり、その人格性の可視的なしるしである。……したがって、それが同時に神と社会との象徴であるとすれば、**神と社会とは一つのもの**でしかないのではなかろうか。集団と神性とが別個の二つの実在であったら、どうして集団の記号がこの半ば神性の画像となることができたであろうか。**氏族の神、トーテム原理は、したがって……氏族そのもの以外ではありえないのだ**(*ibid.*: 294-295＝上372-373：強調引用者)。

　そう、**デュルケームにとって、この奇妙な神は、全面的に社会そのもの**なのだ。彼は超越を見てはいけないのだ。それが彼に課せられた歴史

的な思考の外枠なのだ。そして、本節で我々がこれまで重々確認してきたとおり、ほとんど超越神ないし超越性を論じていると考えられる箇所さえも、その実体はまったく社会そのものであるとの主張に、いわば無理矢理帰着させることで、それらは決して超越物ではなく、可感的諸物の総体の中に位置付けられることになっているのである。よって、デュルケームにとっては、何を言おうと、結局「すべては社会から」なのである。

かくしてまた、トーテム原理とは、万物を含む**世界**を他ならぬこのように有らしめている力そのものであり、これまでも今後もそのように有らしめるものである以上、かつて我々が見失った超越的権威と本質的に同じ特質を持つものである。それをデュルケームは、一つの一般的な**原理**という形で「科学的に」抽出し、それを実は社会そのものなのだと「看破」することによって、この風変わりな、ほとんど形容矛盾であるがいわば「社会神」を、非超越的な一般性の源泉として、道徳的共通性の源泉として位置付け直したのである。そしてその源泉からその原理を分有する者として、魂を持つ者として、我々は、その個体性を超え、共通に人格性を持った人間なのである。そしてまた、それが道徳的共通性の源泉でありそれを保証する権威である以上、それはかつて我々が見失った生の意味の源泉である**はず**なのだ。ただし、それはあくまで社会の中に、世俗世界の中に内在し遍在しているがゆえに、決して超越的な権威ではないのだ。

かくて、デュルケームは言うであろう。

> あらゆる民族が魂に帰しているこの自律性は、純然たる幻想ではない。今や我々は、その**客観的基底**(le fondement objectif)が何であるのかを知っているのである。魂の観念を形成するのに役立つ要素と、身体の表象の中に入る要素とが、異なった二源泉から到来し互いに独立していることはまったくの真実である。一方は有機体のあらゆ

る点から出てくる印象や心象から作られている。他方は社会から出、社会を表現する観念や感情からなっている。したがって、前者が後者に由来するわけではない。かくして、有機体の因子に直接依存していない我々自身の一部が実際に存在する。これこそまさに、**我々の内にあって社会を表象するもの**である (*ibid*.: 388-389=下68-69：強調引用者)。

魂不滅の信念は [夢や幻想に由来するものではなく]、当時人間が自己の注意を引かれずにはいられなかった一つの事実を、自らに説明するための唯一の様式であった。それは集団の生命の永続性である。個人は死ぬ。しかし、氏族は生き延びる。したがって、その生命を成している力も、同じ永続性を持っているはずである。ところで、これらの力とは、個人の身体に生命を吹き込んでいる魂である。なぜなら、集団が現実化するのはこれらの魂の中においてであり、またこれらの魂によってなのだから。この理由から、これらの魂は持続しなければならないのである。持続しつつも、それらは、依然自らと同一であることが必須でさえある。と言うのは、氏族は常にその外面的な特徴を保持しているので、氏族がそこから作られている霊的本体も質的に不変であると考えられなければならないからである。それは、常に同一のトーテム原理を持った同一の氏族であるから、同じ魂――これは、細分化され、個別化されたトーテム原理に他ならない――であることを要するのである。このように、そこには神秘的次元 (ordre mystique) に属する、発芽期の原形質 (un plasma germinatif) に似たものがある。これは、世代から世代へと伝わり、また、持続を経て氏族の霊的な統一をもたらす、あるいは少なくともそう思われている。しかもこの信念は、その象徴的な特質にもかかわらず、**客観的真理を持たないわけではない** (cette croyance...n'est pas sans vérité objective)。と言うのは、集団は、この語の絶対的な意

味では不滅ではないにしても、諸個人を超えて持続し、かつまた、再生して、新たな各世代に化身することは真実だからである(Car si le groupe n'est pas immortel au sens absolu du mot, il est vrai cependant qu'il dure par-dessus les individus et qu'il renaît et se réincarne à chaque génération nouvelle.)。……魂は、この不滅性が集合的生の連続性を理解可能なものとするのに役立つ限りにおいてのみ、不滅と言われるのである(*ibid.*: 384-385＝下63-65：強調引用者)[63]。

こうして、デュルケームにとってはもはや当然にも、魂もまた、社会内の、世俗世界内の、客観的な物なのである。それがどれほど神秘的次元に属する物に似ていようとも。

そしてこうして、我々はみな、究極的に、現実に生き活動するこの世界において、社会において、客観的な根拠を持って、事実としての真理とともに、経験的な真理とともに、実際に生を生きる「人間たち」なのである。

第3章 結 論

第1節　トクヴィル－デュルケームの到達点

しかしながら、この論理は明らかに破綻している。

そもそも、これではまたしても社会の同義反復である。つまり、せっかく、人間の同類性を、社会的存在としての人間性を、人格性として、魂として掘り下げ、その基盤たる源泉をトーテム原理（トーテム神）にまで掘り下げたにもかかわらず、結局そのトーテム原理を社会の集合的魂として、つまり集合性そのものとして捉え、しかもとどのつまりこの神を社会と同一視することで、その集合性の由来をまたしても「社会」に求めているのである。これでは論理は循環してしまう。「Q. 社会とは何か？」「A. 人間とその活動の集まり」「Q. では、人間とは何か？」「A. 社会において生きるもの」「Q. では社会とは何か？」「A. 人間と……」。

また既に論じたことから明らかなとおり、これでは我々の社会的生の意味は根拠付けられず、先に見たとおりの循環に陥ってゆく。社会的集団が、諸個人を超えて持続するとしても、まさに「この語の絶対的な意味では不滅ではない」のである。それは単に個人の一生より長く続くだけであり、一時的な存在であることに変わりはない。そしてそのような「社会」にしか拠り所を持たない生の意味は、結局、かりそめのもの、原理的に不安定なものでしかありえないことは、先に論じたとおりである。やはり、このようなデュルケームの論理では、「この語の絶対的な意味では不滅ではないにしても」「客観的真理を持たないわけではない」という明らかに本人がためらい、疑い、自信なく書いている表現のとおり、それは客観的真理を持ってはいないのである。

そして、変化する現実の中で正しい方向を示し、生の意味を成すべき真理が示されることなく、社会がそれに取って代わる以上、その道徳性も結局は時代と場所とにまったく限定された、特殊な利害関心や思想潮流に従う恣意的なものにならざるをえない。時間と空間を漂うこのような道徳性の任意の一つが正当だと主張すれば、さらにはそれに帰依したとすれば、それは錯誤か欺瞞でしかなく、生の意味の内容の充実とはならない。それは偽の意味であり、時の流れと場所の違いの中で遅かれ早かれその欺瞞が露呈し、人はそのペテンに否応なく気付かされ、あの危険な問いに生身のまま再び晒されるであろう。「一体、何のために…」。

　さらにまたデュルケームの議論が、この水準、すなわちあくまで「すべては社会から」の水準にとどまる以上、そこには科学的説明の本質的な難点が含まれざるをえない。すなわち、仮に先に見た知的共通性の水準で考えるのであれば、デュルケームの説明（トーテム原理の分有としての魂＝人格）も現地人の説明（いわゆる魂そのもの）も、本質的に優劣はない、その意味では同じものだということである。それらは単に可能な二つの、相反するかもしれない説明でしかないのだ。どちらが正しいとは言えない。それは理解可能な二つの説明であり、どちらを採るかはそれを主張する者の文化的な背景の問題、利害関心の問題、あるいは単なる趣味の問題でしかない。つまりデュルケームは、現地人の説明を自分と読者（もっぱらフランスないしヨーロッパ文明に属する人々）の経験により適合的でなじみ深い表現で言い換えたにすぎず、何かが新たに明らかになったわけではないのである。いずれの説明もそれぞれの社会の環境の中でそれぞれが納得し生き延びるために適切な、世界内の現象に対する立派な説明であり、どちらが真理であるとも、どちらが真理に近いとも原理的に言いえないのだ。したがって、すべてを社会に還元し、もって知的共通性の水準、通常の社会科学的説明の水準にとどまる限り、客観的なしたがって唯一正しい事実は原理的に見出されえず、また当然現実の**唯一**可能な説明たる真理も見出されえないのである。

第1節　トクヴィル─デュルケームの到達点　*151*

　だからこそ、道徳的共通性の内容について、トーテム原理の内容について、とりわけ現代にありうるその具体的な内容、万人が目指すべき目的についてデュルケームは見たとおり何も言えなくなっているのだ。社会の根底を分析し、知的共通性を社会の内に基礎付けることで世界が現にあり動いているとは言いえても、また、魂こそが道徳的共通性の最終的な基盤であることを指摘し、その源を社会と指定することでそこに真理が存在することはわかっても、その真理自体は見ることができないのだ。なぜならそこは実際には世俗世界＝社会の外だから。つまり、魂の内実は、「人間的人格一般」の内実は、世俗世界内ではいかにしても充実させられず、空虚なままにとどまるということである。それは伝統的な意味での、「原初的な」意味での魂そのものであり、世俗世界内部では説明のつかない一つの前提なのである。したがって、この観点からすれば、生の意味は世俗内には存在しないことになる。それはその外部に、魂の世界にあるとしか言いようがない。
　しかしそのような社会の外を存在しないとして無視してしまうと、社会それ自体が存在しえないのだ。それでは人間の同質性が保証できず、したがって少なくとも社会学が思い描き我々が日常的に経験している社会、人間関係と可感的諸物の総体であり、それ自身の中で完結している世俗世界というものが成り立たないのだから。
　かくして、デュルケームの社会学は、自称に反し、完全には実証的・世俗的ではないことが明らかとなる。それは観念性を、こう言ってよければ超越性を隠し持っていた。それは既に見たとおりの人格概念の上に築き上げられていたのだ。たとえ知的共通性の水準では世俗性を貫徹できたとしても、さらにその土台である道徳的共通性の水準においては、すなわち彼の社会学のまさに基盤たる社会を形成する当の人間の人間性は──それこそが、社会を社会として把握することを可能にする論理的前提としての、人間の斉一的な把握可能性を保証していたことを思い起こしてほしい──人格性という、魂と変わらず非可感的なもの、デュル

ケームのそれを避けようとの強引な努力にもかかわらず、率直に言ってやはり超越的なものだったのだ。この意味において、つぎ込まれた多大な労力と才能にもかかわらず、またその結果成し遂げられた偉大な諸業績にもかかわらず、デュルケームに課せられたあの歴史的課題、すなわち「かつて世界を把握していた超越性に取って代わり、**あらゆる超越性なくして**世俗な世界たる社会を全面的かつ安定的に捉え、さらにそのような世俗な社会における日常的生をいかにすれば**それ自身として**、すなわち非超越的に意味付けられるか」という近代の根源的課題は、遂に達せられなかったのだ。脱しようとした超越性は、自らを巧妙に欺く形で、背後に、見えない位置に隠されていたのである。

　この隠された構造はしかし、何に由来するのだろう？　それは単にデュルケームの無能に由来するのだろうか？　それとも彼の実は意図的な欺きに由来するものだろうか？　それともそれは、社会を対象とする科学という知のあり方の——そしておそらくはそもそも科学という知のあり方それ自体の——必然なのだろうか？　我が身を振り返ってみれば、現代社会学・社会科学も、全面的にではないにせよ少なくともその本質的な一部において、この伝統を、即ち自らを欺きつつ超越性を隠し持つという伝統を継承していないだろうか？　本質的に同じ人間観・社会観に立脚してはいないだろうか？　それらは同じ穴のむじななのではなかろうか？

　しかし、だとすると、社会を対象とする科学は本来的に成立不能なものということになってしまうのだろうか？　この疑念を払拭しこの困難を打開する道はないのだろうか？

第2節　社会学的人間観／社会観の拡張——「社会」から「世界」への回帰

　デュルケームは時代の要請から——そして、思い出してほしい、そもそもトクヴィルも時代を背景とする、しかし普遍的な懐疑・動揺から目を逸らすため——可感的な物の総体としての世俗世界＝社会と考えた。その結果、こうして明らかになったのは、可感的な物の総体たる社会を考えるとしても、まさにその根底にありその認識ないし議論全体を支えている人間概念は、人格＝魂という、いずれにしても同程度にまったく可感的ではないものにあるという事実である。そしてこの意味において、社会学が、世界にある諸存在から特殊に「人間」なるものを抽出し、世界に起こる諸現象の中からそれら「人間」の相互行為を特に抽出し、その総体を「社会」と名付け、比較・分析する対象とし、その中で他ではありえぬ「事実」を確定し、その事実の唯一可能な説明たる真理を見出そうと欲するのであれば、それは必然的に、相互に比較可能な同質性を持った「人間」（とその行為）という、非可感的な、その意味においては——これまで扱ってきたカトリシズムのような超越性とは異なるにせよ、しかしやはり——「超越的な」基盤に立脚せざるをえないという構造なのである。

　しかし、この人間性＝人格＝魂（さらに心と呼んでも精神と呼んでも意識と呼んでもよいだろう）を外的に知覚することは不可能であるにしても、それは経験の範囲内にある。我々は、自分が自分であり他者ではないことを、「私」は他ならぬ「私」であることを自覚できる。さらに、我々はそれぞれ我々の心の動き、精神の働きを経験することができる。つまり、我々の意識に与えられているものは感覚器官に与えられるものだけでは

ないのである。これまでの議論の結果は、人間が人間たるその根拠が五感の外にあることを示唆している。したがって問題はむしろ、科学の与件たる経験を可感的な物に限ったこと、そしてデュルケームにそのような限定を課した歴史的偏倚にこそあるのではなかろうか？　論理的には、そして現実的には、経験全体を社会科学の与件とできるのではなかろうか？　のちにまとめられるとおり、観察可能なものは単に外的に可感的なものだけではないのである。そしてまた、「可感的な物のみによって」と標榜してきたデュルケームの実証主義的社会学でさえ、実はこのとおり、そのような、知覚不能であり外的に観察不能であるが経験可能な人間概念にそれと知らずに立脚してきたし、また原理的にそうせざるをえないのではなかろうか？　なぜならそれが我々の社会的生の現実的経験なのだから。

　さもなければ、我々の社会学は、厳密に言って知的共通性の領域にとどまることになる。そしてその領域では、先に論じたとおり、科学は規範的なものとならざるをえない。いくらデュルケームが、集合的に形成された論理的思考は真理を掴み取るはずだと、*sub specie aeternitatis* などとスピノザをほのめかしつつ[64]主張しても無駄である。なぜならこの領域だけでは——今回我々が論じてきた社会学的人間観について言えば——我々が科学の・学問の名の下に何を人間とし何を人間としないかが、一定の利害関心によってのみ決まってくる、と言うより原理的にそのようにしか決められないことになるのだから。その時我々は、人格的存在・魂を持った存在を人間とするのではなく、人間のある一部を——それを民族と呼ぼうが、階級と呼ぼうが、何と呼んでも同じこと——ある一部**のみ**を人間と呼ぶことを妨げられない。または、人間以外の（人格を持たない）なんらかの存在を——犬でも、旗でも何でもよいが——人間と同類・同質のものとして——場合によっては（人格を持つ、他の）人間よりも——尊重・優先することを妨げられない。

　であるから、社会科学は、この立場、経験全体を与件とする立場に拡

張されねばならない。そしてその先に、**社会**でなく**世界**を描かねばならない。そうでなければ**社会**さえも描けないのだから。

　そしてそこに到達した時、そのようないわば「世界たる社会」を描き切った時、そこで生きる人間の「神秘的な謎」はついに解き明かされ、かつてトクヴィルが感じたあの「普遍的懐疑・普遍的動揺」でさえも霧散し、彼が「不可解な闇」の中で情熱を持って探し求めしかし得られなかったあの「確実性 (certitude)」がついに得られ、我々自身の生の意味、生き残る努力をする理由、要するに死なない理由も、明らかとなるのだろう。もちろんそのような達成自身はなんら確実ではないが、これまで我々が順に追ってきた論理構造によれば、その蓋然性は決して低くはない。なぜなら、我々が人間であるということは以上のような意味における超越性に立脚しており、しかもそれは——デュルケームはトーテム原理として社会内に還元してしまったが——この意味における超越的な源泉の存在を、背理法的にではあるが——つまり「それがなければ現実そのものがこのようにはありえず、かつ俗世に存在しない以上、俗世の外になければならない」という形で——論理的に予想させるからである。その源泉は、もちろん社会に起源を持つのではなく、真理そのものであり、また真理に由来する理想である。そして言うまでもなく、その獲得は、人間の道徳的同質性が唯一の内実を持って獲得されることを意味する。

　もちろん、もはやこの領域は、それ自身としては、科学の守備範囲ではないのかもしれない。宗教の範囲かもしれない。しかしながら、むしろ狭い意味での科学は、少なくとも以上我々が見てきたような意味において、それ自身として閉じて成立することはできないのだ。それは「経験」に対して開かれていなければ、それ自身成り立たない構造になっている。したがって、これまで歴史的な事情によって宗教の領分であるとされ敢えて科学が触れなかった（見て見ぬふりをしてきた）現象や経験を、この意味における科学の対象とし、原理として採用できるはずである[65]。科学は、政治ではなく、規範でもない。それは真理を探究する**態度その**

ものであり、その意味において、世俗な価値判断からは自由であるべきだとしても、真理という名の必然性を排除することはできないはずである。ましてや、そのような排除こそが実は、科学を知的共通性の狭い非現実的な領域に閉じ込め、その結果世俗な価値判断に密かに依拠せざるをえなくしているという構造を、我々は確認したばかりなのだから[66]。

そしてもちろん、この必然性こそが、世俗世界としての人間社会の一体性を保証するもの、我々各人に真の論理的調和性を課すもの、つまり見失われた権威の最終的な、科学的な復活となるのであろう。その意味においてトーテム原理は社会の集合性に由来するものではない。むしろこの**社会の集合性こそが、魂の共通性・同質性の世俗な表現**なのである。

ところで、以上の議論に対しては、特にデュルケームの社会概念の解釈に対しては反論がありえよう。すなわち、先の定義では、社会＝可感的諸物の総体としての世俗世界としたが、デュルケームの社会概念はそのような狭い範囲にとどまるものではなく、さらに広がりを持つものであると。確かにある意味においてそれは正しい。そしてこの点、この矛盾と苦悩を明らかにすることが、デュルケームが辿り着いた地点からさらに社会学を展開するその方向性を一層明確に示してくれる。

第2章第6節で見たところからおそらく既に察せられているとおり、特に最後の著書『宗教生活の原初形態』において、その中でも同書の末尾に近づくにつれて、デュルケームの社会概念は、その探究の出発点たる先の実証主義的定義から離れてゆく。例えば、次のような文章。

> トーテムとして用いられる物が人々の意識の内に呼び起こされたのは、明らかに感覚からではない（Durkheim 1912: 293＝上371）。

> 宗教力は、我々がそれを位置させる可感的な物には異質的である。……宗教力は、自らがその上に置かれる様々な土台に、内的紐帯に

よって結び付くのではない。……**それは、ここに付け加えられているのである**(elles y sont surajoutées)(ibid.: 461＝下160：強調原著者)。

同書結論部に至っては遂に、以下のとおり論じる。

　　神聖(le sacré)を定義するのは、それが**現実に付け加えられたもの**(surajouté au réel)である、ということである。理念(l'idéal)も同じ定義にあてはまる。……一言で言って、人間は自らの世俗的な生が流転する現実世界の上に**もう一つ別の世界を重ね合わせる**(superposer)のである。その世界は、ある意味では、人の思考の中にしかないのであるが、人はその世界に、現実の世界よりも高い一種の威厳を帰属させる。……
　　……それは理念の世界である。……社会は単に、それを構成している諸個人の群集によって、彼らが占めている土地によって、彼らが使用する物によって、彼らが成し遂げる運動によって構成されているだけではない。それは、なによりもまず、社会が作る観念(l'idée)によって構成されているのである。……
　　……社会こそが、自らの活動範囲に個人を引き入れ、経験の世界(le monde de l'expérience)を超えたところに上昇する欲求を植え付け、同時に、もう一つ別の世界を認識する手段を提供したのである。……したがって、集団におけると同様に個人においても、このような理念化(idéaliser)の能力は、まったく神秘的なものではない。それは人間がなくても済ましうるような一種の贅沢ではない。それは人間の生存の条件である。もしこの能力を獲得しなかったとすれば、人間は社会的存在ではないであろう。すなわち、人間ではないであろう(ibid.: 602-605＝下333-335：強調引用者)。

確かに、ここでもやはり結局は「すべては社会に」帰結させられている

けれども、しかし「世俗的な生が推移する現実世界とは別のもう一つの世界」を措定し、その世界を認識する能力を贅沢物ではなく「生存の条件」として捉え、しかも上記引用文のすぐ後ではその能力を「現実の外に生きるという能力(aptitude à vivre en dehors du réel)」(*ibid.*: 605＝下335)であるとさえ言う時、『宗教生活の原初形態』冒頭で前提とされていた、単純ではあるが輪郭のはっきりした、可感的な世俗世界としての社会概念から、大きく逸脱していることは明らかであろう。あくまでこの逸脱を認めず社会＝世界にこだわるが故に、「社会的存在でない＝人間ではない」という、一歩引いて考えれば現実にそぐわないことが明白な極論に導かれてしまったことが、逆説的に、この逸脱の存在を示している。

さらにこののち、晩年にあたる1913年から翌14年にかけてソルボンヌ大学でおこなわれた講義[67]では、プラグマティズムの真理概念を批判する中で、次のようにはっきりと述べている。

　　さて何が人間を駆り立ててこれらの神話的命題ないし信仰を真と見做させたのか。それは彼らがそれを一定の実在(réalité donnée)と照らし合わせたからであったのか。例えば彼らが実際の経験(expérience réelle)を持ったかもしれない精霊とか、神々とかと照らし合わせた結果なのか。決してそんなことはない！　神話的存在の世界は現実の世界(monde réel)ではない。しかし人はそれを信じた。神話的観念は客観的実在(réalité objective)に基づいているから真と見做されたのではない。むしろ逆に、思考の対象(objets de pensée)にその実在性(réalité)を与えるものは、我々の観念(idées)であり、我々の信仰(croyances)なのである。こうして観念は、その実在への調和(conformité au réel)ゆえに真なのではなく、その創造力(pouvoir créateur)ゆえに真なのである。

　　しかしこれらの観念は個人的起源のものではない。それは**集合表象**(*représentations collectives*)であり、それは共通に思考する一人民

(peuple)、一社会集団(groupe social)のあらゆる精神状態(tous les états mentaux)からできあがっている。確かに、この人民、この社会集団の中には、なんらかの役割を演じないわけではない個性的な個人(personnalités)が存在する。しかし、その役割も集合体(collectivité)の働きがあって初めて可能なのである。人間的空間の生活において観念や表象を維持するもの、それは集合体である。ところであらゆる集合表象は、それらの由来そのものによって、一種の威信(prestige)を帯び、この威信のおかげでそれは**自らを課す**力を持っている。集合表象は、個人から発する心理的エネルギー以上に大きな心理的エネルギーを備えている。その結果、それは意識の内に強力に陣取っている。ここにこそ、真理の力そのものが存するのである。

　……このようにして、我々が真理を目の当たりにした時に体験する、あの抵抗の印象(cette impression de résistance)、あの個人を超えたなにものかの感情(ce sentiment de quelque chose qui dépasse l'individu)も説明がつく。そしてまた、これらの印象や感情こそ、客観性の条件そのもの(la condition même de la l'objectivité)なのである。

　結局のところ、実在を創造するものは思考である。そして集合表象の顕著な役割は、この上位の実在(cette réalité supérieure)、すなわち**社会**それ自体(*la société* elle-même)を「作る(faire)」ことにあるのである(Durkheim 1955: 172–174＝182–184：強調原著者)。

　つまり、社会が感覚的な物以上のものであることにデュルケームも気付いているのである。こうした文脈で彼が語っている社会は、もはや外在する観察可能な対象物ではない。このような文脈で語る時の社会は、実際のところ、神の造り給うた「世界」や観念的理想的世界と言い換えてもなんら問題はない。デュルケームは、社会という一つの言葉で、出発点としての可感的な物の世俗な世界と、その世界に付け加えられ重ね合

わされている観念的な、敢えて言えば超越的な世界の両方を同時に指しているのである。これが言うまでもなく、この後社会学・人類学に大きな影響を与えた聖俗理論の基本点である。そしてまたデュルケーム自身気付いているように、一方から他方を演繹したり、一方を他方に還元したりはできないのだ。それはあくまで異質な二物の重ね合わせなのだから。また、であるからこそ、彼は可感的な物すなわち俗なるものに聖なるものが宿るトーテミズムを研究対象としたのだ。ただしあくまで彼に与えられた歴史的制約から、超越と世俗の「間」に追い込まれ、そこに集合表象といった独自の概念を投入しつつ[68]、しかし決して超越性とは表現しないだけである[69]。

　このことは知的共通性を論じる際我々が指摘した点からも当然に首肯できる。なんとなれば、「社会」を知的共通性の水準で捉える時、可能な解釈はいくつもありうるのだから。彼があくまで社会ないし集合体に話を持ってゆくのは、論理内在的な根拠に基づいたものではない。可能な一解釈、可能なたとえ話の一つでしかない。それは歴史的な偏倚、すなわち超越性の排除と心理学の拒否の成せる業であり、決してデュルケームの議論の純粋な展開ではないのだ。

　さらに先に進むことさえできる。我々の提起する、経験全体を与件とする拡張された立場から見れば、そもそもこれら二つの世界が(典型的には聖と俗という)異質な二種として立ち現れるのは、可感的な物の世界をそれとして閉じた世界として表象することから始めるからこそなのである。であるからこそ、このような意味での俗世としての社会を自明な前提と置き、そこから考察を始めることによって、本来我々の社会的経験に含まれている知覚不能な部分が、可感的な物の積み重ねでは手の届かない、がしかしあくまで存在する、付け加えられ、重ね合わされた世界として、その意味において聖なる超越的残余範疇として立ち現れてくるのである。我々が社会的生において経験しているものは、可感的な物だけから構成されているわけではないし、**本来**聖と俗の、超越的事物と

可感的事物の二種から構成されているわけでもない。我々が経験しているもの、我々の意識に直接与えられているものは、これらの区別を持ち込む以前の総体なのだ。このことを十分に踏まえず世界という経験を二分したデュルケームは結局、俗から聖に科学的に連続性を持って到達することはできず、誠実だが概念的な混乱に陥らざるをえなかった。そして、我々がともに生きる「社会」全体を科学的に捉え切るという課題に厳密には失敗せざるをえなかった。そしてもちろん、この立場では、社会的生の経験全体を捉えることはできないのだ[70]。

　しかし、このようなデュルケームの混乱・矛盾は、単なる論理的な過ちなのではない。それは、歴史的制約の中でしかし、誠実に科学を追究した、なんとかその科学の範囲内で、いわば超越性に達しようとした苦悩の跡なのである。ただ、その道、可感的な物の世界のみに視野を限ることはもちろん、そこを出発点に、超越性まで論理的に登ってゆくことも、このように不可能なのだ。それは断絶した、重ね合わされた、交替に現れる、永遠に併存する二つの異質な世界としてしか描けないのである。

　にもかかわらず、デュルケームは、時代の要請により、「社会は生きた具体的な実在」といったそれ自身内容がまったく不明確な形で、社会の「客観的(objectif)な実在性」を主張し、あくまでそのような「社会」に帰着させようとする。しかしもはや明らかなように、これは説明になっていない。せいぜいのところ循環した説明にしかなっていない。この説明はどうしても超越的なものに接近できず、したがって経験の全体を理解できない。しかし、彼の議論の可能性は、その時代的制約を離れて展開すればさらに真理につながるものであるとも言えるし、このような一見出発点と矛盾した、混乱した議論になっているというそのこと自身が、彼がその時代的制約の中で、その限界まで苦悩した証であるとも言えよう。

同様の論理は、『宗教生活の原初形態』出版の後おこなわれた講演と討論の記録「宗教問題と人間性の二元性」(Durkheim 1913)および論文「人間性の二元性とその社会的諸条件」(Durkheim 1914)において、まさに「人間性」そのものに関する議論として、一層明確に語られる。

> 我々の中には、決して完全に結び付くことはなく、非常に頻繁に互いに対立さえする、相矛盾する二つの存在のようなものがあることは、経験的な事実である。それは認識の領域では、一方の感覚(sens)と感覚的思考(pensée sensible)、他方の悟性(entendement)と概念的思考(pensée conceptuelle)であり、行為の領域では、一方の利己的欲望、他方の宗教的道徳的活動である。我々は単に我々の本性の二つの面を区別するだけでなく、それらに異なった価値と尊厳を付与する。人間に身体(corps)と魂(âme)という二つの実体を付与することによって表現されたものは、まさにこの対立(antithèse)なのである。これらの実体は神的なものと俗的なものとして対立し、緊密に結び付きながら永久に相争っているのである(Durkheim 1913: 24＝207)。

そして、この「恒常的事実」(*ibid.*)に対するこれまでの哲学の解答を二つの立場、すなわち、この経験自体を仮象のものとして否定する立場と、理由なく肯定するか(一方に精神を他方に物質を割り当てるように)存在論的に現実化する立場に分け、いずれにせよ説明になっていないとして退ける。その上で新しい立場として自らの社会学的説明を主張する。

　実際既に見たとおり、集合力は個人を、自分自身を超えるところにまで高め、その個人としての本性に埋めこまれた生とは異なる、別の生を生きさせる力を持つ。それゆえ、人間は社会的であるということだけによって、二元的な存在なのである。そして人間の中に

共存する二つの存在の間には一つの断絶があるのだ。それは社会的なものと個人的なものとの間の、部分とこれらの部分の総合から生ずる**一種独特の**全体の間との断絶である。……社会的なものが個人に還元されることはないとしても、社会は個人の協力によってのみ可能である。我々の中にある高貴な存在は、いわば付随的な要素として可感的世界 (le monde sensible) に落ちて来たのではないし、どこか知らないところから来たのでもない。それはこの世界に由来するのである。それはこの可感的世界の所産であるが、この世界を構成するのに役立った要素を超えたものなのである (*ibid.*: 25-26=208：強調原著者) [71]。

　こうして、ここでも同じモチーフが、ただし今度は人間性を規定するすなわち我々が共通に同じ人間たりうるのはなぜかとの問題そのものを巡って展開される。すなわち、感覚的感性的で利己的な、つまり敢えて言えば、身体として、感覚によって個々別々の存在として捉えられるという意味において個人として可感的存在たる我々は、そのような可感性を超えた、悟性的概念的で道徳的な、つまり社会性を持つ存在である限りにおいて、みな共通に人間である。したがって、社会における共通な人間性**そのもの**は可感的なものではない。換言すれば、我々が人間としての同質性の根拠を持つのは可感的な世界そのものにおいてではない。それは可感的世界の存在としての我々を要素として持ちそれを前提に構成されているものであるが、そこに還元できない、可感性を超えた世界のものである。そしてその世界こそ、個人の協力によってのみ可能な「社会」である。

　もはや明らかであるが、ここにも、先と同じ矛盾と苦悩が現れている。デュルケームは、自身に課せられた歴史的制約の中で真摯に科学を追い求めた。可感的な世界の内部で、実証科学の範囲内で、経験を説明しようとした。その経験とは、この場合であれば、可感的な物・目に見える

存在としての人間と、心・精神・意識を持ち意味を持って生きる存在としての人間である。そしてこの経験を、社会という可感的世界から説明しようとしたのであるが、その結果はしかし、このとおり、むしろ社会的な人間性は可感的ではないということが明らかとなり、さらに社会的存在としての人間の共通性は、可感的な世界として前提された社会を可感性を超えた世界として位置付けるという矛盾を冒して初めて根拠付けられたのである。そして、この「可感性を**超えた世界**としての社会」は、実際のところ超越的世界と言っても同じことなのであるが、歴史的課題としてそうは言えず、可感的世界と非可感的世界という二分法の「間」という、修辞的には興味深いが論理的には破綻した位置を与えられたのである。そして言うまでもなく、このことが再び、内容的にはそれは原理的に不可能だとの論理(二つの異質な世界の重ね合わせの論理など)に所々で達しつつ、題目ないし方法論としてはあくまで「実証科学的に」超越性に達しようとしたデュルケームの歴史的苦悩を表現しているのである。

第3節　社会学の次段階
——超越への経験科学的アプローチ：「主観—客観」から「経験の全体」へ、そして生の意味

　すべてをまとめよう。

　結局のところ、sensible（可感的な）の意味が問題なのだ。トクヴィルが可感的な諸物（objets/choses sensibles）の世界を「社会」として考察の対象／客体（objet）とした。次いでデュルケームがそれを「科学」的に、外在性と拘束性を持つ観察可能な（observable）社会的事実の客観性（objectivité）として定式化した。しかし、語の本来の意味において sensible なもの、すなわち「感じられるもの」は、必ずしも objectif（客観的・対象的）なものばかりであるとは言いえない。すなわち、可感的なものが外的に観察可能な対象物であるとは、必ずしも言えないのだ。先に人格＝魂についての議論の際触れたとおり、我々の意識に与えられているものは、我々が「感じている」ものは、そのすべてが外在する客体であるというわけではない。例えば、デュルケームにおいて社会学の客観性／客体性（objectivité）を保証する「物（chose）として」の社会的事実の外在性・拘束性でさえ、それが可感的な対象として存在することを意味しているわけではないのだ。言語体系や貨幣制度、法や道徳が**そのものとして**、石や水のような自然物と同じ意味で可感的なはずはない。それらはあくまでその作用としての外在や拘束を、我々が我々自身の意識において「感じる」限りにおいて choses/objets sensibles なのである。

　このことは、デュルケーム自身当然気付いているはずである。だからこそ今見たばかりの矛盾に、そして苦悩に入り込んだのだから。実際、『社会学的方法の規準』初版刊行から6年を経て、読者からの激しい反応・誤

解に対して応える形で書かれた同書第2版への序文(1901)では、次のような苦悩の文章を、一見正論だがその実何を言っているのかよくわからない微妙な文章を書いている。「社会的事実を物質的な物であるとは言っていない。いかに異なる様式を取っているにせよ、物質的な物と同じ資格(titre)における物である、と言っているにすぎないのだ」(Durkheim 1895: XII=23-24)。

しかし、固有の対象領域を持つ客観的な一科学としての社会学確立のために、一方では形而上学を拒否、すなわち感覚器官による知覚が不可能な神秘によって社会現象を説明することを**全面的に**拒否せざるをえず、他方では心理学の拒否、すなわち社会現象を個人の意識現象に還元することを**全面的に**拒否せざるをえなかったがゆえに、デュルケームはこの苦悩を明確には解決できず、結果として sensible を observable と、そして objectif と同一視することになってしまった。そして自らの理論が形而上学的であるとの批判を受ける時には「社会は、個人とまったく同様の、観察できる物である (La société est une chose d'observation tout comme l'individu.)」(Durkheim 1913: 43=229) とまで強弁するに至ってしまった。しかしこれはあくまで彼に課せられた歴史的な偏倚の成せる業であり、彼の議論本来の可能性ではない。それは、社会学を学問として制度的に成立させたと同時に、まさにそのことによってその視野を狭める結果になってしまったというだけのことである。

しかし、再度繰り返そう、「感じられるもの」は、外的に可感的なものだけではない。それは意識に与えられた経験の全体である。その意味では、sensible かつ subjectif(主観的・主体的)ということがありうるはずであり、我々の拡張された社会学的立場は本来の社会を対象とする社会学、すなわち歴史的条件によってのみ現実化しなかったがしかし理論上可能であるはずのより幅広い choses/objets sensibles の世界を対象とする社会学への展開であり、またこの意味において社会学本来の姿への回帰なのである。

したがってむしろ、彼の議論を忠実に展開すれば次のように言えるようにさえ我々には思われるのである。すなわち、「社会的事実が objectif（客体的・客観的・対象的）であるのは、sujet（主観・主体）においてこそである。それは拡張された意味において確かに sensible であるが、それは subjectif に sensible なのであり、その限りにおいてのみ、そしてその条件の下でこそ、社会的事実は objectif になりうるのである」と。実際、これこそが「社会的事実は、物質的な物ではないにせよ、物質的な物と同じ資格における物である」というデュルケームの言明の、その本来の意味なのだ。超越性と意識性の**全面的な**排除さえしなければ、このようにすっきりと論理的に理解できる。そして、この拡張された、と言うより本来の、立場から見れば、超越さえも、主観（sujet）において、魂（âme）において、精神（esprit）において、sensible でありうるのである。

こうして再び、社会学の認識成立基盤としての社会それ自体と、それを形作る人間の同質性を根拠付けようとするのであれば、むしろこの、我々がなぜか「人間として」共通に「感じている」ということの意味と基盤の探究に向かわなければならないのだ。そしてそれは、繰り返しになるが、我々が経験するということの中に、我々の意識の中に、我々の精神の中に、我々の魂の中に探究せねばならない。なぜなら、我々が人間として共通に世界を、そしてもちろん社会を、「感じる」のは、そこでしかないのだから。

このような社会学の方向性は無謀な試みだろうか？　それは既に科学ではないのだろうか？　それは社会学が宗教と化すことを意味しているのだろうか？　しかし、この新しい方向性は、一見感じられるほど奇抜なものではなかろう。それはむしろ伝統的な科学の素直な延長であるとさえ我々には思われるのだ。実際のところ、例えばあのトーテム原理の性質、すなわち永遠の安定性を持ち、非人格的で、世界に内在ないし遍在し、しかしそれ自身は可感的ではなく、世界を有らしめ動かすもの、これは科学の法則そのものではないだろうか？　とりわけその後展開さ

れたあらゆる近代諸科学の基礎である、力学の法則そのものではないだろうか？　その意味で科学というもの自体、自己主張に反して、超越的であり、またその意味においてデュルケームの実証科学は極めて「科学的」なのである。その目指す方向自体は、間違ってはいないのだ。むしろこの道こそ、胡散臭い「世俗宗教」としての社会科学から脱却できる道なのではなかろうか？

　理性は臆病だ。その臆病さは、世界に対する慎重さという美徳をもたらすと同時に、トクヴィルが痛切に感じたあの不安を惹起することで、理性自身を欺き、当初の目的へとつながる道から目を逸らし、ついには自分の目的＝自分の存在の意味そのものを自ら見失ってしまう。そして科学を、技術へと、しかも目的を持たない、文字どおり意味を欠いた、あまりにも虚しい道具へと導いてしまう。しかるに、もし我々が科学しようとするのであれば、すなわち「世界」の真理を掴もうと模索しようとするのであれば、物の布置を解明するだけでは不十分なのだ。諸物が現にいかにあるかを知るのみならず、なぜそのようにあるのかを、すなわち物の意味を掴まねばならないのだ。それが科学という世界に対する一つの構えの目的＝意味なのだから。仮に物の布置の解明だけにとどまるとすれば、世界と生の意味のみならず、科学という営み自身が意味付けられない。諸物の解明が我々の生の条件を改善するためだけに役立つとすれば、それは科学ではなく技術であり、「生きる」ための行為ではなく「生き延びる」ための行為にすぎない。それはこの生を生きるために必要なことではあるが、それ自身に意味はない。生存は生きるための条件にすぎない。デュルケームの言うとおりなのだ。**もし目的から離れれば、どんなに注意深く手段を維持しても何の役に立とう。生きるために、生の価値と尊厳を成しているものすべてを放棄するとは、なんと悲しい打算であろう。生きるために、その理由を失うとは！**

　したがって、我々がこの世界のありようを科学するのならば、すなわち願望や空想や利害に従って世界を描くのではなく、経験に基づいて真

に実証的に探究するつもりであれば、その科学が目指す真理に到達するためには、まさに以上の意味での世界全体を対象とした科学へと進まねばならない。さもなければ、科学は無意味である。

　かくして、我々自身の社会的生の意味も、「社会」の内部ではなく、この拡張された「世界」の中に求める方向に向かわざるをえないのではなかろうか？　少なくとも、こうして明らかになったのは、そもそも我々が「社会の中」で生きているという表象自体、現実をいわば不当に狭く刈り込んだ表象なのだということなのだから、その中のみに限定して生の意味を求めるのは非現実的ではなかろうか？　我々の現実的な生は、刈り込まれた「社会的な」生なのではないのだから。少なくとも、我々の人間性が「社会」の中で根拠付けられない以上、我々の生の意味は、「社会」の中には原理的に見出されえない。それは個々人の能力や努力の問題ではなく、構造的にそうなのだ。なんとなれば、我々の人間性が、すなわち我々が人間であるということそのものが「社会」の内部で根拠付けられないということは、とりもなおさず、我々が人間として生きているそのこと自体が「社会」の内部に根拠付けられてはいないということ、すなわち我々の現実の生の全体は「社会」を超えているということなのだから。したがって、その意味は「社会」の内部にはないということなのだから。
　『宗教生活の原初形態』結論においてデュルケームは確かにこのことを見抜いている。

　　善(le bien)・美(le beau)・理想(l'idéal)への渇望の根源は我々の内にある。これらは、我々の存在の深みそのものからやって来る(Durkheim 1912: 601＝下330)。

　そのとおりであろう。そしてこの我々の存在の深みは、我々の内にあると同時に、我々の外にあるのだ。それは、確かに社会的存在としての

人間＝個人の外にあるが、にもかかわらず「私」の内にあり、この「私」とは、我々を成すものすべてがそこに還元される終着点としての、いわば我々の存在の究極点としての人格なのではなく、トーテム原理へとつながっている魂なのだから。生の意味への渇望を満たしたければ、トーテム原理といった超越性を包含する、この拡張された「世界」を探るしかあるまい。そして探し物がそこで見つかる蓋然性は決して低くはない。なぜなら我々の存在が、そして世界そのものが文字どおり完全に無意味なのでなければ、我々がこうして存在し・生を営み・なによりもそれを意識している以上、そのような我々の存在のあり方を有らしめている土台が、世界全体の仕組みの中にあるはずなのだから。そうではないとすれば、論理的に言って、我々は今この瞬間も実は存在していないか、世界が完全に無意味かのどちらかである。

　そして、この世界の中に見失われた権威が、それ自身真理である権威が、再び見出されるであろう。我々を抑圧するのではなく、我々を有らしめている権威が。内的な、しかし経験的な事実から、個人の、「私」の内観からアクセスしうる魂＝人格の同質性の源という、超越的かつ共通的かつ私的したがって個人的な、その意味では世俗な、と言うよりも経験的な権威が。このような権威は確かにありうると同時に、これこそがデュルケームの人間的人格一般・個人一般の座、世俗と超越の間である。したがってこの権威は決して、伝統的な意味での世俗的権威、すなわち国家や会社などの集合的・社会的権威ではない。我々はこれまで可感的な物の世界としての社会の内しか見なかった（目を逸らした）ため、集合的・社会的権威をありうる唯一の世俗的権威であると誤解してしまっていたのである。この誤解が──それは無能の結果ではなく、むしろ歴史的な必然であったが──時にデュルケーム社会学を「保守的な」もの、人間よりも集団を優先するもの、果てはファシズムへ通じるものと評価させたのであろう。

かくして最終的に我々は、本書の中においては、冒頭に掲げた第二の問いに完全には答えることができないことを認めざるをえない。我々は、社会においていかに生きるべきか、我々自身の社会的な生の意味は何か、その**全き内容**を発見することはできなかった。換言すれば、我々は完全なる真理を見出すことに失敗したのである。

　しかし、我々は、それがどこにはなく、どこにあるらしいのか、その所在の範囲を限定した。換言すれば、意味(sens)を持って生きるおおよその方向(sens)を見出した。そしてその探究の過程で現れた、(理解し難い)闇・人格・魂・トーテム原理といった諸概念、そして sensible・sujet/subjectif・objet/objectif といった諸概念は、その意味(sens)を完全に満たされるべく待機している。そして我々は今や、この充実のためにはどの方向(sens)に向かえばよいのかを理解している。

　今はここまでで満足しよう。いつの日にかその内容が完全に満たされた時、真理が完全に見出された時には、我々は、真に確固たる意味を持って生きることができるだろう。その時我々は、単なる神の子でも単なる人の子でもなく、神の子であるが故に人の子であることになるだろう。

　こうした結論の全体に対して、次のような反論はあるだろう。「そもそも、社会科学が、ここで議論されたような人間の同類性を根拠付ける必要などない。相互の主観性を前提として社会科学を始めて何が悪い。その根拠付けなど、神学や哲学に任せておけばよい。なぜなら、相互主観性や同類としての自他は、それを現時点で説明することができるにせよできないにせよ、日々誰もが経験している確固たる事実なのだから」。

　しかし、まさにこの点こそが問題なのであり、我々が問うてきた問題なのである。自分の直接的経験をよく思い返してみてほしい。我々が日々の世俗な＝社会的な経験において結ばれる関係は、決して一般的な範疇としての他者・人間 etc. と「私」の間で結ばれるわけではない。たとえ相手の名前を知らず、またその他の属性を一切知らない時でさえ、「私」は

「他の人さん」と社会関係を取り結ぶことはない。それは常に特定の具体的な「誰々さん」と「私」の間で結ばれる。そしてそこには、具体的経験として、私と誰々さんとを、また誰々さんと別の誰々さんとを、人間・人類・主体・主観などといった同じ一つのカテゴリーにまとめ上げる根拠となるものは、存在しないのである。

　一言で言って、社会科学が前提とする「事実」、すなわち我々がともに人間であるということ、とりわけその相互主観性は、経験的事実ではないのだ。それは歴史的に形成された、それでなくてもよい＝他でもありうる言説、一種の物語、せいぜいのところ仮説であって、仮にそれを唯一の「事実」であると主張するのであれば、それは「それが唯一の事実である**べき**である」という規範的な命題の主張にすぎないのだ。したがって、この「事実」の上には、真理を追究する営みとしての科学は、無条件には構築できないのである。構築するためには、したがって、この「事実」の根拠を明らかにし、それを説明できねばならない。我々はこの点をトクヴィルおよびデュルケームとともに考えた。そしてその結論は、この「事実」の根拠は、社会の中には存在しない、その外に求めざるをえないというものであった。したがって、世俗世界としての社会で完結する科学としての社会科学は、どうしようもなく、原理的に成立不能である。

　さらにまた、次のような反論もありえよう。「複雑な世界を、何も無理に一つのまとまりとして考える必要はない。世界の複雑さは、その相互に関連しない分裂した諸原理からなるという世界そのものの構造によるものであって、一つのまとまりという世界の把握は、それ自身、いわば一神教の偏倚である」と。しかし、世界を一つのまとまりとして、正確には世界を全体として把握しようとする態度は、その中での生の意味を、かりそめのものではない確かな意味を求める態度と相通じている。それは単なる文化的な偏倚ではない。我々が他ならぬこの生の意味を把握したいのであれば、「他でもありうる」世界、例えば相互にまったく関

連のない複数の原理からなる世界は、その任を果たせない上に、経験的事実に反している。と言うのも、世界が一つのまとまりであるという視角は、我々が他者のではなく「一つの、他ならぬ私」の生を生きているという経験的事実そのものに立脚しているのだから。仮にこの意味で世界が分裂しているとすれば、それは「私」が「私」以外の他者として——決して知ることのできない他者として、と言うのも少しでも知っていれば、それは「私」の他面であるから——あることを意味する。これは論理的に矛盾している以上に、経験に反している。科学が科学たろうとするならば、それが現実を正しく把握することを目指す営みなのであれば、その現実を成す生の経験に反する主張は不可能である。

　このことは何も長期に渡って「私」が変化せず同じ一つであるということを主張しているわけではない。またもちろん、「私」ないし世界が相互に矛盾する諸部分からなっていることを否定するわけでもない（それは、そのような場合でさえ矛盾をきたしているのがあくまで諸**部分**、すなわち全体の一部であることを指摘すれば足りよう）。しかし、意識される経験の一瞬一瞬において「私」が他のものではなく変わらず「私」であること、換言すれば「私」が、「私」の意識が、連続であるということ、それが一つの流れであるということは否定し難い経験であり、トクヴィルが、そしてデュルケームが導かれた世界把握は、この経験的な事実そのものに立脚しているのである。

　かくして、我々の提起する新しい基盤に立脚した、いわば次段階の社会学を、萌芽的ではあるができるだけ明確に素描するとすれば、次のようになろう。

　この社会学は、明らかに旧来の社会学がテリトリーとしてきた範囲を超えねばならない。社会学は、近代になって表面化した社会的な諸矛盾に、それまでの社会にはなかった近代社会特有の諸問題に、対応する形で登場してきた。それゆえ伝統的に、いわゆる近代社会を、より正確に

は先進国の近代社会をもっぱらの対象としてきた。しかし、そのような限定はもはや非現実的である。それは、今日もっぱら文化人類学／社会人類学のテリトリーとなっているが『宗教生活の原初形態』がそうであるように、再び社会学の対象となって何の不思議もない「未開社会」も含むであろう。経験される現実は一つの全体であり、その全体たる「世界」を、したがって「社会」を解明する営みとしての科学の中には、そのような区別を対象としての「社会」に持ち込む理由などないのだから。

　同様にして、この新しい社会学は生物学をも包含するであろう。我々が到達した地点によれば、人間性は古い意味での可感性の範囲に完全に含まれるものではない。その本質的な要素は、この範囲を超えている。したがって、この範囲にとどまる(古い)生物学が、人間の人間性を、社会性そのものを、理解することはないだろう。しかし、我々の生の前提を成すものは、俗世において「生き延びる」条件は、我々が物質的生命であるということに、端的に言って我々もまた——この世では——生物であり動物であるということに、存するのもまた明らかである。ゆえに、この条件が我々の社会的生に課す制約と可能性——物質世界の現実は単なる拘束ではなく、精神の意識的・社会的生存の土台でもあるのだから——を解明するかぎりにおいての生物学は、次段階の社会学にとって無視しえないものである。ここでもまた、学問的テリトリーとしての動物と人間の区別、したがって生物学と社会学の区別を維持する対象内在的な理由などないのだから。一言で言って、人間もまた生物なのであり、社会現象は多分に生命現象なのだから。

　また、言うまでもないであろうが、この社会学はもはや心理学を排除しはしない。しかし、その心理学は、観察可能な外的な行動や行為と観察不能な内的な心理状態の連関を問うのではなく、むしろ内的な経験そのものの中に人間に共通な経験を見出す、そのような心理学となろう。

　さらに、この次段階の社会学はもはや古い意味での可感的な事物の世界には閉じこもらない。それは敢えて、宗教のテリトリーに、とりわけ

——宗教的儀礼や宗教組織というよりもむしろ——その神話や教理に分け入るであろう。もちろんそれは再び社会を魔術化するためではない。こうした意味においては明確に、科学は宗教ではなく、宗教は科学ではない。次段階の社会学が宗教のテリトリーに分け入るのは、人間の同質性の根拠を、世界把握・世界解釈の体系としての神話や教理に、そのような形で蓄積された人間の経験に——しかし宗教自身が自覚する形とは別の形で——尋ねるためである。

　また、この社会学は、これまでよりも一層歴史を重視するであろう。これは本書で不十分ながら試みた点でもある。社会的な言説が、社会現象の**他でもありうる**解釈の一つではなく、その意味において数ある**創作された物語**の一つではなく、**唯一の現実**たる真理でありうるためには、それが実際に経験された・他ならぬ・唯一の事実に立脚していなければならない。直接経験可能な事象の場合はその経験そのものに、その対象の多くが直接経験不能な場合は、**過去と呼ばれる可感的な対象の経験の蓄積**そのものに、その言説の根拠を置いていなければならない。そのようにしてその言説の真理性を、少なくとも真理の蓋然性を高めなければならない。それは特に、学史や思想史のように、そもそも概念や思想の流れないし連関とは何か、ある学者の思想・理論と他の学者の思想・理論が、単に研究者の関心に沿ってのみならず事実として「つながっている」ことを探求する領域で強く求められよう。さもなければ、社会学の発する言説は、研究者各人の（相異なる）問題関心・利害関心に合わせて遡及的に紡ぎ取られた——しかも、そのように明示されない——創作物となり、偽りや誤りではなく現実の真理を把握するという、あらゆる科学のそもそもの構えを裏切ることになろう。

　最後に、この新しい社会学は、いわば複数の「私」の共同作品となろう。これまで社会（科）学の多くは、創始者個人の名を冠した哲学・思想に——時には文学に——近いものか、あるいは客観性の名の下無理矢理に創始者を捨象し抽象化した「科学」であった。しかし、我々が到達した地点に

よれば、確かに可感的な認識自体は「私」によってのみおこなわれるものの、そのような「私」の生はそれ自身、私一人のものではなく、他の「私」とともにあることが常に経験される、そのようなものである。したがって新しい社会学は、そのような複数の「私」によって各々始められるものの、その認識・その主張を比較分析し、共通な部分を厳密に抽出することで、我々がともに社会の中に、したがって世界の中に生きているという現実の一なる(共通の)基盤を、すなわち真理を、初めは次第に高まる蓋然性として、いつの日にか万人が自分自身の経験の中に実際に感じ確認する経験的な確実性として、「事実としての真理」として、「可感的な真理」として、見出すことができるであろう。

その時、この社会学の実証性は、すべての意識主体各々の直接経験として、疑う余地なく確立されるであろう。

結びに代えて、この先の具体的な展望を示そう。このトクヴィルとデュルケームの苦悩をその身に引き受けた者、そして我々の提起した社会学の拡張された立場を試みた者として——図らずも生の哲学者の一人とされる——アンリ・ベルクソン(Henri Louis Bergson: 1859-1941)[72]が挙げられるように思われる。デュルケームと同時代を生き、さらに——より長く生き(延び)たため——その先の歴史を体験し思想を続けた彼の議論は、我々が今回19世紀前半から20世紀初頭のフランス史を背景として捉えつつ社会思想の流れを描いてきた、まさにその延長上にあるものに思われる。彼は社会学・社会科学と言うよりはもっぱら哲学の領域でこれまで検討されてきたが、このような——社会学よりもむしろ政治学・歴史学において伝統的に扱われてきた——トクヴィルから、——押しも押されもせぬ社会学者——デュルケームへという流れを描いた後には、むしろ自然に社会学の基礎領域の対象として捉えられるように思われる。実際、そもそも彼の哲学も教条的な「哲学史」の流れにないことは明らかであるし、ヨーゼフ・シュンペーター(Joseph Alois Schumpeter: 1883-1950)ら多く

の社会科学者にも大きな影響を与えていることも既に知られている。彼は、『意識に直接与えられたものに関する試論』(Bergson 1889)・『物質と記憶』(Bergson 1896)において魂の、人格の、意識の、主観性の経験的根底に迫り、『創造的進化』(Bergson 1907)では生命原理について語り、晩年の――その中でデュルケームの名を繰り返し挙げ、その社会学を強く意識している――『道徳と宗教の二源泉』(Bergson 1932)では、ついに「社会」そのものをこの観点から――「神秘主義」という非常に誤解を招く表現を用いているものの――描き出すに至っているように見受けられる。したがって、私は、この研究の次なる対象を、ベルクソンと考えている。

註

1 本書の構成についてあらかじめ説明しておきたい。

　本書は、最終的に一つにまとめられる二つの主題が、いわば螺旋状に絡み合うような形で論じ進められている。このため、単線的な主題の展開に比べると、ともすれば読みづらく・わかりづらくなりやすいように思われた。そこで、そのような事態を避けるため、主題から展開される副次的な議論や補足的な・補強的な引用文などは、できる限り註にまわすよう工夫した。したがって、本文はそれだけではやや単純に感じられるかもしれないし、また主張を証拠立てている引用が不十分であると感じられるかもしれない。その際は、ぜひ註をご覧いただくようお願いしたい。

2 もちろん、「社会」の構成要素は常識的にも「人間」だけではない。多くの「物」も含まれる。しかし、「『人間』が一人も(過去にも現在にも未来にも)存在しない社会」なるものは日常的ないかなる定義に従っても「社会」とは見做せないであろうことから、日常的な思考における「社会」の不可欠の主要な要素は「人間」と彼ら／彼女らが織り成す「人間関係」と見做してよいと思う。

3 もちろん、ヴェーバーがミクロ、デュルケームがマクロなアプローチであり、両者のリンケージが問題であるというような、単純な図式を描こうというのではない。むしろ、両者とも、方法論的主張とその実際の適用には隔たりがあり、ミクロ、マクロアプローチという分類を仮に受け入れたとしても、それらは両者各々の内部で既に複雑に絡み合っている。

　にもかかわらず、ここでこのように単純に表現したのは、ここでは差し当たり、彼らの社会学の内部構造が問題なのではなく、その方法論的主張、つまり「社会」を科学するということそのものをどのように考えていたのかという点を問題としているからである。

4 以下のトクヴィル研究の変遷に関する記述は、あくまで我々の社会学的関心に沿って、我々の研究を位置付けるためにまとめられた、まさに概観であり、社会学で扱われることの少なかったトクヴィルの研究史そのものとしては、はなはだ簡略で不十分なものである。詳細な研究史は、松本1991

序章：1–43を参照されたい。
5 いずれも今日ではガリマール版『全集』に収録されている。
6 このコレクションの成り立ちについては、松本1985に詳しい。
7 社会科学に対するデュルケームの影響の全体はあまりにも深く広い。今日社会学者が「デュルケミアン」と自称することはもはやないとしても、彼の社会学は、細かく専門分化し広い範囲をカバーする現代社会学の奥底に浸透した共通基盤の一つであるだけでなく、モースからレヴィ＝ストロース(Claude Lévi-Strauss)へと進展した人類学の基盤でもあり、アナール学派を中心とする歴史学の基盤でさえある。したがって、デュルケームに関する諸研究の検討は、おそらくそれ自体を唯一のテーマとしてさえ、1冊の書物では収まり切らないだろう。そこで本書では以下、原則として狭義のデュルケーム研究に、すなわちデュルケームとその社会学的議論そのものを対象とした研究に限定して、その変遷を概観することにしようと思う。ただし、デュルケームを論じている書籍には非常に多くの学生向け入門書・解説書が含まれている。本書ではもちろん、それらは検討対象から外し、研究史に新たななにものかを付け加えたいわゆる研究書のみを対象とする。
8 パーソンズのこの著作の研究史上の位置付けはこの通りであるが、その内容について、とりわけそのデュルケーム解釈について、本書の立場を明確にするため説明を加えたい。

　本書は、この著作を次の点で高く評価する。すなわち、デュルケームにおける社会学的認識論の展開を、当初標榜していた「極端な実証主義者(radical positivist)」(Parsons 1937：I・350＝III・71)としての態度からの離脱と捉える点で。つまり「『生の事実』("facts of life")は観察者にとっても行為者にとっても**物**(*choses*)という外的世界の一部」(*ibid.*：強調原著者)であって「それを勝手に変更することはできない」(*ibid.*)という態度からの、そして「**社会学者たるものは**(the *sociologist*)、社会的生の事実(facts of social life)を外的世界の客体である『物』("things")のように、つまり観察可能な事実(observable facts)として取り扱わねばならないのである。これは、経験的で観察可能な要素(empirical, observable element)を強調する点で、実証科学の全発展の背後に横たわる認識論に合致する。……事実はまさに外在性(exteriority)と拘束性(constraint)の規準によって弁別される」(*ibid.*：I・348＝III・68：強調原著者)とする実証主義ないし経験主義からの離脱であると捉える点で。このような把握は、以下本書で描かれるデュルケーム解釈と基本的に一致している。

　ただし本書の視角とは、以下の点で決定的に異なる。

「デュルケームの理論をその発展過程の中で捉える」(*ibid.*: I・304＝III・7)ことを目指し、その理論の内在的な展開・発展に関心を集中させているパーソンズは、最晩年のデュルケームの思想を「古い経験主義への回帰と観念論的立場への転向……との間を揺れ動いた」(*ibid.*: I・468＝III・237)と見、「デュルケームの生涯が突然閉じられるのは後期の思考のこうした二つの主要傾向が葛藤する真っ只中」(*ibid.*)であったと見る。しかし、本書は、この二つの傾向とされるものをデュルケーム社会学理論の内部の相矛盾する二要素とは見做さない。後に詳細に論じられる通り、デュルケームの生涯に渡る思想の展開はむしろ、実証主義的態度が、それをある枠内に限定しようとする歴史的必然の中を、必死に抵抗しつつ自らを展開してゆく過程であると考えられる。つまり、この二つの傾向なるものは、いわば「観念論的実証主義」ないし「経験主義的観念論」とでも言うべき実証主義の完成形態が、デュルケームに与えられた外的環境である第三共和制の確立という歴史的事情によってその現実化を阻害されたということ、より正確に言えば、当初の実証主義的態度本来の理論的発展が理論**外**的な事情により阻害されたため歪な発展の様相を呈し、その結果、一つは理論的な、今一つは理論外的な二つの要素が、デュルケームの議論の中に含まれたということだと考えられるのだ。ただ、デュルケームのあまりにも早い死によりその十全な展開が中断されたため、その到達点をもっぱら理論面から見れば、パーソンズの言うように異なる二つの理論的傾向として見え、そこから遡及的にデュルケーム社会学の発展を全体として捉えれば「行為の実証主義的**理論**がはっきり**内部崩壊**してゆく過程」(*ibid.*: I・470＝III・238：強調引用者)として一見見えるのだと思われる。しかし、本書のごとく、フランス史の具体的な流れとともにその思想的展開を捉えれば、それが、トクヴィルから──そして本書では触れる程度にしか扱われないが実はベルクソンへと──続く、(「異なる二つの」ではなく)単一の必然的な流れを形成していることが理解されよう。

9 1890–1900年にボルドー大学で、1904年にソルボンヌ大学で講義され、1912年および死の数年前に講演で用いられた草稿。ただし、その主要部分は、1896–1899年のボルドー大学における講義「倫理と法の一般物理学」で構成されていると考えられている。この書の由来についての詳細は、Durkheim 1950 : 5–7 (訳書では割愛されている)、Alpert 1939 : 64–65＝47–48およびDurkheim 1950訳書の訳者あとがき(275–284)を参照のこと。

10 このようなデュルケーム・ルネサンス以降の多様で錯綜した研究諸方向と

その各々の現状を簡潔に整理しまとめた最新の文献として、Pickering (ed.) 2002 が挙げられる。

11 サン＝シモン、コント、マルクス、ヴェーバー、そしてデュルケームらを取り扱う巻とともに、フランス大学出版SUP叢書社会学者部門 (Le Sociologue) の第21巻として1970年公刊されたピエール・ビルンボームの『トクヴィルの社会学』(Birnbaum 1970) も、社会学の領域でトクヴィルを単独に扱った研究と言うよりも、デュルケームについては軽く触れられているにすぎないものの、このアロンに始まる社会学史研究の流れの中に位置付けられよう。実際、この書ではアロンがしばしば引用されている。

12 社会学の発展に伴う専門分化の結果として、ただでさえ稀少なこの種の研究は、20世紀も終わりに向かうに従ってますます現れなくなった。本書本文で参照した諸研究に続く同種の研究にして最新のもの、クリスチャン・ラヴァル『社会学的大望』(Laval 2002) が現れるのはようやく21世紀に入ってからである。

　ラヴァルのこの著作は、サン＝シモン、コント、トクヴィル、デュルケーム、ヴェーバー、マルクスを順に取り扱い、経済学が社会と歴史を「自然(科学)化」するのに強く反対し、それらの「歴史化」を追究する形で社会学が登場・発展してきたことを見事に描いている点で高く評価できるものではあるが、その視点は一貫して「対(国民)経済学」、とりわけ「反功利主義」としての社会学に限定されていること——無論それ自身は本書の短所ではなく、むしろ長所であるが——また歴史に対する取り扱い方もニスベットに近くマクロ的であること、さらにトクヴィルの取り扱いはやはり民主主義論に限られていることから、我々の関心からは、既に検討した諸研究に付け加えるべきものは特にないと判断し、本文中での検討は控えた。

13 こうした研究の決定版と言うべき書物こそJardin 1984 である。トクヴィル全集の編者として未公刊資料にもアクセスできるジャルダンによるこの研究の完成度はすばらしく、本書もトクヴィルの伝記的部分の多くをこの書に負っている。

14 その貴重な例としては、松本1991第2章「トクヴィルにおける啓蒙と宗教」:91-116が挙げられよう。しかしこの研究も、我々が意図する社会学的研究と言うよりはむしろずっと、マクロな視点からの歴史的研究である。

15 兄弟や家庭教師の影響を含むさらに詳細な生い立ちについては、Jardin 1984 第1部第1章～第3章:9-56=15-69を参照のこと。

16 同時代のものはほとんどなく、17世紀の古典と古代作家の仏訳、ヴォルテー

ル(Voltaire)、モンテスキュー(Charles-Louis de Secondat, baron de La Brède et de Montesquieu)、ルソー(Jean-Jacques Rousseau)、ビュフォン(Georges-Louis Leclerc, comte de Buffon)、マブリ(Gabriel Bonnot de Mably)ら18世紀の哲学者たちの著作、そして多くの旅行記を含んでいたらしい(Jardin 1984: 62-63=76)。

17 七月王制および第二帝制初頭においてフランスカトリシスム内で大きな影響力を持った、ロシア出身のカトリック教徒。

18 七月王制下でティエールは内務大臣、外務大臣、そして総理大臣を歴任するが、この時の経験、とりわけ内務大臣としてストライキや反乱を鎮圧した経験が、この後長く続くフランス政治の激動の中でもしぶとく生き延び、失脚しても必ず復権する大政治家としての基盤を成す。本書でもトクヴィルおよびデュルケームの背景史としてのフランス政治史を見る時、無節操なほどに様々な立場で彼は——後にわかるとおりそれは必ずしも喜ばしいことではないが——顔を出すであろう。

19 トクヴィルとボーモンのアメリカ滞在の詳細についてはJardin 1984 第7章〜第11章:99-171=117-200を参照。とりわけ訳者が作成した、旅行の行程を詳細に示した地図(同訳書:116)は、この旅の視覚的な理解に非常に役立つ。

20 人種差別思想の先駆者として今日知られており、後に我々が見るドレフュス事件の遠因を成した一人とも言われる、ジョゼフ・アルチュール・ドゥ・ゴビノー(Joseph Arthur de Gobineau)に宛てて3年後に書かれた手紙の中でも、同様の論理が語られている。「[かつては]義務の範囲は限定されていました。それをキリスト教が拡大したのです。その範囲は[かつては]同類者(concitoyens)以上にはほとんど及びませんでした。[それに対して]キリスト教が、すべての人間(hommes)をそこに引き入れたのです。[かつては]そこにはもっぱら主人たちだけが含まれていました。そこに、奴隷が導き入れられたのです。キリスト教は平等(égalité)と、統一(unité)と、博愛(fraternité)を、まばゆい日の光の中に置いたのです」(Tocqueville 1843:45)。

21 習俗概念については、特に一般的習俗(mœurs générales)と個別的習俗(mœurs particulières)の区別について、拙稿、菊谷1997を参照していただきたい。

22 『アメリカのデモクラシー』におけるこの二つの論理の整合性の追究については、拙稿、菊谷1997 第3節を参照していただきたい。そこでは、カトリシスムと民主主義の整合性の問題としてこの問題が検討されている。

　なおまた、時には「地位の平等」とも訳され、もっぱら身分や階級の平準

化を意味すると考えられてきた「諸条件の平等」との表現が、さらに広く「世俗な現世における人間の『生(せい)の』条件の平等」という意味を持っていることが理解されよう。であるからこそ、égalité des positions や égalité des classes ではなく、égalité des conditions なのであり、また、この conditions とは、conditions de la vie/de cette vie、すなわち現世での生(活)の条件なのである。

23 本節における二月革命およびその前後の事実経過と歴史的な位置付けについては、Cassou 1939、Crémieux 1912、Gaston-Martin 1948、服部・谷川 1993、Jules 1937、喜安 1971、的場・高草木 1998、中木 1975、Namir 1946、小田中 1995、阪上 1985、Seignobos 1921a、柴田・樺山・福井 1996、谷川 1997の各歴史研究、およびLarousse 1994、日立デジタル平凡社 1998の当該項目・関連項目を参考にした。

24 本書の一つのキーワードでもあるこの peuple の語は、本来訳語を「人民」で統一すべきだと考えるが、概念の変化を追っている本節では、変化前の意味が強い場合は、無理に「人民」とせず、日本語として自然な「民衆」と訳した。しかし、両者とも原語は peuple であり、いわば本節で論じる二月革命の過程においてその意味内容が「民衆」から「人民」に変化・拡大してゆくということである。

25 革命の過程はこの後も目まぐるしい変化とともに進行する。臨時政府は、人民の要求に応えて(と言うよりも屈して)、失業対策と政府による民衆把握の意図の下、2月25日加入失業者を国家が雇用し土木工事にあたらせる国立作業場(ateliers nationaux)を設置し、さらにルイ・ブランを議長とする「労働者のための政府委員会」、通称「リュクサンブール委員会」を設置する。4月23日には21歳以上の男子を有権者とする(その数は一挙に900万人に増えた)直接普通選挙による憲法制定議会選挙が実施される。しかし、失業の急増など経済状況の深刻化に加え、議会選挙が結局のところ地方の伝統的な名望家支配に屈し王党派と穏健共和派の勝利に終わったことに失望した——革命を自発的に起こすほど急進的な——パリ人民は、さらに急進化し、5月15日遂に暴動を起こす(五月十五日事件)。彼らは議会に侵入してその解散を宣言し、ルイ・ブランや革命家ブランキ(Louis Auguste Blanqui)を含む新臨時政府の設置を要求した。対して政府・議会側は、軍隊を用いてこれを鎮圧。ブランキは逮捕された。ついで翌16日、設置当初から政治的には実権を伴っておらずかえって民衆運動の拠点となってしまったリュクサンブール委員会は廃止された。

　この五月十五日事件を境に、政府は民衆に対する懐柔政策から全面的弾圧へと舵を切る。5月15日の暴動に多くの国立作業場加入者が参加してお

り、この施設が民衆把握の手段として機能していないことが明らかになると、その存続は政治問題化し、また財政危機の中で経済的にも国費に対しかなり重い負担であったことから、遂に6月21日、国立作業場の事実上の廃止とその加入労働者の地方土木事業または軍隊への強制編入が布告される。この布告に対し、民衆側は22日、政府にその撤回を要求。しかし強硬に拒否されるに至り、パリ市内各所に、またしても自然発生的に人々が集結し始める。翌23日民衆側はパリの半分にバリケードを築き、政府軍に抵抗。24日には戒厳令が敷かれ、時の陸軍大臣ルイ・ウージェーヌ・カヴェニャック（Louis Eugène Cavaignac）に反乱鎮圧の全権が委任された。こうして、いわゆる六月事件（六月蜂起とも言う：原語は Journées de juin）が勃発したのである。25日、「セーヌ川を血に染めた」と言われる激烈な戦闘が開始された。和平交渉の仲介者パリ大司教も射殺され、政府軍の複数の将軍が反乱軍に殺された。しかし、それでも政府の弾圧は熾烈を極め、翌26日、遂に蜂起は鎮圧された。逮捕者は約12000人、ある者は軍法会議、他の者は裁判なしでアルジェリアに追放。また逮捕と同時に銃殺された者も多かったとされる。しかしこうして、改革宴会に始まる二月革命の一連の過程は一応の終結を迎えた。「これが六月事件であった。必然的で痛ましい事件であった。それはフランスから革命の火を消し去りはしなかった。しかし少なくとも一時の間、二月革命に固有の仕事と言いうるものに終止符を打ったのである」(Tocqueville 1851：178＝287)。

26 当時の社会主義者と人民との連帯についてはしかし、トクヴィルの把握にもかかわらず、歴史学の成果からはどちらかといえば否定的な結論が出ている。喜安1971における「労働の世界」と「政治の世界」の断絶に関する議論を参照のこと。ただしトクヴィルはそのような分裂した現実の基底にある両者の根源的な共通性を見抜いていたとも言えよう。

27 時代的に当然のことながら、ここでトクヴィルが念頭においている社会主義にマルクスのそれはまったく入っていない。当時の議会構成等の状況を考え合わせると、ここでの社会主義は、具体的にはプルードン（Pierre Joseph Proudhon）、コンシデラン（Prosper Victor Considérant）、ルイ・ブラン、ブランキ、ルドリュ＝ロランらのそれを指していると思われる。

28 なお、本節ではトクヴィルの『回想録』中の２月時点についての記述から引用し論じたが、６月時点すなわち六月事件についての記述でも同様の記述が見られる。が、それは結局のところ繰り返しにすぎない上に、かえって本書の流れを妨げ主旨の容易な理解を妨げると思われるため、本文中での引用は避けた。しかし、本節の主張の補強としてここに該当箇所を引用し

186

ておこう。

「六月蜂起はわが国の歴史、そしておそらく他の国の歴史においても、今まで起こった中で、もっとも大規模でもっとも特異な反乱であった。……わが国でこの60年の間に相次いで起こったこの種のすべての出来事の中でも、この事件を際立たせていることは、それが**政府の形態を変えるという目的は持たなかったが、社会の体制を変えることを目的としていた**という点である。実のところ、**この戦いは政治的闘争(これまで我々がこの言葉に与えてきた意味での)ではなくて**、階級の戦い、一種の奴隷戦争であった。社会主義の理論が思想の面で二月革命を性格付けたように、六月蜂起は事実の面で二月革命を特徴付けた。あるいはむしろ、母親から息子が産まれ出るように、ごく自然に、それらの思想から六月蜂起は生まれたものだった」(Tocqueville 1851:151=236-237:強調引用者)。

「蜂起というものは普通、勝利したものであった場合も、指導者なしに始まる。しかし常に指導者を得て終結するのだ。[ところが]この蜂起は指導者を見つけ出すことなしに終わりを告げた。それは人民階級(classes populaires)のすべてを包含していたが、その範囲以上に出ることはなかった。議会の山岳派すらも敢えてこの蜂起を支持することはしなかった。幾人かはこの蜂起に公然と反対した。彼らは蜂起とは異なる方法で彼らの目標に到達することに未だ希望をかけていた。彼らは特に、労働者の勝利が時を経ずして、彼らの命取りになるのではないかと恐れていた。人民に武器を取らせることになった貪欲で盲目的な、また粗雑な情熱が彼らを恐怖に陥れたのである。それを非難しそれと戦った者たちにとって恐怖をかきたてるものだったこうした情熱は、人民に全面的に身を投ずることはなかったが同情を抱いていた人々にとっても同様に恐るべきものだったのである」(*ibid.*:158-159=251-252)。

29 この旧体制と革命の歴史的研究に対する関心自体は以前からトクヴィルの中に存在したものである。例えば、J・S・ミルの依頼により執筆された、トクヴィルの2番目の論文でありまたフランス革命に関する初めての論文である「1789年以前および以後におけるフランスの社会的・政治的状態」(Tocqueville 1836)は1836年に完成、英訳のうえ出版されている。しかしこの研究の全体構想が彼の頭の中で明確な形を取ったのは1850年であると思われる。1850年12月15日付ケルゴルレ(Louis de Kergorlay)宛(Tocqueville 1850b)、同年12月26日付のボーモン宛(Tocqueville 1850c)、さらに同年12月30日付ストフェル(Eugène Stoffels)宛(Tocqueville 1850d)の各手紙の中で、旧体制と革命に関する研究の最初の構想を打ち明けている。さらに、

Jardin 1984 に採録されている未公刊の1856年7月10日付モンタランベール伯（Charles-Forbes-René, comte de Montalembert）宛の手紙（Tocqueville 1856b）では次のとおりはっきりと述べている。「私が刊行したばかりの書物とその続編は、15年以上も前から私の頭の中を動き回っていたものです。構想が熟し、1850年に患った大病の中で形が決められました。それ以来、私はこの本のことを絶えず考えてきた、と言い切ることができます」（Jardin 1984: 456=531）。この点に関して、特に構想の全体からすれば未完に終わったこの著作の成り立ちについては、Jardin 1984 第5部第26章：456-479=531-560 参照。

30 なお本書では、この「世俗な人間一般とその相互行為を考察する」という本質に着目し、「社会科学」と「社会学」の二つの用語をほぼ互換的なものとして用いている。ただし、トクヴィルが生きた時代背景とこの本質との密接な関連性を強調する場合には彼自身が用いた前者を、デュルケーム以降の、現代に直接連なるいわゆる（フランス）社会学との連続性を強調する場合には後者を採用した。この用語法の理由は、トクヴィルが言う「社会科学」は、現代フランス語では通常複数形 sciences sociales が用いられる、経済学・法学等を包含する「社会科学」とは異なり、前節で引いた文章にもあるとおり une science sociale と不定冠詞付きの単数形で用いられており、いわば「諸」社会科学の中の一つとしての「『社会』についての一科学」を意味しているため、本書で明らかにしたその本質と今日の学問分類に照らし合わせると、現代語としては「社会学（sociologie）」が対応すると考えられるためである。なお、デュルケームにおけるこれらの用語については註45参照。

31 この点については、拙稿、菊谷1994、1995および1998をご参照いただきたい。

32 トクヴィルの宗教的信念については、その死の直後からさかんに議論されてきた。親しい友人のある者は終生一貫してカトリック信者だったとし、他の者は死に臨んで回心したと考え、また真に親しかった者は沈黙を守った。後年の研究者も同様の諸派に分かれ、激しい論戦を展開した時期もある。しかし、本書ではこのある種不毛な――と言うのも、そもそも他者の一生涯の信仰の状態を決定しようなどということがどだい無理な企てであり、事実過去の論戦はトクヴィルのと言うよりはむしろ論者の信仰の問題であったように思われる――議論に決着をつけるのではなく、彼が死の間際まで悩み続けていたことを確認すれば十分であろう。

なお、トクヴィルの信仰問題については、Jardin 1984 第5部第28章：493-504=576-590参照。筆者としては、この問題についてはジャルダンの次

の言葉に賛成である。「アレクシス・ドゥ・トクヴィルの精神のように、活発で、情熱的で、ひそやかなままで存在している精神を扱う時には、彼の最晩年の思想に関して確たる事を主張する大胆さを今後とも持てないであろう。沈黙に向かわせるような魂の内奥というものが存在するのである」(Jardin 1984:504＝589-590)。

33 この引用文はボーモン版『全集』第5巻の序文の草稿にのみ存在し、最終原稿では削除された部分である。この文章の由来については Jardin 1984:500-501＝585参照。

34 トクヴィル自身に子はない。

35 本節で取り扱われる、第二共和制および第二帝制における諸事実の経過とその歴史的な位置付けについては、Aprile 2000、服部・谷川1993、Jules 1937、喜安1971、松井1997、Miquel 1979、本池1971、中木1975、野村2002、小田中1995、Seignobos 1921a & 1921b、柴田1983、柴田・樺山・福井1996、谷川1997、Vigier 1967の各歴史研究、および Larousse 1994、日立デジタル平凡社1998の当該項目・関連項目を参考にした。

36 この間外務大臣の職にあったトクヴィルは、ルイ・ナポレオン自身を含め政権内部の豊富な人物評を含む、いわば内側からの興味深い記録を Tocqueville 1851に残している。

37 幼少の頃の肖像画まで存在するようなトクヴィル家の一員とは異なり、デュルケームの幼少の頃の具体的な記録、特にエピナルでの記録はほとんど残っていない。文書化された記録のほとんどは高等師範学校 (École Normale Supérieure) 受験・入学のためパリに来て以降のものである。本書で触れられていない彼の生い立ちについては、資料が乏しい中、弟子らの口述まで採録した労作 Lukes 1973 第1部第1章および第2章:39-65参照。

38 もちろん直接二人が会ったはずはなく、彼らの影響関係はその意味では不明確である。しかし、デュルケームがトクヴィルを読んでいたことは確実で、例えば『社会分業論』序論において彼は『アメリカのデモクラシー』をごく簡単にではあるが参照している (Durkheim 1893:6＝上87)。

39 本節で取り扱われる、第三共和制下における諸事実の経過とその歴史的な位置付けについては、服部・谷川 1993、Miquel 1989、本池 1971、中木 1975、Seignobos 1921b、柴田・樺山・福井 1996、谷川1997の各歴史研究、および Larousse 1994、日立デジタル平凡社 1998の当該項目・関連項目を参考にした。

40 この、リアールのそして第三共和制そのものの大きな期待を背負って、デュルケームは、狭義の社会学のみならず、教育学の研究をも精力的に進める。

それは単に理論的なものにとどまらず、教育実践についての具体的な考察をも含むものであった。この教育学上の業績について、本書ではそれとしては検討されないが、ここで、本書の関心に関係する範囲で、はなはだ簡単にではあるが、見ておこう。またこの作業は――歴史の流れとともに進む本書においては例外的な、日付と論理の先取りにならざるをえないが――次節以下本書本文において展開される主たる議論に対する他面からの照射として、その補強ともなるであろう。

　今日残されている教育に直接関連するデュルケムの文献は、彼の死後ポール・フォコンネによって編集・出版された、論文集『教育と社会学』(Durkheim 1922)、講義原稿『道徳教育論』(Durkheim 1925)および講義原稿『フランス教育思想史』(Durkheim 1938)にほぼすべて収録されている。中でも1902年から1903年にかけてソルボンヌ大学で講義された(その後も同大学で何度か講義された)道徳教育に関する原稿は、その名のとおり道徳教育を、理論と実践の両面から、当時のフランス社会を念頭に置きつつ詳しく論じており、第三共和制下におけるデュルケムの教育論の内容がよく把握できるものとなっている。残念ながらこの原稿には、第三共和制下の教育の中でもとりわけ問題となった初等教育の実践に関する講義部分が「出版に適するようには書かれていなかったため」(Durkheim 1925:VI=I・10)収録されていないが、それ以外の点では非常に完成されたものである。そこで以下この原稿に基づいて検討してみよう。

　まず、デュルケムは当時のフランス社会における教育の状況について、次のように認識している。「事実、わが国の伝統的教育体系のこの部分[道徳教育]において……危機は最高の深刻さに達している。動揺がおそらくもっとも重大にしてかつもっとも深刻なのは、そこ[道徳教育の領域]なのである。……[この状況を]出現せしめたものは、わが国の、20年に渡る教育上の大革命である。**我々は、我々の子供たちに、我々の学校で、純粋に世俗的な道徳教育**(une éducation morale qui fût purement laïque)**を施そうと決心した。**この世俗的教育は、**啓示的宗教を支えている諸原理の借用を禁止し、理性のみ委ねられる**観念や感情や実践に基づいているものであり、一言で言って、それは、**純粋に合理主義的な教育**(une éducation purement rationaliste)である。ところで、この重大な刷新は、当然ながら既存の観念や習慣を動揺させ、我々の教育方法の全面的再編成を要求し、ひいては深く考慮すべき新たな諸問題を提起せずにはおかなかった」(*ibid.*:2-3=I・36:強調引用者)。したがって、この問題状況を打開するために、「我々は、ここで人間一般(l'homme en général)のための道徳教育についてではなく、現

代のわが国の人間(les hommes de notre temps et de notre pays)のための道徳教育はいかにあるべきかを探究せねばならない」(*ibid.*:3＝I・37)。

　では、その道徳教育はいかなるものか。「まず初めに言いたいのは、**完全に合理的な道徳教育が可能である**ということが、**科学の根底にある第一原理そのものに内包されている**という事実である。私はこの原理を**合理主義的原理**と呼びたい。すなわちそれは、**人間の理性と根本的に相容れないようなものは、現実の内にはなんら存在しないという原理**である。……人間精神による世界征服が既に始まっていると言えるならば、このような性質は、人間精神が現実を自らに従わせようと最初に企てた時、逸早く現れていたものである。科学の建設が始まった時、科学は自らが可能であるということを、すなわち事物を**科学的な、換言すれば合理的な――この二つの言葉は同義語である**――言葉で表現しうるということを必然的に公準として要請した。……合理主義的原理は……**現実のいかなる部分にも、事実のいかなる範疇にも**、なんとしても科学的思考には還元し難いものが、つまり**本質的に非合理的なものが存在すると見做す権利を否定する**のである」(*ibid.*:3-4＝I・37-38：強調引用者)。

　この主張、すなわち超越性の完全な排除による、そして理性のみに基づいた完全に合理的な道徳教育の主張は、もちろん第三共和制の期待にまったく沿うものであると同時に、それを超えて、デュルケムに課されたあの歴史的課題に完全に対応しているのは明らかであろう。さらに言及すれば、このような意味での合理性を科学性と同一視する点は、次節で我々がすぐに検討する、科学としての社会学の創造の過程における基本原理そのものでもある。

　世俗的な道徳教育について、デュルケムはさらに続ける。「純粋に合理的な教育は、論理的に可能であるばかりでなく、さらにそれは、わが国の歴史的発展すべてによって要求されているものである。……実際にはそれは、いわば歴史の起源そのものにまでさかのぼりうるような、古くからの漸進的発展の帰結に他ならない。教育が世俗化されるには、実に何世紀もかかったのである」(*ibid.*:5＝I・39)。彼によれば、時や場所を問わずあらゆる民族が道徳を持っている。しかし、いわゆる未開人における道徳は、そしてもちろん道徳教育は、本質的に宗教的であり「そのもっとも多くの、もっとも重要な義務は、人間が他の人間に対して持つ義務ではなく、神に対して持つ義務」(*ibid.*)であった。しかし、「少しずつ人間に対する義務が増大し、明確になり、前面に現れるにつれて、反対に、神に対する義務は後退していった。そして、なによりもキリスト教が、この傾向に拍車をかけた

と言えよう。人類の救済(la salut de l'humanité)のために神を死なせしめた意味で、本質的に人間的宗教(religion essentiellement humaine)であったキリスト教は、同胞に対する人間の義務をまっとうすることこそ、神に対する人間の主たる義務である、と宣言したのであった」(*ibid.*: 5-6=I・39)。

　ここに、トクヴィルの理解するキリスト到来の、まさに「人類」史上の意味と同様の理解が見られるのは興味深い。すなわち、人間が相互に同胞となり後に社会というまとまりを作るその発端をキリスト教の誕生に見る点において。デュルケームにおけるこの論理が内包する深い意味は、本書第2章第4節において明らかとなるであろう。

　彼は続ける。「神は今日では、もはや単なる道徳の番人にすぎない。道徳の規律は、**神に対してではなく、人間に対して**設定され、神はこの規律を効果有らしめるためにのみ関与するにすぎない。以降直ちに、我々の義務の内容は、宗教的観念から大幅に独立する。宗教的観念は、我々の義務[の実行]を請け負うが、これを根底から打ち立てるものではない。プロテスタンティズムの確立とともに、固有の意味での礼拝の役割が減少したことだけから、道徳の自律性が増大した。そして、神の持つ道徳的機能だけが、神の唯一の存在理由となり、神の存在を証明する唯一の論拠となった。……こうして、原初において、[神と道徳という]これら二つの体系を結び付け、一体化さえさせてきた絆は、次第に弛緩していった」(*ibid.*: 6=I・40:強調原著者)。かくしてデュルケームは高らかに宣言する。「**今や我々は確実に、この絆を一刀の下に両断する日を、歴史の流れの内に迎えている**」(*ibid.*:強調引用者)。

　この議論についてもその真に意味するところは本書第2章第4節で明らかになる。と同時に、第2章第3節で論じる近代社会において人が自殺する深層の要因として、この「神からの疎遠さ」を指摘していることも興味深い。なんとなれば、やはり(神という)超越性なしでは(意味を持って)生きられないにもかかわらず、もはや神を見失った——まさに共和制的な——現状を歴史的な必然とも捉え、その状況を確かに受け止めつつ、教育という社会の将来をまさに創造する分野において、世俗道徳＝純粋に合理的な道徳によって、すなわち世俗社会の内部で、意味ある人間的な生を構想しようともがいているデュルケームの姿がここにもはっきりと見て取れるからである。

　では、このような時代背景と時代認識を持って構想された「純粋に合理的な道徳教育」とはどのようなものだろうか。それは——この時代以降西洋化

された多くの社会にあまねく普及し我々自身もその直中にいる——国家による公教育の管理のまさに発端として、所詮国家すなわち第三共和制のイデオロギーの合理化された強要にすぎず、その安定的な統合に自発的に貢献する「臣民」の育成政策にすぎないのであろうか。

　この問題に決定的な解答を与えることは難しい。本書で以下明らかにされるデュルケームに課された歴史的課題のジレンマを反映して、彼の態度はアンビバレントだ。

　彼はまず、子どもに教えられる**べき**内容について論じるのではなく、「道徳を一つの事実として観察」(*ibid.*:20=I・57)することから分析を始める。その際——彼の教育論全体に言えることであるが——共和制やその理念について、ましてや第三共和制について直接触れることは皆無である。それどころか、共和(république)という言葉さえ出てこない。彼がフランス社会について直接言及する時、それはあれやこれやの政体から離れ、ある意味ではそうした具体的な「政治」を超越した「祖国(patrie)」としてである。ちなみに、現代日本語では、patriotismeが愛国主義と誤訳されるとおり祖国概念と国家概念は混同されているが、両者は完全に異なる概念である。

　デュルケームは、「客観的な事実としての」道徳の構成要素を三つ挙げる。

　第一要素「規律の精神(l'esprit de discipline)」とは、「個々人に優越する権威に支えられた道徳規範に従うこと」、一般的な表現をすれば「義務(le devoir)」である。それは、言うまでもなく社会の安定的な統合・存続のための個人に対する基本**命令**であると同時に、この命令に服従することこそ個人の自由と幸福を産み出すとされる。なぜなら、この服従によってこそ、自然のままでは身を滅ぼす無制限の欲望を持った個人としての人間に限界という防壁が築かれ、そのおこないが律せられ安定させられるからである(この人間観はよく知られたアノミー論の前提でもある。とりわけ『自殺論』第2編第5章第2節=Durkheim 1897:272–282=300–313参照)。

　第二要素「社会集団への愛着(l'attachement aux groupes sociaux)」は「自らが所属する社会集団の道徳的内容(集合的理想)を自らの行為の目的とすること」である。第一要素が規則であり道徳の形式面であるとすれば、第二要素は道徳の内容であると言えよう。デュルケームに従えば「人間は、個人的目的を超えた目的を追求し、自己および他のすべての個人を超えた存在のしもべとなる時、初めて道徳的行為を成しうるものである」(*ibid.*:52=I・96)のであり、こうして再びこの要素も集団のみならず個人をも利するとされる。一般的な表現では「善(le bien)」である。

　ではどのような道徳的内容、集合的理想が目的となりうるのか。「現状に

おいては、なによりもまず共通の理想に対する信仰（la foi dans un commun idéal）を呼び覚ますことが必要である。この際必要とされる対象として、精神化された祖国主義（patriotisme spiritualisé）がいかにふさわしいものであるかは、我々の既に認めたところである」(*ibid.*: 87=I・139)。そして「我々の知る限り集団の中でもっとも上位に位置し、かつ人類と一体のものではないが、それにもっとも接近している集団であるこの個別具体的な国家に、人間的理想の実現を求める」(*ibid.*: 65=I・112)こと、「自国の内部において人類の普遍的利益を実現すること、つまり、より公正な正義とより高い道徳性の支配の下に、市民各個の功績とその地位との間に常に正しい関係を打ち立て、個人の苦痛を軽減し、あるいはこれを予防するように［国家の］組織を編成すること」(*ibid.*)が提案される。

　もちろん、このような国家に対する安易な信頼こそまさに（本人が目指す祖国主義ではなく）国家主義につながるものだと批判することは容易だろう。より根本的には、これら二つの要素はともに、仮にそれらが個人を利するとしても、やはりあくまで社会統合の基本的な要素であることがその主たる役割であることは否定し難く、その意味において全体主義とは言わないまでも保守主義的であることは疑えないであろう。実際、この講義録の後半は——今日的に見れば露骨にも——「道徳性の諸要素をいかにして子どもの内部に打ち立てるか」と題され、その公教育における具体的な適用法を、換言すれば彼の考える道徳性の内面化法を論じている。

　しかるに、第三共和制との関連という観点から見れば、これら二つの要素は、特に共和制親和的であるというわけではない。むしろ、およそいかなる社会であれ、それが社会と呼べる一つのまとまりを成している限り、こうした要素をそこに見出すことは必然的である。しかも、デュルケームに課せられた歴史的現実に照らし合わせれば、これら二要素は、共和制よりも帝制や王制に明らかに一層適合的である。したがって、デュルケームの教育論が結局のところ第三共和制のイデオロギーにすぎないのかどうか、つまり彼の道徳教育論の射程を評価する鍵は、残された第三の要素がいかなるものでありいかなる位置を与えられているか、そこに存する。

　道徳の第三要素は「意志の自律性（l'autonomie de la volonté）」と呼ばれている。

　「我々が道徳規則に対してとる態度は、能動的と言うよりもむしろはるかに受動的である。我々は、働きかけるよりもむしろ働きかけられるのである。しかし、このような受動性は、日一日と強まりつつある道徳意識の現実の傾向とは矛盾する。実際、**我々の道徳の基本原理の一つ——むしろ唯**

一無二の基本原理とさえ言えるかもしれない——は、人間的人格がこのう えもなく神聖なものだとするものである(la personne humaine est la chose sainte par excellence)。それは、人間的人格は、あらゆる宗教の信者たちが 神に対して捧げるのと同じ尊敬を受ける権利を持つ、とする原理である。人 類(humanité)の理念を持って祖国の目的と見做し、祖国の存在理由と考え る時、我々自身が表現しようとするのは、まさにこの原理に他ならない。 この原理からすれば、我々の良心に抵触するものはいかなるものであれ、 すべて不道徳なものと見做される。なぜなら、それは我々の**人格の自律性** (autonomie personnelle)**に対する侵害**となるからである。今日では、いか なる場合も、たとえ道徳的権威の名においてすら、一定のものの考え方を 強制的に押し付けてはならないということは、少なくとも理屈上は、万人 の認めるところとなっている。我々の理性は自発的に真実として認めたも のしか真実として受け入れてはならないということは、単に論理の規範の みならず、さらに道徳の規範ともなっているのである」(*ibid.*:91=I・144:強 調引用者。なお、ここに垣間見られる人類の理念、そして神聖な事物とし ての人間的人格の概念は、既に指摘したとおり本書第2章第4節で論じら れる重要な論点である)。

　では、この矛盾はいかにして解決されるのか。「自然のプランはまったく あるべきとおりにあると確信する限り、すなわち**事物の本性**(la nature des choses)**に則ったものであることを確信する限り、我々はそれに従うことが できる**。それは単に、我々が物質的条件からそれに従わざるをえなかった り、従わずに他の道をゆくことにはリスクが伴うから、というだけではな い。それどころか我々は、自然のプランは善きものであると信じ、それ以 上に善いことなどまったく成しえない、と判断するのである。……このよ うな服従はもはや受動的な忍従ではなく、それは賢明な同意である。事物 の秩序に従うにしても、事物の秩序とはまったくあるべきとおりにあると いう確信に基づくものならば、それはもはや屈従ではない。それは、事物 の秩序を自由に欲することであり、理由を理解した上で(en connaissance de cause)これを受諾することに他ならない。なぜなら、自由に欲するとは、 不合理なものを欲することではなく、反対に、合理的なものを欲すること、 つまり事物の本性に従って行為しようと欲することだからである。……**事 物を把握し理解することによって、我々は事物から解放されるのであり、 しかも、我々が事物から解放される方法は、それ以外にないのである。科 学こそは、我々の自律性の源泉なのだ**」(*ibid.*:97-98=I・152-153:強調引用 者)。したがって、教育について言えば、「道徳を教えるとは、これを説い

たり教え込んだりすることではなく、道徳を解き明かすことなのである」(*ibid*.: 101=Ⅰ·158)。

「道徳性のこの第三の、そして最後の要素は、世俗道徳に固有の特性を形作る。論理的に言って、この要素は宗教道徳の内には存在しえないものである。事実この第三の要素は、道徳に関する一つの人間科学が存在することを、したがって、**道徳的事実は理性にのみ属する自然現象である**ことを意味するものである。なぜなら、**科学の成立は、自然の内に、すなわち観察可能な実在**(la réalité observable)**の内に生じたものに関してのみ**、可能だからである。**神は世界の外に**(en dehors du monde)**存在するゆえに、それはまた科学の外にあり、科学を超えた存在である**」(*ibid*.: 102=Ⅰ·158-159：強調引用者)。

第三の要素「意志の自律性」はこのように論じられている。我々の言葉に換言すれば、それは「合理的に諸事物の、そしてその諸事物からなる世界という一つのまとまりの成り立ちとその存在理由を理解し、それを自ら受け入れるという意味での自律性」と言いえよう。それがここでの自由の意味であり、この自由·解放を可能にするものこそ、実証科学である。この科学こそが、「事物の本性」を、すなわち実証的な真理を、要するに「事実としての真理」を見つけ出し解き明かしてくれる。事物の本性なるもの、つまり他ではありえないという意味において真理が、「観察可能な実在の内に生じたもの」すなわち「事実」である以上、我々にはそれに従う以外に道はない。そこから解放されようとすれば、それを我が物とする以外にない。私が私にとって唯一の存在である限り──比喩でなければ──私は私に強制されない。強制は私の外からやって来る。その外を取り込んでしまえばなにものも私を強制できない。世界の必然性（本性）は私の必然性（本性）となる。この必然性に従う限り、私は私のみに従っており、つまり私は私以外のなにものからも解放され自由である。デュルケームはこの状態を意志の自律性と呼んでいるのだ。

この自律性はまた、自らの存在理由の模索とその理解·納得のことでもある。なぜなら、理解の対象である世界に同意しそれを受け入れるのは他ならぬ私であり、この同意はその世界の内に私がいることの必然性の納得、自らの存在の理由（合理性）·意味の了解を前提としているのだから、と言うよりもむしろ実際の行為の水準では両者は同じことなのだから。したがって、この意味でこの自律性は、生の意味の模索および了解と同義である。

この第三要素が宗教道徳には存在しえず世俗道徳で初めて現れるとされるのは、極めて興味深くまた我々の観点からは極めてよく理解できる。後

に論じるとおり、論理的にも歴史上も、このような自律性・このような生の意味が問題となりそれらが模索されざるをえないのは、根源的に言って、まさしく生を世俗化したから、経験対象から超越性をあらかじめ完全に排除したからに他ならないのだから。この点の詳細は本書第2章第3節および結論に譲ろう。しかし、これまで我々が見てきた範囲でも、超越性と世俗性の間に闇を見、神をいわば見失ったトクヴィルが(ついに解決できなかった)生の意味の問いに苦悩したこと、そしてその苦悩の中で信仰と**精神の自由な歩みへの意志**の両立に問題を感じていたことを思い起こせば、この因果は既に垣間見られよう(なお、本書ではその主旨に基づきトクヴィルと自由については主題として論じられない。しかしトクヴィルが激動するフランス政界の直中で一貫して自由を愛し模索したことはよく知られた事実であり、しかも彼は自由を道徳的同質性に立脚するものとして考えていた。この興味深い論点については拙稿、菊谷1997をご参照いただきたい)。

さて、この意志の自律性は、第三共和制のイデオロギーであると言いうるのだろうか。もちろん、それが実証科学と自由を主張する点では、他の二要素に比べるとより共和制に適合的であると言えよう。とりわけ、世俗道徳において初めて現れる問題を道徳の主要な要素として挙げている点は、はっきりと宗教道徳すなわちカトリシズムと一線を画している証左である。

しかし、確かに第三共和制適合的だとしても、排他的にそうだとは言えない。なんとなれば、こうした特徴はおよそ共和制と呼ばれる政体すべてにあてはまるからである。自由・平等・友愛を理念とするフランス革命直後の第一共和制はもちろん、その再来としての二月革命後成立した第二共和制然り、そして今問題となっている第三共和制、さらにはその後第二次大戦後の第四共和制、そして現在の第五共和制に至るまで、世俗化された社会体制としての共和制なるものはすべて、このような特徴を持たざるをえない。共和制下で人は観察可能な世俗世界の内側にのみ世界を見、その中で自由を獲得しようとするが、同時にこの条件の下ではその自由は自律であらざるをえないのだ。完全な世俗化を目指す社会において人はいわば神に見捨てられているのだから。頼れるものは人間以外に何もないのだから。我々の生に意味を与えてくれていた超越的な外部はもう見えないのだから。

こうして、デュルケームの教育論についての先の疑問に対する解答は、以上の意味において第三共和制に適合していると同時にそれを超えている、ということになろう。

41 『社会学的方法の規準』の中では軽く触れる程度にしか説明されておらず、やや唐突なネーミングの感がある――すなおに実証主義者と自称しても良

かっただろうに。たとえコントやスペンサーと混同されないようにという配慮からだとしても——この「合理主義者」の内実については、——教育に関する先の註に引用した文章に加えて——『社会主義論』における記述が参考になろう。彼はサン゠シモン (Claude Henri de Rouvroy, comte de Saint-Simon) の思想史上における位置を確認し高く評価する中で次のように語っている。「19世紀の哲学史におけるもっとも重要な出来事は、実証哲学の樹立であった。諸科学がますます専門化し、それらがますます実証的性格を帯びてゆくのを目の当たりにすると、知識の統一性という人類古来の熱望は、今後はもう幻想として諦めなければならぬ当てなき見込みと見做されねばならないのではないか、と思われるかもしれない。その結果、諸々の科学はますます断片的なものになってゆき、それらの統一性もまた然りであると懸念されるかもしれぬ。実証哲学はこのような傾向に対する反作用であり、この諦めに対する抗議であった。実証哲学はこう断言する——人間精神の永遠の渇望はその正当性をいささかも失っておらず、特殊諸科学の進歩はこの渇望の否定ではない。そうではなく、この渇望を満足させるためには新しい手段が採用されなければならないのである、と。哲学は、諸科学を追い抜こうと試みる代わりに、諸科学を組織することを課題としなければならず、また哲学は諸科学をそれらに固有の方法に従って、哲学自らを実証的にすることによって、組織しなければならない。こうして、思考にまったく新しい道が切り開かれた。デカルト主義を除いて、フランス哲学の全歴史上これ以上に重要なものは他にないと言うことができるのも、このためである。その上、これら二つの哲学は、多くの点で互いに正当に結び合わされることができる。それと言うのも、両者はいずれも同じ合理主義的信念によって鼓舞されているからである」(Durkheim 1928 : 131–132＝128)。

このような実証哲学の位置付けは、前節で見たデュルケームの歴史的課題、すなわちばらばらになりつつあるように見える世界を統一的に実証的に (＝世俗世界内で確認できるように) 把握する枠組を構築するという課題と一致していることも明白であろう。事実、彼はこう続ける。「だが、これがすべてではない。実証哲学がそれとともにもたらした大革新の一つは実証社会学であり、言われるごとくそれは自然諸科学の圏域へのこの社会科学の統合である」(*ibid.* : 132＝128)。

なお、『社会学的方法の規準』におけるこの「合理主義者」の説明は以下のとおり。「実際、我々の主要な目的は、科学的合理主義を人間行為にまで拡大すること、過去にさかのぼって考察し、人間行為も、同じく合理的な操

作によっていずれ未来への行為の規則へと変形されうるような因果関係に還元しうることを示すことなのだ。人が我々に対してそう呼ぶところの実証主義(positivisme)は、この合理主義の一帰結に他ならない」(Durkheim 1895:IX=19)。この意味も、特に合理主義の一帰結としての実証主義のくだりも、『社会主義論』からの上述の引用と照らし合わせるとより明確に理解できよう。

42 ここで、デュルケームの博士論文であると同時に最初の著作であり、また生前出版されたわずか四つの主要著書の一つである『社会分業論』(他の三つは『社会学的方法の規準』『自殺論』『宗教生活の原初形態』)の検討から始めないことは、少々奇妙に感じられるかもしれない。確かにこの著作は、第1版序文冒頭に明確に示されているとおり、「実証科学の方法に従って、道徳生活の諸事実を取り扱う一つの努力」(Durkheim 1893:XXXVII=上71)であり、彼の考える実証主義的科学としての社会学の初めての実例を、社会分業という事実を題材として、提示しようとしたものである。「社会分業」ないし「社会連帯」というテーマ自体は我々の問題とあまり関連を持たないとしても、「実証主義的科学としての社会学」という点は、我々の関心を引かないわけではない。しかしながら、この点では、わずかに序文において一種の態度表明として書かれている『社会分業論』よりも、この問題そのものを主題として持つ『社会学的方法の規準』の方が、議論は明らかに言を尽くして展開されており、本文中での主たる検討対象としてはこの著作が適切であると判断したものである。

にもかかわらず、出版年は前後するものの『社会学的方法の規準』(1895)の最初の応用編と言える『社会分業論』(1893)には、初めてであるがゆえに未熟ではあるが後に展開されるデュルケームの議論の多くを萌芽的に含んでおり、その中には我々の問題関心に沿うものもある。したがって、本書ではそのような議論が本文中に現れた際、必要に応じ、註で遡及的に『社会分業論』を参照する形を採用しようと思う。

43 この態度自身は、『社会学的方法の規準』におけるほど深められた形で論じられているわけではないが、1887年ボルドー大学における社会科学講義開講の辞の中で既に示されている。例えば「[人間の自由意思と自然の法則性との矛盾の問題に関して]そうした問題が論じられるのは形而上学においてであり、実証科学はそれに無関心でありうるし、またそうでなければならない」(Durkheim 1887:83=66-67)。「形而上学と科学は互いにまったく無関係な二つの関心を有しているのである」(*ibid*.:83=67)。

44 この点に関するコントおよびスペンサーの社会学に対する言及は

Durkheim 1887にある。しかし、『社会学的方法の規準』におけるものよりも、分量こそ多いものの、そこでより深い分析がなされているというわけではない。

45 ここで、デュルケームにおける社会学（sociologie）および社会科学（science sociale）の用語について補足しておこう。

　社会科学あるいは社会学に関するデュルケームの諸論文を編んだ際、その解説の中でジャン＝クロード・フィユーが指摘したとおり（Durkheim 1970：73-75＝60-61）、デュルケームは当初、どちらかといえば社会学よりも社会科学の語の方を多く使っているように思われる。それは社会学というコント由来の語が当時の大学アカデミズムの世界において否定的・懐疑的に受け取られていたという事情があろうし、またルイ・リアールの後押しによって実現したボルドー大学の担当講座の一つの名称が社会科学講座（cours de science sociale）であったことにもよるであろう。しかし二つの語の間に内容上の差異は認められない。

　その後、研究の展開とともに社会学の語が多く用いられるようになり、社会科学の語は複数形、諸社会科学（sciences sociales）として、彼の言うところの社会形態学（morphologie sociale）や社会生理学（physiologie sociale）など個々の社会科学を包含する全体というニュアンスを持つようになる。しかしその場合でも、社会学は、諸社会科学の一つと位置付けられるのではなく、むしろ諸社会科学を一つのまとまりとして思い浮かべる時には社会学の語が用いられ、それが複数の専門的な部門からなることを強調したい時に諸社会科学の語が用いられる。したがって、その指示するものは両語とも同じものであることに変わりはない。

　この関係は、論文「社会学と社会諸科学（Sociologie et sciences sociales）」に比較的明確に表されている。例えば「社会学はある意味で一つの科学であるからといって、複数の問題領域をその中に含むことを、そしてその結果複数の諸個別科学（sciences particulières）をその中に含むことを、放棄するわけではない。よって、社会学がその**総体**（*corpus*）を成しているこれらの諸科学とはどのようなものであるかを見てみよう」（Durkheim 1909a：146＝116：強調原著者）。「実際、社会的事実に異なる様々な種類があるのと同じ数だけの社会学の部門、諸個別社会科学（sciences sociales particulières）が存在する」（*ibid.*：147＝117）。

　さらに細かく指摘すれば、ラテン語で書かれた論文「モンテスキューの社会科学成立に対する貢献」（Durkheim 1892a：学位論文でもある『社会分業論』の副論文である）を仏訳したアルマン・キュヴィリエは、*scientia politica*を

science socialeと現代風に訳したことを断る註の中で、「science socialeとは明白に sociologie を意味している」(Durkheim 1953:25-26=279) とはっきり述べている。

またそもそも、我々の観点からは、すなわちトクヴィルとその時代によって産み出された「世俗な人間たちの織り成す可感的な諸物の世界としての社会をそれ自身一つの全体として対象とする一科学」という意味においては、どちらもまったく同じである。

したがって、用語法に関するカズイスティックな議論には本書ではこれ以上踏み込まず、既にトクヴィルのところでも述べたとおりに、両語を互換的に用いるものとする。

46 本書の視点を明確にするため、ここで補足を加えたい。デュルケームはこの引用文に端的に現れているとおり、人々が生の意味喪失状態に置かれると、それ自身は何の意味もない些細なきっかけで、ある種自然な経過として死に導かれるかのように述べている。しかし、自殺が**決断を伴う一つの意志的行為**である以上、そのように自動的に死に移行するかのように見做し、行為の直接的原因を「口実」として軽視する立場には賛成し難い。それは自殺の社会的要因と少なくとも同程度には考慮すべき要因であろう。しかし、このような異存にもかかわらず本書で彼のこの議論を扱うのは、我々の観点からは、生の意味喪失が実際に身体的生命の自発的放棄をもたらすかどうかは本質的ではなく、むしろ自殺は、超越的なものへの全面的帰依と同じ、「俗世からの離脱」のありうる一つの形として問題となることを意味している。

47 corporation、groupement professionnel、corps de métiers などと表現される職業集団ないし同業組合に関する議論は、『自殺論』に先立って、『社会分業論』第1版(1893)第1編第6章第2節(Durkheim 1893:157-167=上298-312)および同第7章第2節末尾(ibid.:197=上354)に初めて現れる。その後『社会主義論』(ボルドー大学における1895-96年の講義原稿)第10章(Durkheim 1928:219-230=225-238)で触れられ、ついで本文中に引用した『自殺論』第3編第3章(Durkheim 1897:413-451=459-504)で展開された。さらに、『社会学講義』第1講〜第3講「職業道徳」(Durkheim 1950:41-78=35-75)、第4講〜第9講「市民道徳」(ibid.:79-141=76-147)および第18講「契約道徳」(ibid.:232-244=252-266)でも取り上げられ、最終的に『社会分業論』第2版序文(1902)(Durkheim 1893:I-XXXVI=上23-70)において、もっともまとまった形で論じられたものである。

それはもちろん、その名のとおり、職種を同じくする者たちが必然的に

共通する経済的利益を協力して追求する集団である。同時に、そのことによって、近代の分業と産業化の進展に伴う無規制状態（アノミー）を、経済の実際に精通している彼ら自身によって調整させるための社会内の一要素として考えられており、さらには教育事業や芸術鑑賞にまで及ぶ多様な役割を期待されている。またそれは、フランス革命時チュルゴーの改革によって封建的として廃止された中間集団の新生と位置付けられており、国家と個人の間の中間集団として考えられ、自治体や国家の統治者を選ぶ際の有権者集団ないし選挙母体としても構想されている（その見事な分析が、宮島1977 第4章第2節「民主主義と中間集団―職業集団の問題―」：166-192にある。また拙稿、菊谷1995もご参照いただけると幸いである）。

しかし、驚いたことに、これら経済・政治的機能はデュルケームの同業組合の主要な機能ではないのだ。「問題の主調となるものは、我々の経済の状態ではなく、はるかに多く、我々の道徳性の状態である」(Durkheim 1928：230＝238)。「我々が同業組合を [近代社会において] 不可欠なものと判断するのは、それがもたらしうる**経済的効果によってではなく、それが持ちうる道徳的影響によって**である。我々が職業集団の中に見出すものは、なによりもまず、個人の利己主義を抑止し、共同の連帯に対する非常に生き生きとした感情を労働者の心の内に保ち、弱肉強食の法則が商工業的関係に今日のように容赦なく適用されるのを防止することのできる、**道徳力**(pouvoir moral)である」(Durkheim 1893：XI-XII＝上37：強調引用者)。

こうして彼は、古代ローマにおける同業組合の例を挙げ、次のようにさえ主張するのである。「もちろん、[同業者の] 結合(association)は、共通の利益を必要に応じて守るための一層大きな力を同業組合に与えた。だがこれは、この制度が生んだ有用な反動の一つにすぎなかった。これは、この制度の存在理由、主要な機能ではなかったのである。なによりもまず、**同業組合は、宗教団体**(collège religieux)であった。**各同業組合は、その特有の神を持ち**、その神に対する礼拝が……特別な神殿でおこなわれていたのである」(ibid.：XII＝上38：強調引用者)。

したがって、その期待される経済的、政治的、その他の役割がいかに多様でまた重要なものであろうと、それは、本文中で見たとおり、近代社会において宗教や家族などに取って代わりうる唯一可能な社会統合の方法、そして「生き延びるための社会集団」として考えられていることは同じであり、また我々の観点からすれば、それが同業組合論の本質である。

なお、既に述べたとおり、本書内では教育学者としてのデュルケームの業績については、それとして検討されないが、同業組合と同じく、近代社

会において可能な中間集団として学校を捉えた興味深い考察が、原田1991にある。

48 したがって『自殺論』で問われていることは、「なぜ人は自殺するのか」ではない。それは「人は世俗な世界にどのようにすれば踏みとどまることができるのか」、端的に言えば「なぜ人は自殺しないのか」なのである。

49 本節におけるドレフュス事件の事実経過と歴史的な位置付けについては、Barres 1925、Birnbaum 1994a & 1994b、Blum 1935、Comité du Centenaire du l'Affaire Dreyfus 1994、Dreyfus A. 1901、Dreyfus M. 1978、Drouin 1994、服部・谷川 1993、平野 1997、稲葉 1996、菅野 2002、川上 1996、Miquel 1964、中木 1975、柴田・樺山・福井 1996、Sorel 1909の各著作、およびLarousse 1994、日立デジタル平凡社1998の当該項目・関連項目を参考にした。また、事件の説明の全体構成は、質の高い映像資料 FilmRoos 1997を参考にした。

50 彼は、1848年二月革命後の5月陸軍大臣に就任し、六月事件の際、全権行政長官・総司令官として、徹底弾圧をおこなったルイ・ウージェーヌ・カヴェニャックの子である。

51 本書のキーワードの一つでもあるこのimpersonnelの語は、しかし、非常に日本語に訳しづらい語の一つである。この語は、語形から考えればpersonne（人格）の形容詞形 personnel（人格的な）に否定接頭辞を付けた語である以上、「非人格的な」と訳されうる。しかしこの「非人格的な」という日本語は、ともすれば「非人間的な」という語に近い、道徳的非難のニュアンスを強く伴う。しかるに、impersonnelには必ずしもそのようなニュアンスは含まれない。むしろ、「特定の具体的な誰々」を指示しないという意味を汲み取り「非人称的な」と訳した方が日本語として通りが良くなる場合も多い。実際、仏文法用語で非人称を指す語はこの語である（非人称代名詞 pronom impersonnel、非人称構文 construction impersonnelle など）。けれども、語の形式である文法上はともかく、実際の語の使用の場面においては、すなわち意味を含むやりとりにおいては、たとえ「非人称的な」という意味が表面に出ている場合でさえも、あくまでその場合の人称とは personne すなわち人格であり、そこには「非人格的な」の意味が含まれることもまた確かである。そしてまた、この語を「非人称的」と訳した場合、後者の意味が希薄になる、と言うよりもそのような重要な意味が失われることもまた確かである。以上の考察を踏まえ、まさに人格（personne）が問題になっているという本書の主旨に鑑み、その連関を失わないために、このimpersonnelという語を——場合によっては直訳調で熟れない訳文になってしまうが——敢えて「非人格的」と訳すこととした。

52 この論文以降、同様の記述が時折見られるようになる。例えば1902年ソルボンヌ大学における開講講演「教育と社会学」では以下のとおり。「ヨーロッパの諸民族は、いずれも広大な領土を覆っているために、またあまりにも多様な人種を包含しているために、そしてまたそこでの労働は無限に分割されているために、これを構成する諸個人は相互に極めて異質であり、彼らの間には、人間一般としての資質(qualité d'homme en général)を除いては、共通性はもはやほとんどまったく存在していない。それゆえ、彼らが**あらゆる社会的一致**(*consensus* social)**にとって不可欠な同質性**を保持しうるとすれば、それはわずかに彼らが皆互いに似ているという一面によってのみ、つまり**誰もが人間的存在**(êtres humains)**である限りにおいてのみ**である。換言すれば、これほどまでに分化した社会においては、人間という種属類型(type générique de l'homme)を措いて、他に集合的類型はほとんど存在しえないのである」(Durkheim 1922:99-100=124:強調引用者。ただし「一致(*consensus*)」のみ強調原著者)。

ただし、他のどこにおいても、「個人主義と知識人」論文におけるほど、明確・詳細に、そして情熱的に語られてはいない。

53 近代社会における人格崇拝ないし個人主義に関する記述は、デュルケームにおいてここで初めて現れたわけではない。それは既に『社会分業論』に見られる。しかし、そこでの評価は、ドレフュス事件中および事件以後とは正反対であり、まったく否定的である。すなわち、「あらゆる他の信念や慣行が宗教的特性を帯びることが少なくなるに従って、個人が一種の宗教の対象となってゆく。我々は人格の尊厳に対する崇拝を持っているが……これは共通な信仰とも言えるものである。だが、この信仰は、第一に他のあらゆる信仰が廃れ亡んで初めて可能である。したがってこの信仰は、多くの消滅し去った信仰と同じ効果を産み出すことはできない。これらの消滅した信仰を埋め合わせるものは存在していないのである。その上、この信仰は、それが共同体によって分有されている限りでは共通なものであるとしても、その対象から見るならば、個人的である。たとえその信仰がすべての意志を同一の目的に向かわせるとしても、この目的は社会的なものではない。それゆえに、この信仰は集合意識の中では例外的な地位を占めているのである。それが持つあらゆる力の源泉は社会である。だが、それは我々を社会に結び付けるものではなく、我々を我々自身に結び付けるものである。したがって、この信仰は真の社会的なつながり(lien social)を構成するものではない」(Durkheim 1893:147=上284-285)。

人格崇拝ないし個人主義に対するこのような評価は、ドレフュス事件に

おいては、むしろまったく反ドレフュス派のもの、わけても彼らがドレフュス派の論客たちを「身勝手な個人主義的知識人」として非難する際のものであることを考えると、デュルケームの社会認識のターニングポイントとしてのドレフュス事件体験の大きな影響が、一層はっきりと理解されよう。

54 この一文の出典は、古代ローマの風刺詩人ユウェナーリス（Decimus Junius Juvenalis：60?-140?）の『サトゥラエ（風刺詩）』第8番83-84である。よく知られた言い回しであるためか、トクヴィルも私的な手紙の中で引用している（Tocqueville 1858a：224）。原文およびトクヴィル全集編者による仏訳は以下のとおり。

 [羅] *Summum crede nefas animam praeferre pudori*
   Et propter vitam vivendi perdere causas
 [仏] Regarde comme infamie suprême de préférer l'existence à l'honneur
   et de perdre, pour sauver ta vie, ce qui est la raison de vivre

邦訳すれば
 汝、名誉よりも生存を優先させることを
 生きるためにその生の理由を失うことを
 最高の罪とせよ
となる。

なお、仏訳では *nefas* が infamie と訳されているが、*nefas* の第一義は ce qui est contraire à la volonté divine, aux lois religieuses, aux lois de la nature ; ce qui est impie, sacrilège, injuste, criminel（神意、宗教法、自然の法に反すること。不敬、冒瀆、不正、罪）であり、かつ第二義以降にも infamie すなわち不名誉、恥といった意味は含まれていない（*Dictionnaire latin-français*, Hachette, 1934）。他方 infamie には（神意などに反する）罪という意味もニュアンスもない。infamie に語源的に対応する羅語は *infamia* であり、この語は通常 mauvaise renommée, déshonneur, honte などと、すなわち悪評、不名誉、恥などと訳される（*Dictionnaire de l'Académie Française*（9ème édition), Fayard, 2000; *Grand Larousse de la langue française*, Larousse, 1971）。そこで、邦訳では原文を尊重し、仏訳にかかわらず、*nefas* を罪と訳した。

55 デュルケームのこの個人一般・人間的人格一般なる概念の性質について補足しておきたい。この概念は、「かつて世界を把握していた超越性に取って代わりあらゆる超越性なしで世俗な世界たる社会を全面的かつ安定的に捉える」という歴史的課題が現実に展開された姿であるところの、あるアプローチ、すなわち「あくまで世俗世界内にとどまりつつ、その意味で個別性のみに立脚しながら普遍性にアプローチする」という一種悲痛な努力の到達

点、と言うよりもむしろそのような**努力そのもの**と言いうるのではなかろうか。つまり、この概念は、通常の概念すなわちその意味する事物の輪郭が多少なりとも明確な、固定化ないし結晶化された静的な概念ではなく、むしろこのようなアプローチという**運動そのもの**、ある方向への**変化そのもの**を断面として一時的に言葉にとどめた、いわば動的な概念だということである。したがってその内容を静的な概念で説明すること、つまり他の言葉で置き換えることは原理的に不可能であり（無理にそれをすると、実のない空虚な、いわば擬似概念が現れる。例えば「人間とは人間性を持つものだ」というような。デュルケームにおけるこの問題については次節以降追究しよう）、その理解は、まさに我々が今しているとおり、思想の展開を追跡するという一つの**過程**自体の理解となろう。

そしてこの点において、特にそのアプローチの範囲と方向性において、デュルケームの個人一般・人間的人格一般という概念は、「神は死んだ」と宣言した同時代人フリードリッヒ・ニーチェ（Friedrich Wilhelm Nietzsche：1844－1900）が達した「超人」の概念と、相通ずるものがあるように思われる。フランスの歴史とフランス社会思想の流れを対象範囲としている本書においては、残念ながらこの点について詳論することはできないものの、19世紀末ヨーロッパ思想に共通の認識的基盤の一つは、この「世俗内にとどまりながらの超越への接近」だったのではないかと強く感じられるのである。

56 『社会学講義』の国家について論じている箇所で、国家の本質的機能を語る際、あたかもドレフュス事件を念頭においているかのような議論を展開している。「個人主義と知識人」論文と『社会学講義』の同箇所との関連はほとんど指摘されていないが、後者が主に講義されたのは、まさにドレフュス事件が進展中の1896－1899年であると推定されることから考えると（註9参照）、両者の関連は、本書本文中の議論と直接の言及はないにせよ、強く想定されうる。そこで以下に、国家そのものについては本書の主たる関心事ではないので、いわゆる「論」としての検討、特に他の論者との比較などはここではおこなわれないが、「個人主義と知識人」論文を元にした本書本文の主張の補強として、『社会学講義』の該当箇所を見てみよう。

デュルケームは「市民道徳」と題された『社会学講義』第4講から第9講の内、特に初めの3講において、彼の独自の国家論を展開している。

政治社会（société politique）というものを「同じ一つの権威に服する相当数の二次的社会集団の結合によって構成され、他の正規に構成されたいかなる上位の権威にも服さない一社会」（Durkheim 1950：81－82=79）とまずもって定義し、「政治社会とは一個の権威の存在を前提としており、この権威は

社会が複数の要素的社会を内包する時にのみ現れるから、政治社会は必然的に多細胞的(polycellulaires)、ないしは多環節的(polysegmentaires)である」(*ibid*.:83＝81)とする。要するに内部に家族や職業集団といった中間集団を持ちつつ一つの権威に支えられた全体社会と考えるデュルケームは、「この権威を代表する(représenter)ことを任務とする特殊な公務員集団」(*ibid*.:84＝82)を、国家(État)と定義する。

続いて彼はこのような国家の本質と機能を問う。そして国家を「集合体の所産ではなくとも集合体にかかわる表象(représentations)や意思がその内で形成される、**一種独特の**公務員集団」(*ibid*.:86＝84:強調原著者)であり、「社会に代わって思考し、決定を下す」(*ibid*.)「下位諸集団そのものを組織する中枢」(*ibid*.)、「自らは行動せず、他者に行動させるべく命令を与える」(*ibid*.:87＝85)「社会的な思考の機関そのもの」(*ibid*.)と規定し、その本質的機能を思惟することであると規定する。ちなみに、この不可思議な国家概念こそ、かつてルイス・コーザーが、適切にも「奇妙に抽象的で主知主義的な国家観」(Coser 1960:221)と呼んだものである。

その上で、このような国家の思惟が向けられる対象、国家の追求する目的は何かと問う。彼によれば、この問いに対するこれまでの解答は次の正反対の方向性を持つ二つの解答に集約できる。

第一のものは、いわゆる個人主義的解答であり、一方でスペンサーや経済学者たちによって、他方でカント、ルソーおよび唯心論派によって主張されてきたものである。それは「社会に実在として存在するものが個人に他ならない以上、このことだけからしても個人が社会の目標で」(Durkheim 1950:88＝86)あり、「社会は、それが個人の総計(agrégat)にすぎない以上、個人の発展以外の目的など持ちえない」(*ibid*.)と考え、社会関係を取り結ぶ中で生じうる悪すなわち個人の権利ないし利益の侵害を予防するために「個人的諸権利の確保のために監視の目を光らせるという特別の任務に携わる一つの機関」(*ibid*.)として国家を考えるものである。この国家観によれば、国家の機能はまったく消極的なものであり、国家自体いずれは消滅する運命にある一種の必要悪として考えられる。しかしデュルケームは、この解答は、歴史の進展に随伴する国家の機能と重要性の増大という事実に反しているとして退ける。

第二の解答は、彼が「神秘的解答(solution mystique)」(*ibid*.:90＝88)と呼ぶところのもの、ヘーゲルの社会理論を引き合いに出して言う、「それぞれの社会は個人の目的に優先し、またそれとは関係のない一個の目的を持っており、**国家の役割とはこのまさしく社会的な目的の実現に努力することに**

ある」(*ibid.*：強調引用者)とするものである。この国家観では、「**個人は道具(instrument)であって、この道具の役割は、個人が作り上げたものでもなければ、個人にかかわるわけでもない、社会の構想を実現することにあるとされる**」(*ibid.*：強調引用者)。この国家観は「思弁的かつ歴史的な関心を呼ぶだけでなく、**現に……一種の再生を遂げようとし始めているだけに、一層留意しておく必要がある。……人々は我が父祖たちを満足させてきた個人の崇拝を放棄して、都市国家の崇拝を新しい形で再建**しようと努めている」(*ibid.*：90=89：強調引用者)。

　確かに古代社会においては、公的宗教と市民道徳は一体を成し、政治と宗教は一体を成していた。そしてそのような社会にあっては、「個人の人格やそれにかかわるすべてのものが、わずかな道徳的価値しか持っていなかった」(*ibid.*：91-92=91)。「その人格に属する観念・信仰・渇望は、どのようなものであれ、無視しうるほど取るに足らぬものと考えられていた。万人の目に価値あるものと映っていたのは、集合的な信仰や集合的な渇望、共同の伝統、そしてそれらを表現する象徴であった。このような状況の下では、個人が、自分に直接にはかかわりのない諸目的を実現するための道具として服従することに同意したのも、自発的な行為であり、抵抗を感じない行為であった」(*ibid.*：92=91)。一言で言って「個人は社会に吸収され尽くしていた」(*ibid.*)のである。

　ところが、歴史を下るにつれて、「初めは社会全体の内に埋没していた個人的人格が、そこから解放されるようになる」(*ibid.*)。個人は「**道徳的尊敬の最高の対象**」(*ibid.*：強調引用者)となり、「自分自身と自分に属する諸事物とを自由に処分できる権利を、また世界についてもっともふさわしいと考える表象をつくり、自分の本性を自由に発展させる権利をますます拡大する。個人の活動を縛り、個人を傷つける戦争は、このうえもない悪となる。戦争は、個人に無益な苦痛を与える以上、次第に最大の道徳的過誤の形態と考えられるようになる。このような状況においては、かつてと同じ従属を個人に要求することは、自己矛盾をきたすことになる。**個人を一個の神、それも至高の神**としておきながら、それと同時に個人を神の手の内にある一個の道具と見做すことは不可能である。**個人を最高の目的としておきながら、手段たる役割へ貶めることはできない**。もし個人が道徳的実在であるならば、個人こそが、公的な行為においても私的な行為においても、その極みたる役割を果たさなければならない。個人の本性を発現させることをこそ、国家は目指さねばならない。このような**個人崇拝**(culte de l'individu)は、我々が克服せねばならぬ迷信であると言われるかもしれない。しかし

そう考えることは、歴史の教えるところにことごとく逆らうことである。なぜなら、個人の尊厳は時とともにますます高まるばかりだからである。これほど揺るぎない法則はない。だからまた、社会制度をこれと反する原理に基づいて完成しようとする試みは、すべて実現不可能であって、束の間の成功しかおぼつかないのである」(*ibid.*:92=91-92:強調引用者)。

　しかし、歴史上、一方で国家が歴史とともにますます発展し、他方で国家に相対するものと見做されてきた個人の諸権利が同様にますます発展しているとはどういうことなのか。この矛盾にデュルケームはこう答える。「個人はある意味で国家の所産そのものなのであり、国家の活動とは本質的に個人を解放することである」(*ibid.*:93=93)と。

　彼によれば、個人の権利は個人に内在的なものではない。「歴史が証明しているとおり、国家が創られたのは、個人の自然権行使の際に邪魔をされないようにするためではないし、また国家の役割がもっぱらそこにあるわけでもない」(*ibid.*:95-96=95)。「逆に、国家こそがこうした権利を創出し、組織し、実現する」(*ibid.*:96=95)のだ。と言うのも、小規模で内的に同質的な古代社会から、近代社会のような大規模な社会へと人間社会が発展するにつれて、全体社会の内部に地域社会や家族、教会や職業集団といった二次的集団がその内部に必然的に形成されるが、こうした集団はあまりにも小さく凝集した、各成員に身近すぎるものであり、その成員たる諸個人をその内部に吸収し尽くすため、それらだけでは個人は集団の規範に完全に従属せざるをえない不自由な存在となる。それゆえ「こうした局地的権力や家族の権力、一言で言って二次的権力すべての上位に位置し、そのすべてに法を課すような一つの普遍的な権力(un pouvoir général)が存在しなければならない。……[二次的]集団の分立主義やそれが個人にもたらす諸帰結をあらかじめ避けるための唯一の手段は、このような個別の集合体(collectivités particulières)に対して、集合体全体(collectivité totale)を、その権利、その利益を代表する任にあたる特別の機関が存在していることにある」(*ibid.*:98=98)。そして、「この権利、この利益は個人のそれと渾然一体となっている」(*ibid.*)がゆえに、「国家の本質的機能は、個人的人格の解放にある」(*ibid.*)と言いうるのである。

　もちろん、このままでは今度は国家が個人を吸収し尽くすのではないかとの疑問が提出されよう。しかし、上述の論理は逆方向にも当然作用する。すなわち「国家という集合力が個人を解放する存在たりうるためには、それ自らが拮抗力を必要とする」(*ibid.*:98=99)。「国家は他の集合力によって、つまり……二次的集団によって制約を受けねばならない」(*ibid.*:98-99=

99)。こうした「社会的諸力の葛藤の中からこそ、個人の自由は生まれるのである」(*ibid.*: 99=99)。しかしそれにしても「国家によってのみ個人主義が可能となる」(*ibid.*)のである。

　かくして、「我々の道徳的個性(individualité morale)を解放するのは、国家である。またこの漸進的解放は、個人を吸収してしまおうとする有害な諸力を、彼から遠ざけることにのみあるのではなく、彼が活動する環境を整え、そこで彼が自由に発展しうるようにすることにもある。国家の役割には、なんら否定的なものがない。国家は、社会状態の可能とする限りもっとも完全な個性化(individualisation)を保証しようとする。個人にとって暴君であるどころか、まさしく国家こそが社会から個人を救い出すのである。ところでこうした目的は、本質的に建設的なものであると同時に、**個人意識に対してなんら超越的な(transcendant)ものではない。と言うのも、それが本質的に人間的な目的(fin essentiellement humaine)だからである。**我々は、国家の望みを誤解することは決してない。なぜならそれが結局他ならぬ我々にかかわっているからである。個人は、なんら自己矛盾に陥ることなく、自らを国家の用具としうる。なぜなら、個人を実現することこそ、国家の活動が目指しているものだからである。だからといって我々は、カントやスペンサーにならって、個人を、ほぼ完全に自己充足する諸々の絶対的存在、あるいは自らの利害しか認めない利己主義者(égoïsmes)に仕立てているのではない。なぜなら、もし国家の目的が彼らに等しく利益をもたらすならば、それが主として彼らの内の特定の誰かを目的とするということなどありえないからである。**国家が発展させようとしているのは、あれやこれやの個人ではなく、我々のいずれとも同一視できない個人一般(individu *in genere*)である。**だから我々は、我々の協力——それなしに国家は何もできない——によって国家に貢献する時、我々と無縁な目的を追求するその手先となっているのではなく、**我々の私的な目的をすべて超えていながら、同時にそれとまったく結び付いている非人格的な目的を追求し続けているのである。我々の国家観は、一方では何一つ神秘的な点がなく、しかもそれでいて、他方では本質的に個人主義的なものなのである」**(*ibid.*: 103-104=105-106：強調引用者。ただし「一般(*in genere*)」のみ強調原著者)。

　さて、以上の議論が、本書本文で我々が見た「個人主義と知識人」論文における議論と共通の基盤に立脚していることは明らかであろう。とりわけ、最後の引用文中における「あれやこれやの個人ではなく、我々のいずれとも同一視できない個人一般」や「我々の私的な目的をすべて超えていながら、同時にそれとまったく結び付いている非人格的な目的」「我々の国家観は、

一方では何一つ神秘的な点がなく、しかもそれでいて、他方では本質的に個人主義的なもの」などの言明は、デュルケームが彼に課せられた歴史的課題、すなわち超越性・神秘性を完全に否定しあくまで世俗世界の中にとどまりつつ、しかしそれでいて世俗な個物を包含する一般性を持った普遍的真理、「事実としての真理」をその中で見出すという苦しい課題をなんとか解決しようとここでも必死で努力していることを如実に示している。また、「個人を至高の目的としておきながら、手段たる役割へ貶めることはできない」「個人の本性を発展させることにこそ、国家はその努力を振り向けなければならない」との主張も、ドレフュス事件のその後の展開を先取りした批判のようにさえ聞こえる。

ただし、ここでは、あくまで抽象的な国家というものを論じているために、加えてこの原稿が初めに書かれた時期が1896年であり「個人主義と知識人」の2年前、したがってゾラの告発以前であるために、現実にドレフュス事件の中で現れた国家(主義)とはまったく反対に、人間的人格を目的とする国家、個人一般の尊厳の創造者にして守護者である国家、すなわちデュルケームの理想の善き国家が描かれるにとどまっている(とはいえ、人格侵害の観点からの戦争=悪論など、ドレフュス事件におけるフランス軍・国家主義を暗に批判しているように感じられるのも確かであるし、「人々は我が父祖たちを満足させてきた個人の崇拝を放棄して、都市国家の崇拝を新しい形で再建しようと努めている」や「社会制度をこれ[人格の尊厳の尊重]と反する原理に基づいて完成しようとする試みは、すべて実現不可能であって、束の間の成功しかおぼつかない」とのくだりも反ドレフュス派を念頭に置いているように感じられる。しかし、残念ながら『社会学講義』とドレフュス事件の関連をそのように断定するに足る資料は存在しない)。

しかし、いずれにせよ、この理想と現実の差異こそ、まさに本節本文中で我々が見た認識論的挑戦であり、デュルケームの思想の深化におけるドレフュス事件の、そして「個人主義と知識人」論文の重要性は一層明白であろう。そして実際、我々もすぐに次節以下見るとおり、このドレフュス事件体験というターニングポイントを経たデュルケームの思想は、さらに深く遠く進んでゆくのである。

57 トーテミズムそのものについては、この大著に先立って論文「トーテミズムについて」が、デュルケーム自身が創始した雑誌『社会学年報』第5巻に発表されている(Durkheim 1902)。また、広い意味での関連文献としては、「近親婚の禁止とその起源」(Durkheim 1898a)、「宗教現象の定義」(Durkheim 1899)、「刑罰進化の二法則」(Durkheim 1901)、「分類の若干の未開形態に

ついて」(Durkheim et Mauss 1903)の諸論文が、いずれも同年報に相次いで掲載されている。しかし、これらの先行諸研究の成果は——取捨はあるにせよ、時にはまさしくそのまま——『宗教生活の原初形態』に含まれ、のみならず、一層詳細に論じられている。そこで本書では、特に必要な場合を除いて、基本的に『宗教生活の原初形態』の記述に従って論じてゆくことにする。なお、さらに広い意味での関連文献、すなわちデュルケームにおける宗教社会学的研究は、Durkheim 1972、Durkheim 1975 第2巻 (religion, morale, anomie)、およびDurkheim 1998bにまとめられている。

58 この論文では、オーストラリア・北アメリカ各大陸におけるトーテミズムのみならず中国の易をも対象として、諸物を分類しそれらを関係付けるという、論理的思考のまさに基礎が、心理学的に各個人に生得的なものでもなければ物自体に内在するものでもなく、したがっていずれにせよ自然に内在するものではなく、まったく社会的な起源を持つものであることが論じられている。

内容的には、易の体系についての検討を除けば、以下本文中で我々が検討する『宗教生活の原初形態』における論考をすべて含んでおり、繰り返しを避けるためここで詳論はしないが、短い論考であるだけに却って端的にデュルケーム（とモース）の主張が表されてもいる。例えば、以下のような文章。

「物の論理的関係が人間の社会的関係の基礎となったのではなく、反対に実際には人間の社会的関係が物の論理的関係の原型となったのである。フレイザーによると、人間は諸物の間に先に存する分類に従って氏族に分かれたというのであるが、実際はまったく反対で、人間は自分たちが氏族に分かれていたがゆえに、諸物を分類したのである。……物は社会の不可欠な部分であると考えられており、**その社会における位置付けこそが、その自然における位置付けを決定した**のである」(Durkheim et Mauss 1903：67＝88-89：強調引用者)。

「分類単位の外的形態のみならず、それらを相互に結び付ける関係もまた社会的起源を持っているのである。そして人間の集団(groupes)がそれぞれ上位のものに包摂される関係にある——例えば、下位氏族(sous-clan)は氏族(clan)に、氏族は胞族(phratrie)に、胞族は部族(tribu)にというように——からこそ、物の群(groupe)も同じ順序に従って配列されているのである。類から種へ、種から変種へという具合に物の外延が縮小するに従って、その範囲が規則的に縮小するのは、まさしく社会的区分が、より広いより古いものから、より新しいより派生的なものへと移るに従って規則的に外延

を縮小していることに由来するのである」(*ibid.*: 68=90)。

なお、我々の関心からは、この文章に直接続く次の論述も興味深い。
「諸物の総体(la totalité des choses)が一つの体系を成していると考えられるのは、社会そのものが同じ仕方で考えられているからである。社会は全体である。あるいはむしろ社会とは、すべてのものがそれに結び付けられる唯一の**全体**(le *tout* unique)であるとも言える。かくして、論理的序列は社会的序列の一局面であるにすぎず、知識の統一性(unité)は宇宙(l'univers)にまで広がっている集合体の統一性そのものに他ならない」(*ibid.*: 強調原著者)。

これが、我々がずっと追ってきた、トクヴィルからデュルケームへと受け継がれた世界観、すなわち社会こそが万物のありかであり、社会＝世界であるという社会観の一つの終極点であることは明らかであろう。ここに至っては遂に、世界の社会外的要素から目を逸らすにとどまらず、社会から世界が、すなわち統一された自然の全体が、つまりは宇宙が産み出されると言うのだから。

またこの論文末尾にある次の言葉も、認識の社会学的起源についての議論にデュルケームが与えていた意味を——社会学に対する強烈な自負とともに——明確にしてくれるものであろう。「我々が分類に対して成そうと試みてきたことは、悟性の他の機能や基本観念に対しても同様に試みることができるのである。すでに我々は、この研究の途上でも、時間とか空間とかというような抽象的観念さえもが、歴史の各時点において、対応する社会組織と緊密な関係を有しているものであることを示す機会を持った。同じ方法が、原因の観念や実体の観念が形成される仕方の理解に対して、また様々な推論(raisonnement)の形態などが形成される仕方の理解に対しても役立つことができるはずである。**形而上学者や心理学者たちが長い間議論してきたこれらの問題すべては、それが社会学的に提起されるならば、今まで陥っていた足踏み状態から最終的に脱却することができるであろう**」(*ibid.*: 72=96: 強調引用者)。

59 一つの部族(tribu)はその下位集団として複数の(通常二つの)胞族(phratrie)を内包する。一つの胞族はさらに下位集団として複数の(通常多数の)氏族(clan)を内包する。

60 要するに、文学か政治になる。なお、この二者がその外見に反して、この意味で意外に近しいものであることはまた、文筆家にして政治家という人間が、しかもこの両分野で良かれ悪しかれ一定の成功を収める人間が——この二つの学問領域としての遠さにもかかわらず——時代と地域を問わず

まま見られることからも察せられよう。
61 誤解のないよう言い添えれば、この時点で意味は「終わる」のであり、「無くなる」わけではない。
62 マナの語は、今日この種のトーテム原理ないし超越的な力を指す代表的な語として広く一般的に用いられているが、本来はワカン同様、特定のトーテミズム社会に固有のものである。こうした語は、他にもオレンダ (orenda) など多々存在する。
63 以上、『宗教生活の原初形態』を例に我々が追った魂と人格に関するデュルケームの議論は、1908-1909年のソルボンヌ大学における彼の講義の中でも扱われており、デュルケームの弟子ジョルジュ・ダヴィの取ったこの講義のノートが「道徳的理想、集合意識、宗教力」(Durkheim 1909b) と題されヴィクトル・カラディ編集の『テキスト』第2巻 (Durkheim 1975) に収録されている。これは、デュルケーム本人の書いたものではないため、また完成された講義録と言うより覚え書きに近く、文法的な誤りや判読不能の箇所があり、さらにダヴィによる後日の追加箇所があるなど、原資料としての価値は下がるかもしれない。しかし、にもかかわらず、そこでは我々が見た論理が一層端的に表現されている点で極めて注目に値する。例えば「魂の観念＝人格の観念」(Durkheim 1909b : 21＝294)、「魂をよく理解するためには、魂がそこから流出するこのトーテム的宗教原理が何なのかを知らねばならない。それは実体化された社会である」(*ibid.*: 21-22＝295) など。また、このノートは次の文章で締め括られている。「魂とは社会であり、文明なのである。すなわち、集合意識なのである。トーテムとは人々が最初にそれを考えた仕方なのである」(*ibid.*: 22＝296)。
64 今論じている本書の結論とその方向性が、スピノザ (Baruch de Spinoza) に近いとの、とりわけ『エチカ』における「神すなわち自然」なる汎神論に接近しているとの指摘があるかもしれない。例えばあの有名な一節「つまり我々が神あるいは自然と呼ぶあの永遠・無限の実有は、それが存在するのと同じ必然性を持って働きを成すのである」(Spinoza 1677 : 207＝下9)。さらに『論理哲学論考』におけるヴィトゲンシュタインの次の言葉を思い出せば、一層そう感じられるかもしれない。「6.45 永遠の相の下で世界を捉えるとは、世界を全体として——限界付けられた全体として——捉えることに他ならない。限界付けられた全体として世界を感じること、ここに神秘がある」(Wittgenstein 1918 : 84＝147)。

しかるに、我々が描いてきたフランス社会思想の流れと、上述のドイツ社会思想に位置付けられる思想家たちとは、一つの、おそらく決定的な相

違がある。それは、**神は人格神か否か**、だ。スピノザが、先に挙げた引用の直前に「我々は自然が目的のために働くものではないことを……明らかにした」(Spinoza 1677:207=下9)と言明し、他の箇所では「神自身がすべてをある一定の目的に従って導いていると確信していること」(*ibid.*:78=上83)を「偏見」と切って捨てる時、この神は確かにパスカル(Blaise Pascal)が神秘体験の中で出会った神、すなわち「『アブラハムの神、イサクの神、ヤコブの神』、哲学者や学者の神ではなく(« Dieu d'Abraham, Dieu d'Isaac, Dieu de Jacob » non des philosophes et des savants)」(Pascal 1654:546)と語られる神とはまったく異なるものである。しかしパスカルのこの人格神は、我々がその目立たない一部を追ったフランス社会思想の流れの中でいずれベルクソンへとつながり、神と世界との関係について、スピノザらと近接しつつもその本質において異なった見方を産み出すに至る(端的に言って、スピノザは人格神を否定し自由を否認する。ベルクソンは人格神を肯定し自由を確認する)。

　この相違についてここで詳論することはできない。この相違は正確にはどのような相違か？　この相違の原因はどこにあるのか？　それはフランスとドイツ(オランダ・オーストリア)との歴史的または文化的な相違に起因するのか否か？　このような具体的な探究は、今後の課題とせざるをえない。今はただこの大きな問題の存在を指摘するにとどめよう。

　ただ、この相違は単に文化的・歴史的な関心を引くにとどまらず、おそらく科学と他の諸宗教との根源的な相違点であるように思われる。つまり、神を人格神と見做すか否かは、そのまま真理を人格的なものと見做すか否かを意味していると思われるのだ。それはおそらく真理の主観性／客観性に関する議論と同じものだろう。そうだとすれば、「世俗か超越か」ではなく、むしろここ、神の表象＝真理それ自体の表象にこそ、科学と宗教の本質的な分岐が見出されるのかもしれない。この点も今後の課題となろう。

65　よく知られたところでは、カール・ユング(Carl Gustav Jung:1875-1961)の心理学をこのような試みの先駆として捉えることもできるかもしれない。フランスの社会と思想を対象範囲とする本書の中においては、この論点についての詳論はできないが、例えば『自然現象と心の構造―非因果的連関の原理』(Jung & Pauli 1952)などに、この先駆性が明確に読み取れるように思われる。

66　むろん、自由と必然の問題は、我々が理解したところに沿って換言すれば経験的現実と真理の関係の問題は、これで終わるほど単純なものではない。このような問題がここで全面的に解けるはずもないが、本書での議論から

導かれる範囲で問題の所在を確認してみよう。

　日常社会生活において、必然性は我々の意志および行為に対する抵抗として現れ、したがって両者は相対するものとして現れることは経験的に確かであろう。そしてまた我々の意識はそして意志はそのものとしては、すなわちそうした抵抗を考慮しなければ、本質的に自由なものであることも経験的に明らかであろう。

　そしてまた、このような対立は世俗世界のものであり、超越的な水準においては完全な自由と完全な必然性は結局同じものだと言うことも理解できる。完全な必然性、それは真理であり、現実と呼ばれる世界が他ならぬこのようにある意味の肯定であると同時に、その意味それ自体の創出なのだから。それは明らかに神的なありようであり、他ではありえない必然性を自らが（自由に）創造するということであろう。これが完全な自由であり完全な必然性でなくて何だろう。（必然的な）真理を自らに由って創るのだから。その意味では、この時通常厳に区別すべき être と devoir は、sein と sollen は、統合されるのであろう。

　しかしその時、我々が日々経験している意識の自由、自由意志はどうなるのだろう？　その時、自由意志は幻として失われ、真理という名の必然性に全面的に取って代わられるのだろうか？　いやしかし、この意味での必然性こそ、完全な自由そのものだったはずである。それは社会から、可感的な外部から課せられる必然性ではない。それは我々の内部にあるとともにその源が超越的な外部に存する必然性であり、真理なのだ。それは我々の自由なあり方そのものを構成している必然性である。それは、世界のありようそのものなのだ。とすれば、やはり我々はその時、完全な自由たる完全な必然性を手に入れるのだろうか？

　もう少し具体性を持って、デュルケームに即して、そして我々のこれまでの議論に即して換言すれば、人格が聖なるものであり尊重されるべきものであると真実理解された時、それでも我々は人格を侵害する意志的自由を持ちうるのだろうか？　端的に言って、殺人が真に悪であると完全に理解した時、それでも人は人を殺すことができるのだろうか？

　古い言葉で言えば遂に神に達した時、新しい言葉で言えば科学的真理を発見した時、トクヴィルが問うたとおり、**精神の自由な歩みへの意志はどうなるのだろう？**

　現段階では、この問いに答えは与えられない。しかし、宗教にとってのみならず、科学にとっても、そして我々の日常生活の意味にとっても、重要なこの問いは、ここに、このようにある。

67 聴講した二人の学生のノートから復元されたものが『プラグマティズムと社会学』としてアルマン・キュヴィリエによって編集され1955年に出版されている (Durkheim 1955)。デュルケーム自身の講義原稿は発見されていない上に、学生のノートの正確性に問題のある部分も存在するため (まるまる1講欠如しているなど)、資料としての価値は減じられざるをえないが、それでもなお、全体としては他所ではどこにも述べられていないプラグマティズムや真理論などを含む多くの記述があることから、貴重な資料であることに変わりはない。

68 あまりにも様々な議論を巻き起こしたこの集合表象なる概念については、本書の主題ではないので、ここで網羅的な概念史としての検討や概念そのものに焦点を当てた検討はおこなわない。しかし、本書の論旨に関連する本質的な点についてだけ注意を促しておきたい。

　すなわち、集合表象という概念が (同じものの他面からの照射として集合意識概念も同様であるが)、概念装置としてたとえばどれほどよくできていたとしても――またそれ以上にどれほど魅惑的だったとしても――語の厳密な意味において集合体がそれ自身で意識を持ったりなにものかを表象したりということは経験的に認められない以上、これらの概念をそのまま受け入れることはできず、それが比喩以上のものであるのであれば、かえってこれらこそその内実が説明されねばならない。「諸個人の表象・意識に還元できない、表象・意識」だけでは、単に残余的な指示にすぎず、しかもそれを集合体ないし社会の表象・意識と呼ぶこと自体、はなはだ不適切な創造的比喩表現となってしまう。この問題について、それがもっともよく論じられている論文「個人表象と集合表象」に問うてみよう。

　この論文で彼はまず、当時の心理学による個人意識・個人表象・個人の記憶の説明を検討し、その副現象説、すなわち「個人の意識・表象・記憶は脳内の生理的過程の副産物にすぎず、それ自身として存在するものではない。したがってまたそれらは最終的に脳内の物理化学的過程に完全に還元でき、説明し尽くすことができる」との説の矛盾を指摘し、これを退け、これらのものはすべてそれ自身として存在しうることを主張する。その上で、次のように述べる。

　「表象というあり方は神経物質の本質に内属するものではないという結論が出てくる。なぜならこのあり方は部分的には自己の力によって存続し、自己特有の存在様式を有しているからである。……心理状態が細胞から直接に派生しないということは、この状態が細胞に内在的なのではなく、部分的には細胞の外で形成され、その範囲内で細胞には外的なものであると

いうことである。

　ところで、我々が他の著書で、社会的事実はある意味で諸個人から独立しており、個人意識に外在的なものであると述べたのは、我々が心理的領域について今確立したことを社会的領域においても肯定しようとしただけのことである。社会は結合した諸個人の総体（l'ensemble des individus associés）をその基体として有している。個人の結合によって作られ、また地表における個人の分布、コミュニケーション経路の性質と数とに応じて変化するこの体系は、社会的生がその上に打ち立てられる基盤を構成する。この体系の横糸である表象は、このように結合された諸個人間、あるいは個人と全体社会（la société totale）との間に介在する二次的集団間に樹立された関係から生じるのである。さて、神経要素間でおこなわれる作用反作用の所産である個人表象がこれらの要素に内在的でないということに不思議がなければ、社会を構成する要素である諸[個人]意識間で交換される作用反作用の所産である集合表象が、これらの意識から直接には発生せず、したがってこれらの意識をはみ出しているということにも何の不思議もないはずである。考え方として、社会的基体[個人]を社会的生に結び付ける関係は……個人の生理学的基体とその心理的生の間に認められている関係とあらゆる点で類似している。したがって、この両者では同様の結果が発生するはずである。

　……[要するに]**集合的な生が諸個人の結合によって形成された全体の中にしか存在しないように、**[個人]**表象の生はこれらの**[神経]**要素の結合によって形成された全体の中にしか存在しえないのである。**

　……生は分割されるものではない。生は一つである。したがって、その根拠を生の素材の全体性以外には持ちえない。生は全体において存在するのであって、諸部分において存在するのではない。

　……したがって、全体の内部に起こる現象は全体に特有の性質によって、複合体は複合体によって、社会的事実は社会によって、生や精神の事実はそれを産み出した**一種独特の**結合（combinaisons）によって説明する以外に道は残されていないのである。これは科学が辿りうる唯一の進路である」（Durkheim 1898b: 33-41=37-44: 強調原著者）。

　しかし、たとえその結論には賛成するとしても、これはアナロジーにすぎない。たとえ個人の意識や表象がその基体である神経細胞に還元できないことを認めたとしても、だからといって、個々人の表象に還元できない集合表象なるものが存在するとは言えない。この二つの主張はアナロジーで結び付いているにすぎず、前者は決して後者の根拠にはなっていない。

いくら「考え方として(dans la conception)」、個人を社会的生に結び付ける関係は個人の生理学的基体とその心理的生の間に認められる関係とあらゆる点で類似しているとしても、それは確かに「類似」にすぎず、あくまで異なる二つのものを、同じ一つの観念(conception)を通して認識しているがゆえに「類似」した物として現れてくるにすぎない以上、決して「したがってこの両者では同様の結果が発生するはずである」とは論理的に言いえないのである。たとえ、デュルケームお得意の「**一種独特の**(*sui generis*)**結合**」を持ち出そうとも。

実は、デュルケーム自身この弱点をよく理解しており、実際、この論文の冒頭はこの点の釈明に当てられているほどである。曰く「アナロジーは固有の意味での論証方法ではないにせよ、説明と二次的検証の一方法であって、その有用性を持っている。一つの体系の事実について確立された法則が、**変えるべき点を変えさえすれば**(*multatis mutandis*)、他の場所にも見られはしないかと調べることは決して興味のないことではない。このような比較はその法則を確認することに役立ち、またその有効範囲を一層よく理解させることに役立つのである。要するにアナロジーは比較の正当な一形態であって、比較は事物を理解可能にするために我々が用いうる唯一の実際的手段である」(*ibid.*: 1=11: 強調原著者)。しかし、確かに、そのとおり、アナロジーは論証の方法ではない。それはある主張を、あるものの存在を、確認し根拠付けうるものではない。

ではなぜ、デュルケームは、薄々気付きつつこのような論理的に無理のある主張をし、集合表象なるものを措定したのか。

それはまさに、我々が本書本文中で見たとおりの歴史的要請のためである。つまり、デュルケームは、彼自身に明らかに「感じられる」、個人の意識を超えた事実を説明せねばならなかった。個人の意識が「かくあれかし」といくら欲したところで、それだけで眼前の現実が変化するということは経験されないのだから。それどころか現実はそのような個人に対し抵抗し却って個人を拘束するのだから。そして、そのような抵抗感こそ、既に我々も見たとおり、社会的事実の拘束性として社会の「物」としての存在性の確証であり、また加えて、「我々が真理を目の当たりにした時に体験する、あの抵抗の印象、あの個人を超えたなにものかの感情」こそデュルケームにとって「客観性(objectivité)の条件そのもの」なのだから。真理を明らかにする科学として、無視するわけにはいかなかった。

この意味において現実に個人を超えたなにものかが確実にある。しかし、そのなにものかの座・起源は、個人意識の水準ではないことは確実だとして

も——したがって、心理学的な立場は完全に拒否されるとしても——だからといって具体的で観察可能な経験の範囲を超えるわけにはゆかない。彼に歴史的に要請されていたのは、超越性に訴えずに世界を説明し尽くすことなのだから。したがって、そのなにものかは、個人と超越の間になければならない。

こうして、まさしく上記引用文末尾にあるとおり、彼の考える科学としては、すなわち実証主義的科学としての社会学としては、全社会が全世界である歴史的認識としては、これ以外他に道がなかったのである。明らかに経験可能な個人の意識・表象と、明らかに経験不能な個人を超えたいわば神的な意識・表象の間に、社会の意識・表象を措定せざるをえなかったのである。生は全体であって、全体とは世俗世界としての社会のことなのだから。

つまり、やはりこの意味では集合表象は残余範疇なのであり、デュルケームは、ここでもまた超越と世俗の間に追い込まれているのである。

したがってまた、集合表象や集合意識といった概念の存在を立証しようとしたり、ましてや実体化したりしてはならない。歴史的苦悩の中から産み出されたそれは、確かに便利な概念装置であり、個人を超えたものがあることを明示しているという点では非常に高い評価を与えられるが、しかし、それ以上のものではない。その実在性の有無をめぐって論争するのは無意味である。確かにそれは、「措定されうる」。しかし、無理に狭められた現実、すなわち社会という全体性に立脚している以上、現実そのものを捉え尽くすものではなく、したがってそれ自身も、せいぜいのところ、部分的にしか実在でも真理でもありえないのだから。

69 この「重ね合わせ」の論理は、『社会学と哲学』に第4章として所収されているボローニャ国際哲学大会報告「価値判断と現実判断」でも触れられている。例えば「集合的思考は……感覚によって我々に現れる世界の代わりに、その思考が構築した理想の投影に他ならないまったく異なった世界を置くのである」(Durkheim 1911：138＝129)。ただし、そこでは、それが主題ではなく議論もさほど展開されてはいない。

70 かくして生の世界を狭く空虚で無意味なものとするのである。もちろん、この立場の行き着く先として、そのような空虚そのものとして世界を表象すること、世界をまったくの幻想としあらゆる意味での現実性そのものを否認という事態もありえよう。しかしこの立場は、まさに意識に与えられた直接的経験を否定しているがために、我々には支持し難い。この立場を今論じている水準で貫徹するのであれば、それは我々が生きているという

ことそのものの、生を経験しているという現実それ自体の否定であり、したがって私がこうして何かを論じているということそのものも否認されることになる。それはまさしく、観念の遊びである。

71 まったくの繰り返しとなるので引用は避けるが、Durkheim 1914でも同じ内容がほとんど同じ語句で論じられている。

72 ベルクソンとデュルケームの関係について、ここで詳細に論じることはもちろんできない。以下に事実関係だけを少々記しておこう。

　両者は言うまでもなく同時代人であり、初めて出会った高等師範学校時代以来、数は少ないものの互いについて言及した記述が残されている。

　ベルクソンは、主著の一つ『宗教と道徳の二源泉』において、数度デュルケームを引き合いに出し、その中の一ヶ所では彼の論文から引用さえもしている（Bergson 1932: 107=127-128: 他人の叙述にめったに言及しないベルクソンにあっては、これはかなりの特別扱いである）し、その名を出さずとも明らかにデュルケームおよび彼の社会学を強く意識している。さらにジャック・シュヴァリエ（Jacques Chevalier）が多年に渡ってベルクソンとの会話を記録し続けた『ベルクソンとの対話』（Chevalier 1959）の中では、デュルケームに関するベルクソンの思い出がより具体的に語られている。中でも印象的な一ヶ所では以下のとおりである。「デュルケームとは高等師範学校で知り合った。彼が階段の上から《四つの内、一つ》と叫びながら、我々を二つ、三つ、四つの命題の間で選択不能に落とし込んだのを、今[1921年5月22日]でも思い出す。私は以前から、彼はすべてを五大元素に抽象してしまう型の人間だと思っていたが、それほど間違ってはいなかったようだ。**彼には事実というものがない**（Chez lui, on ne trouve pas un fait）。**彼の理論が事実と矛盾していることを我々が指摘すると、彼は、事実が間違っている、と答えたものだ**」（Chevalier 1959: 34=41: 強調引用者）。

　対して、デュルケームの側からはベルクソンへの言及はほとんどなく、その研究の全体からすればさほど意識している節も——少なくとも表向きは——見られない。わずかに、『プラグマティズムと社会学』の中でプラグマティスト、とりわけウィリアム・ジェームズ（William James）がベルクソンを指示する限りにおいて触れられている程度である（例えば第5講=Durkheim 1955: 73-81=63-73）。「プラグマティズムとベルクソン哲学」と題され、まるまる1講充てられている第20講（ibid.: 189-197=201-211）においてさえも、プラグマティズムがベルクソンから借りてきたとされる諸点について、ごく簡単に検討されているのみである。

　なお、この第20講での議論は、ベルクソン自身の哲学に対しては、的外

れな批判をおこなっているようにも感じられる。つまり、ベルクソンへの反論が実際にはそのままベルクソン自身の主張となっているようにも一見、見えるのである。例えば、デュルケームは、プラグマティストがベルクソンに依拠して生命の統一性・不可分性を主張することで、思考の側ではなくその対象たる実在の側に既に区分ないし差異が存在するというデュルケームの主張——彼にとってはそれが、世界が原理的に理解不能なカオスではなく、無矛盾律に従う理解可能な事物の全体であることの保証である——に反論するだろうと予想する。そしてそのような反論に対する形で、実在の原初状態における——カオスではなく——諸要素の相互浸透状態、すなわち各要素が明確に区別されているわけではないが、「単に混合されているばかりでなく、互いに他の内に溶け込んで」(*ibid.*: 191-204)いる状態を確認しようとする。しかし、まさにこのような相互浸透の状態こそベルクソンが『意識に直接与えられたものについての試論』(Bergson 1889)の中で、外的実在と意識(持続)の関係について繰り返し確認した当のものなのである。「我々の魂においては、無数の多様な諸要素が溶け合い、相互浸透し、はっきりとした輪郭を持たず、互いを外在化しようとする傾向はそこにはまったくない」(Bergson 1889: 98=148)。もちろん、このような類似性は、決して同一性ではなく、その微妙な異同の確定には、実在・意識・魂等に関する両者それぞれの思想の慎重な分析が必要である。また、たとえデュルケームの批判が的外れだったとしても、それは、この箇所での目的が、あくまでプラグマティズムがベルクソンに依っていると自称するいくつかの論点についての検討であって、ベルクソン自身の思想に対する検討ではないこと、またそもそもデュルケーム自身、既に第2講(Durkheim 1955: 39-50=18-34)において、プラグマティストが彼ら自身の主張に同意するとは考えにくい思想家を安易に自分たちの味方に引き入れていると批判する中で、そのような思想家の一人としてベルクソンの名を挙げていることからすれば、ベルクソンについての参照と言うよりもあくまでプラグマティズム批判として受け取るべきではあろう。

　しかし、にもかかわらず、ベルクソンとは特に実証主義の主張において認識論的に大きく立場を異にしていたはずのデュルケームが、批判の批判というまわりくどい形を取りつつも、ベルクソンと一定程度共通する地点に到達しているというこの事実は、この講義が晩年におこなわれたという事実を考え合わせると、本書で明らかにしてきたトクヴィルからデュルケームへの流れが、さらにベルクソンへと確かに連続していることの一つの証左となるように思われる。この点に関して、ぜひ今後研究を展開させよう

と思う。

参考文献

I. トクヴィルの著作

　トクヴィルが書いた文章は、1951年以来編集・刊行が続けられているガリマール版『全集』(*Œuvres complètes*)に収められることになっている。現在計画されている全18巻の内、既に17巻が刊行されており、数年以内に完結を見ると予想される。

　なお、トクヴィルの全集と呼ばれるものはもう一つ存在する。通称ボーモン版と呼ばれるもので、親友ギュスタヴ・ドゥ・ボーモンとトクヴィル夫人が本人の死後まもなく編んだものである。

　　Œuvres complètes d'Alexis de Tocqueville（9 tomes）, publiées par Madame de Tocqueville, Michel Lévy Frères, 1860-1865. *

　しかるに、このボーモン版の全集は、ガリマール版に比べると収録されている文献の分量自体が少なく（全9巻）、校訂等も（時代的に仕方がないことではあるが）不十分であり、全体として、全集としては不完全なものと言わざるをえない。

　よって本書では、トクヴィルの著作については、手紙等を含めすべてガリマール版の『全集』を用いており、特に断らない限り『全集』(*Œuvres complètes*)といえばすべてこのガリマール版を指している。

　また、イェール大学バイネッケ稀覯本手稿図書館(Yale University Beinecke Rare Book and Manuscript Library)に、未公刊資料を数多く含むトクヴィル手稿コレクション(Tocqueville Manuscripts Collection)が存在する。同図書館のウェブサイト http://webtext.library.yale.edu/beinflat/general.TOCQUE.HTM で収録文献の目録が公開されている。

　　* このボーモン版『全集』は、既に稀覯本であり、所蔵している図書館も非常に少なく、個人による入手に至っては、とりわけ状態の良い、しかも全巻揃ったものの入手は、不可能ではないにせよ、かなり難しい。入手できたとしても相当に高価である。しかし、2000年以降、Adamant Media 社が運営するウェブサイト Elibron (http://www.elibron.com）上で、オリジナルを写真に撮り印刷・製本したレプリカが Elibron Classics Replica Editions と銘打たれ発行されており、現在のところ全9巻の内7巻が入手可能である。

トクヴィルの著作および研究文献の詳細な年代別目録は Jardin 1984 にある。なお、ガリマール版『全集』の構成(計画)は以下のとおりである。

第1巻　アメリカのデモクラシー (*De la démocratie en Amérique*), 全2冊(既刊).
第2巻　旧体制と革命 (*L'ancien régime et la révolution*), 全2冊(既刊).
第3巻　政治関連文献および議論 (*Écrits et discours politiques*), 全3冊(既刊).
第4巻　フランスおよび外国における監獄制度に関する文献 (*Écrits sur le système pénitentiaire en France et à l'étranger*), 全2冊(既刊).
第5巻　シチリア・アメリカ・イギリス・アイルランド・スイス・アルジェリア旅行記 (*Voyages en Cicile, aux États-Unis, en Angleterre, Irlande, Suisse et Algérie*), 全2冊(既刊).
第6巻　イギリス書簡 (*Correspondance anglaise*), 全3冊(既刊).
第7巻　外国書簡 (*Correspondance étrangère*), 全1冊(既刊).
第8巻　トクヴィル―ボーモン書簡 (*Correspondance Tocqueville-Beaumont*), 全3冊(既刊).
第9巻　トクヴィル―ゴビノー書簡 (*Correspondance Tocqueville-Gobineau*), 全1冊(既刊).
第10巻　地方関連書簡および文献 (*Correspondance et écrits locaux*), 全1冊(既刊).
第11巻　トクヴィル―アンペールおよびトクヴィル―ロワイエ=コラール書簡 (*Correspondance Tocqueville-Ampère et Tocqueville-Royer-Collard*), 全1冊(既刊).
第12巻　回想録 (*Souvenirs*), 全1冊(既刊).
第13巻　トクヴィル―ケルゴルレ書簡 (*Correspondance Tocqueville-Kergorlay*), 全2冊(既刊).
第14巻　家族書簡 (*Correspondance familiale*), 全1冊(既刊).
第15巻　トクヴィル―コルセルおよびトクヴィル―スヴェチン夫人書簡 (*Correspondance Tocqueville-Corcelle et Tocqueville-madame Swetchine*), 全2冊(既刊).
第16巻　随筆集 (*Mélanges*), 全1冊(既刊).
第17巻　その他の人々への書簡 (*Correspondance à divers*), (未公刊).
第18巻　トクヴィル―シルクールおよびトクヴィル―シルクール夫人書簡 (*Correspondance Tocqueville-Circourt et Tocqueville-madame de Circourt*), 全1冊(既刊).

参考文献

本書中で直接引用・参照した文献は以下のとおり。なお、歴史の展開に沿って記述されている本書の形式に鑑み、執筆(脱稿)年と出版年とが大きく異なる場合は前者を採用した。

Tocqueville, Alexis de, 1835 *De la démocratie en Amérique* I, dans *Œuvres complètes* tome I・1 = 1987 井伊玄太郎訳『アメリカの民主政治』(上・中), 講談社学術文庫.

―――, 1836 "État social et politique de la France avant et depuis 1789" = 「1789 年以前と以後におけるフランスの社会・政治状態」, dans *Œuvres complètes* tome II・1：31-66 = 1998 小山勉訳『旧体制と大革命』所収, ちくま学芸文庫：13-75.

―――, 1840 *De la démocratie en Amérique* II, dans *Œuvres complètes* tome I・2 = 1987 井伊玄太郎訳『アメリカの民主政治』(下), 講談社学術文庫.

―――, 1843 "Lettre à Arthur de Gobineau du 5 septembre 1843", dans *Œuvres complètes* tome IX：45-48.

―――, 1848 "Discours prononcé à la Chambre des Députés, le 27 janvier 1848, dans la discussion du projet d'adresse en réponse au discours de la Couronne", dans *Œuvres complètes* tome III・2：745-758.

―――, 1850a "Lettre à Francisque de Corcelle du 1ᵉʳ août 1850", dans *Œuvres complètes* tome XV・2：27-30.

―――, 1850b "Lettre à Louis de Kergorlay du 15 décembre 1850", dans *Œuvres complètes* tome XIII・2：229-234.

―――, 1850c "Lettre à Gustave de Beaumont du 26 décembre 1850", dans *Œuvres complètes* tome VIII・2：342-345.

―――, 1850d "Lettre à Eugène Stoffels du 30 décembre 1850", dans *Œuvres complètes* (Beaumont) tome V：462-464.

―――, 1851 *Souvenirs*, dans *Œuvres complètes* tome XII = 1988 喜安朗訳『フランス二月革命の日々：トクヴィル回想録』, 岩波文庫.

―――, 1856a *L'Ancien régime et la révolution*, dans *Œuvres complètes* tome II・1 = 1998 小山勉訳『旧体制と大革命』, ちくま学芸文庫.

―――, 1856b "Lettre au comte de Montalembert du 10 juillet 1856", 未公刊：Jardin 1984：456 = 531 に一部所収：おそらく、Tocqueville 1850d および 1858b とともに、『全集』第17巻に収録され刊行されると思われる.

―――, 1857 "Lettre à Madame Swetchine du 26 février 1857", dans *Œuvres complètes* tome XV・2 : 313-316.

――, 1858a "Lettre à Francisque de Corcelle du 8 août 1858", dans *Œuvres complètes* tome XV・2 : 224-225.

――, 1858b "Lettre à Louis-Firmin-Hervé Bouchitté du 8 janvier 1858", dans *Œuvres complètes* (Beaumont) tome VII : 475-477.

――, 1859 "Un témoignage inédit de Beaumont sur les sentiments de Tocqueville en ces derniers jours de sa vie", dans *Œuvres complètes* tome IX : 13-14 (note 5).

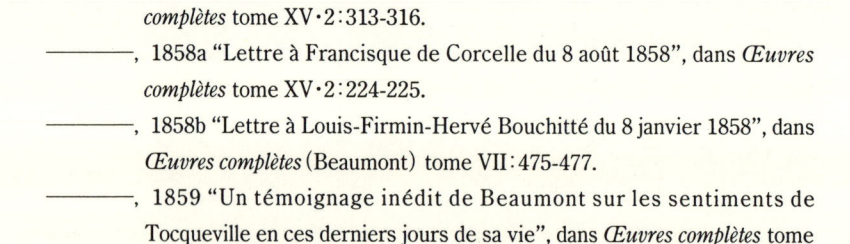

　『アメリカのデモクラシー』については、ガリマール全集版出版後、エデュアルド・ノラ (Eduardo Nolla) によって歴史校訂版と呼ばれる版が作成されている。
　　De la démocratie en Amérique : première édition historico-critique revue et augmentée I・II, J.Vrin, 1990.
　これは、手書きの原稿に残された書き込みや削除線を復活させ、さらに出版以前に読んだ人々 (トクヴィルの親族や友人たちなど) の手紙に残るコメントを註として採録したものである。またその後の研究文献に対する参照指示も充実している。しかし、本文自体の『全集』版からの変更は、細かな異文を除いては特にない。
　また、ガリマール出版からはプレイヤード叢書 (Bibliothèque de la Pléiade) の一部として、アンドレ・ジャルダン (André Jardin) らによる選集が刊行されている。
　　Œuvres I・II・III, Gallimard, 1991・1992・2004.
　内容的には『全集』を越えるものではないが、異文を含む詳細な註が大量に付けられており、『全集』の該当文献の校訂版と言える部分がある。

II. デュルケームの著作

　以下は、本書執筆に際し引用または参照されたデュルケームの目録である。とはいえ、デュルケーム自身の筆になる (共著も含む) 現在知られている限りの文献は、各書籍に収録された論文・書評等を含めれば、すべて網羅されている (同じ文献に対し複数の版が存在する場合、原則としてもっとも新しい版を挙げた。ただし訳書についてはその限りではない)。
　歴史の展開に沿って記述されている本書の形式に鑑み、本書内で直接指示された論文については特に、収録された書籍 (論文集など) から抽出し、初出年を振った。

参考文献 *227*

　デュルケームの著作の詳細な年代別目録は Lukes 1973 にある。最新の網羅的な論文の集成としては、Hamilton 1990 & 1995 および Pickering 2001 が挙げられる。また本邦におけるデュルケーム研究文献の網羅的な目録としては、小林幸一郎・紀葉子・北條英勝（編）1998 がある。
　（　）内の年号は、本書で参照された版の発行年である。

Durkheim, Émile, 1887 "Cours de science sociale" ＝「社 会 科 学 講 義」, dans Durkheim 1970:77-110 ＝ 62-89.
―――, 1888 "L'introduction à la sociologie de la famille" ＝「家族社会学序論」, dans Durkheim 1975:Ⅱ·9-34 ＝ Durkheim 1972:1-30.
―――, 1892a *Quid Secundatus politicæ scientiæ instituendæ contulerit*, Gounouilhou ＝ "La contribution de Montesquieu à la constitution de la science sociale" ＝「モンテスキューの社会科学成立に対する貢献」, dans Durkheim 1953:25-113 ＝ 3-75.
―――, 1892b "La famille conjugale" ＝「夫婦家族」, dans Durkheim 1975:Ⅱ·35-49 ＝ Durkheim 1972:173-190.
―――, 1893 *De la division du travail social*, Presses Universitaires de France (1930)＝ 1989 井伊玄太郎訳『社会分業論』, 講談社学術文庫.
―――, 1895 *Les règles de la méthode sociologique*, Presses Universitaires de France (1937)＝ 1978 宮島喬訳『社会学的方法の規準』, 岩波文庫.
―――, 1896-1912 *L'Année sociologique* (1er série : 12 tomes), Félix Alcan.
―――, 1897 *Le suicide : étude de sociologie*, Presses Universitaires de France (1930)＝ 1985 宮島喬訳『自殺論』, 中公文庫.
―――, 1898a "La prohibition de l'inceste et ses origines" ＝「近親婚の禁止とその起源」, dans *L'Année sociologique* tome 1:1-70 ＝ Durkheim 1972:31-118.
―――, 1898b "Représentations individuelles et représentations collectives" ＝「個人表象と集合表象」, dans Durkheim 1924:1-48 ＝ 11-52.
―――, 1898c "L'individualisme et les intellectuels" ＝「個人主義と知識人」, dans Durkheim 1970:261-278 ＝ 207-220.
―――, 1899 "De la définition des phénomènes religieux" ＝「宗教現象の定義」, dans *L'Année sociologique* tome 2:1-28 ＝ Durkheim 1998b:59-96.
―――, 1901 "Deux lois de l'évolution pénal" ＝「刑罰進化の二法則」, dans *L'Année sociologique* tome 4:65-95 ＝ Durkheim 1990:45-81.
―――, 1902 "Sur le totémisme" ＝「トーテミズムについて」, dans *L'Année*

sociologique tome 5:82-121 = Durkheim 1980:137-204.

―――― et Mauss, Marcel, 1903 "De quelques formes primitives de classification" =「分類の若干の未開形態について」, dans *L'Année sociologique* tome 6:1-72 = Durkheim 1980:1-118.

――――, 1909a "Sociologie et sciences sociales" =「社会学と社会諸科学」, dans Durkheim 1970:137-159 = 110-126.

――――, 1909b "Idéal moral, conscience collective et forces religieuses" =「道徳的理想、集合意識、宗教力」, dans Durkheim 1975:II・12-22 = Durkheim 1998b:283-296.

――――, 1911 "Jugements de valeur et jugements de réalité" =「価値判断と現実判断」, dans Durkheim 1924:117-141 = 111-133.

――――, 1912 *Les formes élémentaires de la vie religieuse*, Presses Universitaires de France (1960) = 1975 古野清人訳『宗教生活の原初形態』(上・下), 岩波文庫.

――――, 1913 "Le problème et la dualité de la nature humaine" =「宗教問題と人間性の二元性」, dans Durkheim 1975:II・23-59 = Durkheim 1998b:205-248.

――――, 1914 "Le dualisme de la nature humaine et ses conditions sociales" =「人間性の二元性とその社会的諸条件」, dans Durkheim 1970:314-332 = 250-263.

――――, 1915 *L'Allemagne au-dessus de tout : la mentalité allemande et la guerre*, Armand Colin (1991) =「世界に冠たるドイツ」, dans Durkheim 1993:217-262.

――――, 1916 *Lettres à tous les français*, Armand Colin (1992).

――――, 1922 *Éducation et sociologie*, Presses Universitaires de France (1989) = 1976 佐々木交賢訳『教育と社会学』, 誠信書房.

――――, 1924 *Sociologie et philosophie*, Presses Universitaires de France (1996) = 1985 佐々木交賢訳『社会学と哲学』, 恒星社厚生閣.

――――, 1925 *L'éducation morale*, Presses Universitaires de France = 1964 麻生誠・山村健訳『道徳教育論』1・2, 明治図書出版.

――――, 1928 *Le socialisme : sa définition, ses débuts, la doctrine saint-simonienne*, Presses Universitaires de France (1992) = 1977 森博訳『社会主義およびサン―シモン』, 恒星社厚生閣.

――――, 1938 *L'éducation pédagogique en France*, Presses Universitaires de France (1990) = 1981 小関藤一郎訳『フランス教育思想史』, 行路社.

―――, 1950 *Leçons de sociologie : physique des mœurs et du droit*, Presses Universitaires de France (1990) = 1974 宮島喬・川喜多喬訳『社会学講義』,みすず書房.

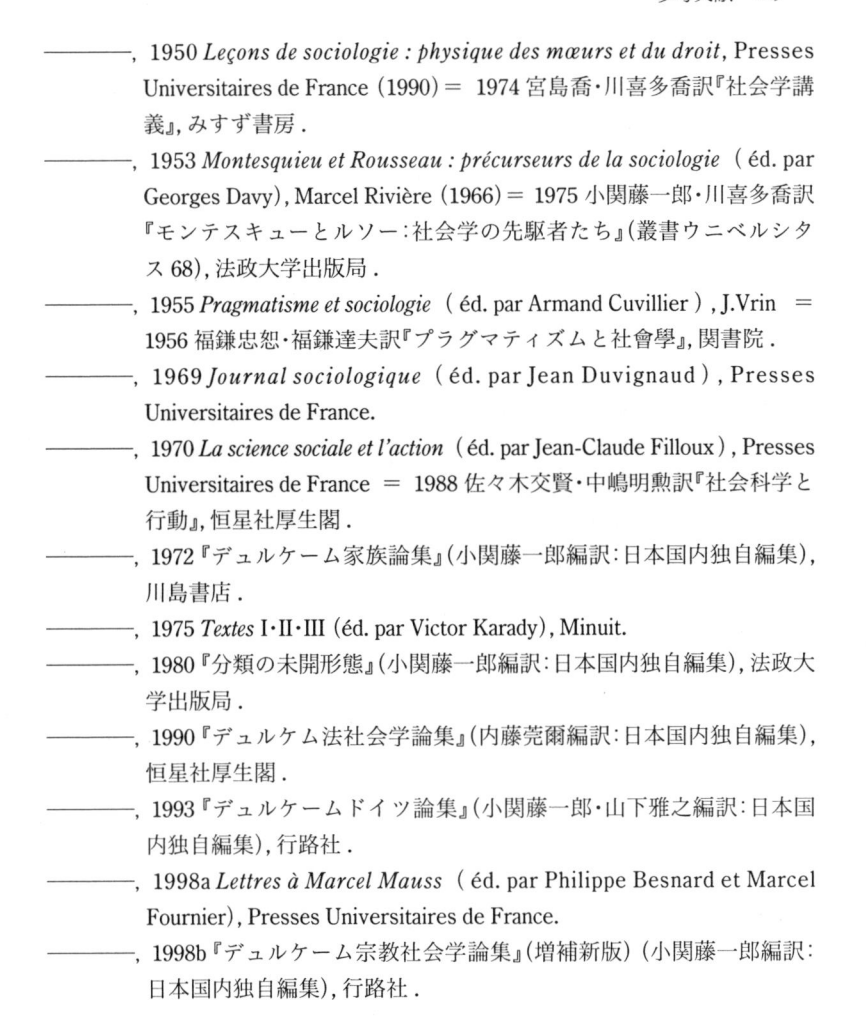

―――, 1953 *Montesquieu et Rousseau : précurseurs de la sociologie* (éd. par Georges Davy), Marcel Rivière (1966) = 1975 小関藤一郎・川喜多喬訳『モンテスキューとルソー:社会学の先駆者たち』(叢書ウニベルシタス 68),法政大学出版局.

―――, 1955 *Pragmatisme et sociologie* (éd. par Armand Cuvillier), J.Vrin = 1956 福鎌忠恕・福鎌達夫訳『プラグマティズムと社會學』,関書院.

―――, 1969 *Journal sociologique* (éd. par Jean Duvignaud), Presses Universitaires de France.

―――, 1970 *La science sociale et l'action* (éd. par Jean-Claude Filloux), Presses Universitaires de France = 1988 佐々木交賢・中嶋明勲訳『社会科学と行動』,恒星社厚生閣.

―――, 1972『デュルケーム家族論集』(小関藤一郎編訳:日本国内独自編集),川島書店.

―――, 1975 *Textes* I・II・III (éd. par Victor Karady), Minuit.

―――, 1980『分類の未開形態』(小関藤一郎編訳:日本国内独自編集),法政大学出版局.

―――, 1990『デュルケム法社会学論集』(内藤莞爾編訳:日本国内独自編集),恒星社厚生閣.

―――, 1993『デュルケームドイツ論集』(小関藤一郎・山下雅之編訳:日本国内独自編集),行路社.

―――, 1998a *Lettres à Marcel Mauss* (éd. par Philippe Besnard et Marcel Fournier), Presses Universitaires de France.

―――, 1998b『デュルケーム宗教社会学論集』(増補新版)(小関藤一郎編訳:日本国内独自編集),行路社.

III. その他の参考文献

( )内の年号は、本書で参照された版の発行年である。

Alpert, Harry, 1939 *Emile Durkheim and his Sociology*, Columbia University Press = 1977 花田綾・中康・由木義文訳『デュルケームと社会学』,慶應通信.

Alexander, Jeffrey C., 1982 *The Antinomies of Classical Thought : Marx and*

　　　　　 Durkheim, University of California Press.
―――(ed.), 1988 *Durkheimian sociology : cultural studies*, Cambridge University Press.
Aprile, Sylvie, 2000 *La IIe République et le Second Empire, 1848-1870 : du Prince président à Napoléon III*, Pygmalion.
Aron, Raymond, 1962 *Dix-huit leçons sur la société industrielle*, Gallimard ＝ 1970 長塚隆二訳『変貌する産業社会』(レイモン・アロン選集第2巻), 荒地出版社.
―――, 1965 *Les étapes de la pensée sociologique* I, Gallimard ＝ 1974 北川隆吉ほか訳『社会学的思考の流れ』I, 法政大学出版局.(ただし,本書ではTel 叢書の1冊として1993年に同じくガリマールから出版されたI・IIの合併版を用いた.参照ページはすべてこの合併版のものである.また邦訳書は,本書の英語版 *Main currents in sociological thought* I・II, Basic Books 1965・1967 を底本としており,細かな点でフランス語版とは異なっている.)
―――, 1967 *Les étapes de la pensée sociologique* II, Gallimard ＝ 1984 北川隆吉ほか訳『社会学的思考の流れ』II, 法政大学出版局.(同上)
―――, 1979 "Tocqueville retrouvé", in *The Tocqueville Review*（1979 autumn), Tocqueville Society：8-23.
麻生誠・原田彰・宮島喬, 1978『デュルケーム道徳教育論入門』,有斐閣新書.
Barres, Maurice, 1925 *Scènes et doctrines du nationalisme*, Plon ＝ 1994 稲葉三千男訳『国家主義とドレフュス事件』,創風社(抄訳).
Baudelot, Christian & Establet, Roger, 1984 *Durkheim et le suicide*, Presses Universitaires de France.
Bellah, Robert Neelly et al., 1985 *Habits of the heart : individualism and commitment in American life*, University of California Press ＝ 1991 島薗進・中村圭志訳『心の習慣：アメリカ個人主義のゆくえ』,みすず書房.
Bendix, Reinhard, 1964 *Nation-Building and Citizenship : Studies of Our Changing Social Order*, John Wiley & Son Inc ＝ 1981 河合秀和訳『国民国家と市民的権利』I・II, 岩波書店.
Bergson, Henri Louis, 1889 *Essai sur les données immédiates de la conscience*, Presses Universitaires de France (2001)＝ 2002 合田正人・平井靖史訳『意識に直接与えられたものについての試論』,ちくま学芸文庫.
―――, 1896 *Matière et mémoire*, Presses Universitaires de France（1999）＝ 1999 田島節夫訳『物質と記憶』(新装復刻版),白水社.

―――, 1907 *L'évolution créatrice*, Presses Universitaires de France（2001）＝ 1997 真方敬道訳『創造的進化』, 岩波文庫.

―――, 1932 *Les deux sources de la morale et de la religion*, Presses Universitaires de France（2000）＝ 1996 平山高次訳『道徳と宗教の二源泉』, 岩波文庫.

Berthelot, Jean-Michel, 1995 *1895 Durkheim : l'avènement de la sociologie scientifique*, Presses Universitaires du Mirail.

Besnard, Philippe, 1987 *L'anomie : ses usages et ses fonctions dans la discipline sociologique depuis Durkheim*, Presses Universitaires de France ＝ 1988 杉山光信・三浦耕吉郎訳『デュルケムと女性、あるいは未完の『自殺論』』, 新曜社.

Birnbaum, Pierre, 1970 *Sociologie de Tocqueville*（Collection SUP Le Sociologue 21）, Presses Universitaires de France.

―――, 1994a *L'Affaire Dreyfus : La République en péril*, Gallimard.

―――（éd.）, 1994b *La France de l'affaire Dreyfus*, Gallimard.

Blum, Léon, 1935 *Souvenirs sur l'affaire*, Gallimard ＝ 1998 稲葉三千男訳『ドレフュス事件の思い出』, 創風社.

Boudon, Raymond, 1998 *Études sur les sociologues classiques*, Presses Universitaires de France.

Bouglé, Célestin, 1925 *Qu'est-ce que la sociologie?*, Félix Alcan.

Cassou, Jean, 1939 *Quarante-huit*, Gallimard ＝ 1979 二月革命研究会訳『1848 年：二月革命の精神史』（叢書ウニベルシタス 91）, 法政大学出版局.

Chazel, François, 1975 *Durkheim Les règles de la méthode sociologique*, Hatier ＝ 1986 夏刈康男訳『デュルケム社会学の方法と対象』, いなほ書房.

Chevalier, Jacques, 1959 *Entretiens avec Bergson*, Plon ＝ 1997 仲沢紀雄訳『ベルクソンとの対話』（新装版）, みすず書房.

Cladis, Mark S., 1992 *A communitarian defense of liberalism : Emile Durkheim and contemporary social theory*, Stanford University Press.

Coenen-Huther, Jacques, 1997 *Tocqueville*（Que sais-je?）, Presses Universitaires de France ＝ 2000 三保元訳『トクヴィル』（文庫クセジュ）, 白水社.

Comité du Centenaire de l'Affaire Dreyfus（éd.）, 1994 *Une tragédie de la belle époque : L'Affaire Dreyfus*, Charpentier & Bachelet.

Coser, Lewis A., 1960 "Durkheim's conservatism and its implications for his sociological theory", in Wolff 1960：211-232.

Cotterrell, Roger, 1999 *Emile Durkheim : law in a moral domain*, Stanford

University Press.
Crémieux, Albert, 1912 *La révolution de février : Étude critique sur les journées des 21, 22, 23 et 24 février 1848*, Cornely.
Cuin, Charles-Henry (éd.), 1997 *Durkheim d'un siècle a l'autre : lectures actuelles des « Règles de la méthode sociologique »*, Presses Universitaires de France.
Cuvillier, Armand, 1936 *Introduction à la sociologie*, Armand Colin = 1957 清水義弘訳『社會學入門』, 岩波書店.
Daniel, Jacques, 1995 *Tocqueville et la modernité*, Bréal.
Davy, Georges, 1919 "Émile Durkheim : l'Homme", dans *Revue de Métaphysique et de Morale* n. 26, Société française de philosophie : 181-198.
―――, 1920 "Émile Durkheim : l'Œuvre", dans *Revue de Métaphysique et de Morale* n. 27, Société française de philosophie : 71-112.
Dreyfus, Alfred, 1901 *Cinq années de ma vie : 1894-1899*, Bibliothèque-Charpentier (réédité en 1994 par Éditions La Découverte) = 1979 竹村猛訳『ドレフュス獄中記:わが生涯の五ヶ年』, 中央大学出版部.
Dreyfus, Mathieu, 1978 *L'Affaire, Telle que Je l'ai vécue*, Édition Bernard Grasset = 1982 小宮正弘訳『事件:マチュー・ドレフュスの回想』, 時事通信社.
Drouin, Michel, 1994 *L'Affaire Dreyfus de A à Z*, Flammarion.
Fenton, Steve, 1984 *Durkheim and Modern Sociology*, Cambridge University Press.
Filloux, Jean-Claude, 1970 "Introduction à *La science sociale et l'action*", dans Durkheim 1970 : 5-68 = 1-58.
―――, 1977 *Durkheim et le socialisme*, Droz.
―――, 1994 *Durkheim et l'éducation*, Presses Universitaires de France = 2001 古川敦訳『デュルケムの教育論』, 行路社.
FilmRoos, Inc., 1997 *The Infamous Dreyfus Affaire*, A&E Television Networks & 東北新社（映像資料）.
Furet, François & Ozouf, Mona, 1988 *Dictionnaire critique de la Révolution française*, Flammarion = 1995 河野健二・阪上孝・富永茂樹監訳『フランス革命事典』1・2, みすず書房.
古川敦, 1996『デュルケムによる教育の歴史社会学:「秩序」の交替と「人間類型」の変遷』, 行路社.
Gane, Mike, 1988 *On Durkheim's Rules of Sociological Method*, Routledge.
――― (ed.), 1992 *The Radical sociology of Durkheim and Mauss*, Routledge.
Gaston-Martin, 1948 *La révolution de 1848* (Que sais-je?), Presses Universitaires de France = 1954 井上幸治訳『二月革命』(文庫クセジュ), 白水社.

Giddens, Anthony, 1971 *Capitalism and Modern Social Theory*, Cambridge University Press ＝ 1974 犬塚先訳『資本主義と近代社会理論：マルクス、デュルケーム、ウェーバーの研究』, 研究社.

―――, 1977 *Studies in Social and Political Theory*, Hutchison & Co. Ltd ＝ 1986 宮島喬ほか訳『社会理論の現代像：デュルケム、ウェーバー、解釈学、エスノメソドロジー』, みすず書房.

Guellec, Laurence, 1996 *Tocqueville, L'apprentissage de la liberté* (Collection Le bien commun), Michalon.

Halbwachs, Maurice, 1930 *Les causes du suicide*, Félix Alcan.

浜口晴彦, 1989『社会学者の肖像：甦るエミール・デュルケーム』, 勁草書房.

Hamilton, Peter (ed.), 1990 *Emile Durkheim : critical assessments* (1st series, 4 vols.), Routledge.

――― (ed.), 1995 *Emile Durkheim : critical assessments* (2nd series, 4 vols.), Routledge.

原田彰, 1991『デュルケーム教育理論の研究』, 溪水社.

服部春彦・谷川稔（編著）, 1993『フランス近代史：ブルボン王朝から第五共和政へ』, ミネルヴァ書房.

平野新介, 1997『ドレフュス家の一世紀』, 朝日新聞社.

Hirst, Paul Quentin, 1975 *Durkheim, Besnard and epistemology*, Routledge.

日立デジタル平凡社, 1998『世界大百科事典』(CD-ROM 版・第2版), 日立デジタル平凡社.

Hurst, Charles E., 1999 *Living Theory : the Application of Classical Social Theory to Contemporary Life*, Allyn & Bacon.

Idinopulos, Thomas A. & Wilson Brian C. (ed.), 2002 *Reappraising Durkheim for the study and teaching of religion today*, Brill Academic Publishers.

稲葉三千男, 1996『ドレフュス事件とエミール・ゾラ』, 創風社.

Jacques, Daniel, 1995 *Tocqueville et la modernité : la question de l'individualité dans la Démocratie en Amérique*, Boreall.

Jardin, André, 1984 *Alexis de Tocqueville*, Hachette ＝ 1994 大津真作訳『トクヴィル伝』, 晶文社.

Jules, Bertaut, 1937 *1848 et la Seconde République*, Fayard.

Jung, Carl Gustav & Pauli, Wolfgang, 1952 *Naturerklarung und Psyche*, Rascher ＝ 1976 河合隼雄・村上陽一郎訳『自然現象と心の構造：非因果的連関の原理』, 海鳴社.

菅野賢治, 2002『ドレフュス事件のなかの科学』, 青土社.

川田稔, 1990『「意味」の地平へ:レヴィ=ストロース、柳田国男、デュルケーム』（ポイエーシス叢書6）, 未来社.
川上源太郎, 1996『ソレルのドレフュス事件:危険の思想家、民主主義の危険』, 中公新書.
菊谷和宏, 1994「デュルケームにおける社会学の経験科学性と社会統合:その社会学的認識の深化を追いながら」,『年報社会学論集』第 7 号所収, 関東社会学会:231-224.
―――, 1995「デュルケームの民主主義論」,『一橋論叢』第 114 巻第 2 号所収, 一橋大学一橋学会:192-211.
―――, 1997「トクヴィルにおける自由の条件としての道徳的同質性」,『年報社会学論集』第 10 号所収, 関東社会学会:1-12.
―――, 1998「トクヴィルとデュルケーム:社会学的人間観の歴史的形成過程」,『社会学評論』第 49 巻第 2 号所収, 日本社会学会:2-17.
―――, 1999「トクヴィルにおける人間観の歴史的形成」,『社会学史研究』第 21 号所収, 日本社会学史学会:75-86.
―――, 2002「デュルケームにおける社会学と生の意味」,『日仏社会学会年報』第 12 号所収, 日仏社会学会:1-21.
Kirk, Russell, 1953 *The Conservative Mind*, Faber.
北川忠明, 1944『フランス政治社会学研究:デュルケムと現代』, 青木書店.
喜安朗, 1971「フランス第二共和制」,『岩波講座 世界歴史 19』所収, 岩波書店:194-226.
―――, 1994『夢と反乱のフォブール:1848年パリの民衆運動』, 山川出版社.
小林幸一郎・紀葉子・北條英勝（編）, 1998『日本におけるエミール・デュルケムの研究文献目録』(東洋大学社会学研究所研究報告書 21), 東洋大学社会学研究所.
小関藤一郎, 1978『デュルケームと近代社会』, 法政大学出版局.
LaCapra, Dominick, 1972 *Emile Durkheim : Sociologist and Philosopher*, Cornell University Press.
Lacroix, Bernard, 1981 *Durkheim et le politique*, Fondation National de Science et Politique.
Lamberti, Jean-Claude, 1983 *Tocqueville et les deux démocraties*, Presses Universitaires de France.
Larousse, 1994 *Grand Larousse* (10 tomes), Larousse.
Laval, Christian, 2002 *L'ambition sociologique*, La Découverte/ M.A.U.S.S.
Lehmann, Jennifer M., 1993 *Deconstructing Durkheim : a post-post-structuralist*

critique, Routledge.
Lukes, Steven, 1973 *Emile Durkheim : His Life and Work*, Stanford University Press (reissued in 1985).
Manent, Pierre, 1982 *Tocqueville et la nature de la démocratie* (Commentaire Julliard), Julliard.
的場昭弘・高草木光一 (編), 1998『一八四八年革命の射程』, 御茶の水書房.
松井道昭, 1997『フランス第二帝政下のパリ都市改造』, 日本経済評論社.
松本礼二, 1985「イェール大学トクヴィル文書について:トクヴィルをアメリカで読む(1)」,『みすず』296号所収, みすず書房:2-9.
―――, 1986「二つのトクヴィル学会から:トクヴィルをアメリカで読む(2)」,『みすず』303号所収, みすず書房:2-12.
―――, 1991『トクヴィル研究:家族・宗教・国家とデモクラシー』, 東京大学出版会.
Mauss, Marcel, 1925 "L'essai sur le don" =「贈与論」, dans *Sociologie et anthropologie*, Presses Universitaires de France (1950):145-279 = 1973 有地亨・伊藤昌司・山口俊夫訳『社会学と人類学』I所収, 弘文堂:219-398.
Mayer, Jacob Peter, 1939 *Prophet of the mass age: a study of Alexis de Tocqueville*, J. M. Dent and Sons.
―――, 1940 *Alexis de Tocqueville : a biographical essay in political science*, The Viking Press.
―――, 1948 *Alexis de Tocqueville*, Gallimard.
―――, 1960 *Alexis de Tocqueville : a biographical study in political science ; with a new essay, "Tocqueville after a century"*, Harper.
Mélonio, Françoise, 1993 *Tocqueville et les Français*, Aubier.
Meštrović, Stjepan G., 1988 *Emile Durkheim and the reformation of sociology*, Rowman & Littlefield.
―――, 1992 *Durkheim and Postmodern Culture*, Aldine de Gruyter.
Miller, W. Watts, 1996 *Durkheim, morals and modernity*, McGill-Queen's University Press.
Miquel, Pierre, 1964 *L'Affaire Dreyfus* (Que sais-je?), Presses Universitaires de France = 1990 渡辺一民訳『ドレーフュス事件』(文庫クセジュ), 白水社.
―――, 1979 *Le Second Empire*, A. Barret.
―――, 1989 *La Troisième République*, Fayard.
宮島喬, 1977『デュルケム社会理論の研究』, 東京大学出版会.

―――, 1979a『デュルケム 自殺論』, 有斐閣新書.
―――, 1979b『現代フランスと社会学:社会構造と社会理論の変容』, 木鐸社.
―――,'1987『デュルケム理論と現代』, 東京大学出版会.
本池立, 1971「フランス第二帝政から第三共和制へ」,『岩波講座 世界歴史 20』所収, 岩波書店:43-82.
内藤莞爾, 1985『フランス社会学断章:デュルケム学派研究』, 恒星社厚生閣.
―――, 1988『フランス社会学史研究:デュルケム学派とマルセル・モース』, 恒星社厚生閣.
―――, 1993『デュルケムの社会学』, 恒星社厚生閣.
―――, 1994『デュルケムの近代家族論』, 恒星社厚生閣.
中久郎, 1979『デュルケームの社会理論』, 創文社.
中木康夫, 1975『フランス政治史』(上・中・下), 未来社.
中谷猛, 1974『トクヴィルとデモクラシー』(市民社会叢書5), 御茶の水書房.
中島道男, 1997『デュルケムの〈制度〉理論』, 恒星社厚生閣.
―――, 2001『エミール・デュルケム:社会の道徳的再建と社会学』, 東信堂.
Namier, Lewis, 1946 *1848 : The Revolution of The Intellectuals*, Oxford University Press ＝ 1998 都築忠七・飯倉章訳『1848 年革命:ヨーロッパ・ナショナリズムの幕開け』, 平凡社.
Nandan, Yash （ed.）, 1980 *Emile Durkheim, contributions to L'année sociologique*, Collier Macmillan Publishers.
夏刈康男, 1996『社会学者の誕生:デュルケム社会学の形成』, 恒星社厚生閣.
Nielsen, Donald A., 1999 *Three faces of God : society, religion, and the categories of totality in the philosophy of Emile Durkheim*, State University of New York Press.
二宮宏之, 1995『全体を見る眼と歴史家たち』(平凡社ライブラリー 123), 平凡社.
Nisbet, Robert A., 1966 *The Sociological Tradition*, Basic Books ＝ 1975 中久郎監訳『社会学的発想の系譜』Ⅰ・Ⅱ, アカデミア出版会.
―――, 1974 *The Sociology of Emile Durkheim*, Oxford University Press.
野村啓介, 2002『フランス第二帝制の構造』, 九州大学出版会.
小田中直樹, 1995『フランス近代社会 1814〜1852:秩序と統治』, 木鐸社.
小川晃一, 1975『トクヴィルの政治思想:政治における知性』, 木鐸社.
大野道邦・中島道男, 2002『現代における社会構想の可能性:デュルケームとバウマン』(平成13年度奈良女子大学プロジェクト報告書), 奈良女子大学文学部.

折原浩, 1981『デュルケームとウェーバー：社会科学の方法』(上・下), 三一書房.
Palmer, Robert Roswell (ed.), 1987 *The Two Tocquevilles, father and son : Hervé and Alexis de Tocqueville on the coming of the French Revolution*, Princeton University Press.
Parsons, Talcott, 1937 *The Structure of Social Action*, The Free Press (1968, 2vols.) ＝ 1989 稲上毅・厚東洋輔訳『社会的行為の構造』(全5分冊), 木鐸社.
Pascal, Blaise, 1654 "Le mémorial", dans *Pensées* (Édition de Philippe Sellier), Classiques Garnier (1999) : 546.
Pearce, Frank, 1989 *The Radical Durkheim*, Unwin Hyman.
Pickering, W.S.F., 1984 *Durkheim's sociology of religion : themes and theories*, Routledge.
────── et al. (ed.), 1994 *Debating Durkheim*, Routledge.
────── et al. (ed.), 1998 *On Durkheim's Elementary forms of religious life*, Routledge.
────── et al. (ed.), 2000a *Durkheim and representations*, Routledge.
────── et al. (ed.), 2000b *Durkheim's Suicide : a century of research and debate*, Routledge.
────── (ed.), 2001 *Emile Durkheim : critical assessments* (3rd series, 4 vols.), Routledge.
────── (ed.), 2002 *Durkheim Today*, Berghahn Books.
Pierson, Georges Wilson, 1938 *Tocqueville and Beaumont in America*, Oxford University Press.
Poggi, Gianfranco, 1972 *Images of society : essays on the sociological theories of Tocqueville, Marx, and Durkheim*, Stanford University Press ＝ 1986 田中治男・宮島喬訳『現代社会理論の源流：トクヴィル、マルクス、デュルケム』, 岩波書店.
──────, 2000 *Durkheim*, Oxford University Press.
Rédier, Antoine, 1925 *Comme disait Monsieur de Tocqueville*, Perrin.
Rémusat, Charles de, 1856 "L'Ancien Régime et la Révolution à propos du livre de M.A.Tocqueville", dans *Revue des Deux Mondes* (numéro du 1er août 1856) : 652-670.
阪上孝（編), 1985『1848 国家装置と民衆』, ミネルヴァ書房.
作田啓一, 1983『デュルケーム』(人類の知的遺産57), 講談社.
佐々木交賢, 1978『デュルケーム社会学研究：基礎理論と政治社会学』, 恒星社厚生閣.

―――, 1990『社会主義とアノミー』, 恒星社厚生閣.
―――(編), 1996『デュルケーム再考』, 恒星社厚生閣.
佐藤慶幸, 1998『デュルケムとウェーバーの現在』, 早稲田大学出版部.
Seignobos, Charles, 1921a *La révolution de 1848 - le second Empire : 1848-1859*, Librairie Hachette.
―――, 1921b *Le déclin de l'Empire et l'établissement de la 3ᵉ République : 1859-1875*, Librairie Hachette.
柴田三千雄, 1983『近代世界と民衆運動』, 岩波書店.
柴田三千雄・樺山紘一・福井憲彦(編), 1996『世界歴史大系 フランス史』2・3, 山川出版社.
Simiand, François, 1912 *La méthode positive en science économique*, Félix Alcan.
Sorel, Georges, 1909 *La Révolution Dreyfusienne*, Rivière ＝ 1995 稲葉三千男訳『ドレフュス革命』, 創風社.
Spinoza, Benedictus de, 1677 *Ethica, Opera* vol.2 im Auftrag der Heidelberger Akademie der Wissenschaften von Carl Gebhardt, Carl Winter Universitätsverlag (1925) ＝ 1975 畠中尚志訳『エチカ』(上・下), 岩波文庫.
Strenski, Ivan, 1997 *Durkheim and the Jews of France*, University of Chicago Press.
杉山光信, 1983『現代フランス社会学の革新』, 新曜社.
田原音和, 1983『歴史のなかの社会学:デュルケームとデュルケミアン』, 木鐸社.
―――, 1993『科学的知の社会学:デュルケームからブルデューまで』, 藤原書店.
田辺寿利, 1988『デュルケム社会学研究』(田辺寿利著作集3), 未来社.
田中治男, 1970『フランス自由主義の生成と展開』, 東京大学出版会.
谷川稔, 1983『フランス社会運動史:アソシアシオンとサンディカリスム』, 山川出版社.
―――, 1997『十字架と三色旗:もうひとつの近代フランス』, 山川出版社.
Tiryakian, Edward A., 1962 *Sociologism and Existentialism*, Prentice-Hall ＝ 1971 田中義久訳『個人と社会:社会学と実存主義の視座構造』, みすず書房.
―――, 1978 "Emile Durkheim", in *A History of Sociological Analysis* (ed. by Bottomore, Thomas B. & Nisbet, Robert A.), Basic Books: 187-236 ＝ 1986 高沢淳夫訳『デュルケームの社会学』(社会学的分析の歴史 6), アカデミア出版.
宇野重規, 1998『デモクラシーを生きる:トクヴィルにおける政治の再発見』, 創

文社.

Vigier, Philippe, 1967 *La Seconde République*（Que sais-je?), Presses Universitaires de France.

―――, 1998 *1848 : les Français et la République*, Hachette Littératures.

渡辺和行・南充彦・森本哲郎, 1997『現代フランス政治史』, ナカニシヤ出版.

Wittgenstein, Ludwig, 1918 *Tractatus logico-philosophicus*, Suhrkamp（1989）＝ 2003 野矢茂樹訳『論理哲学論考』, 岩波文庫.

Wolff, Kurt H. (ed.), 1960 *Emile Durkheim 1858-1917*, Ohio State University Press.

山下雅之, 1996『コントとデュルケームのあいだ：一八七〇年代のフランス社会学』, 木鐸社.

山崎亮, 2001『デュルケーム宗教学思想の研究』, 未来社.

Zetterbaum, Mervin, 1967 *Tocqueville and the Problem of Democracy*, Stanford University Press.

あとがき

　語るべき実質は、もはや残っていない。現時点で表現すべき内容は、本文で書き尽くしたと思う。しかし、書物としてのこの文章の位置付けを明確にするために、あとがきとして、少々筆を加えることをお許しいただきたい。

　本書は2004年一橋大学大学院社会学研究科に提出された博士学位請求論文に修正を加えたものである。とはいえ、修正は語句の些細な訂正がほとんどであり、事実上同じものであるといって差し支えない。

　本書末に予告されているベルクソン研究については、その第一歩が既に著されている。日仏社会学叢書第2巻『フランス社会学理論への挑戦』(大野道邦編、恒星社厚生閣) に収録され、本書と相前後して刊行される予定の「デュルケームとベルクソン」と題されたその文章の中では、デュルケーム死後(ベルクソン存命中)における第三共和制自体の変質を踏まえつつ、実証主義がまさに実証的に超越性へアプローチする姿が描かれている。そして、社会性の問題は、「愛」の問題にまで行き着いている。

　最後に、感謝の言葉を述べたいと思う。
　本書にまとめられるまで15年ほど続いたこの研究の過程では、言うまでもなく多くの人々に教えを受けた。著者として今改めて読み返すとむしろ、本書には、私が学んだ多くの人々の知性と信念が宿っていることに気付かされる。その全員の名前をここで挙げることはできないが、特にお世話になった方々の名を以下に記し、深く感謝したい。
　まず、大学院時代の指導教官である矢澤修次郎一橋大学大学院社会学

研究科教授。日本における社会学の第一人者であり国際的にも評価の高い氏からは、社会学研究者としての専門的指導を受けたにとどまらず、「知を生きる」ということそのものを、ご自身の生き方をもって示していただいた。

同じく大学院時代の指導教官である平子友長一橋大学大学院社会学研究科教授。独創的な社会思想史研究を続けておられる氏からはとりわけ、「あらゆる文献はすべて原語で読む」という、一流の研究には不可欠な能力を涵養していただいたと同時に、誠実で着実な研究が導くところへは、たとえ学界の常識から外れようとも信念を持って突き進むという、これまた一流の研究に不可欠な態度を身をもって教えていただいた。

学部時代の指導教官、故古賀英三郎一橋大学社会学部教授(当時)。氏に教えを受けたのは亡くなる直前の2年弱に過ぎないが、氏の学問に対する妥協を許さぬ常に真剣な姿は、研究生活のまさに最初の段階に接したが故に、学問と学者に対する私の根底的なイメージを形成したと思う。

ヴィクトル・カラディ (Victor Karady) 中央ヨーロッパ大学 (Central European University) 歴史学部教授。母国ハンガリーに戻られるまで、パリの社会科学高等研究院 (École des Hautes Études en Sciences Sociales) に籍を置かれていた氏には、同研究院への留学中指導教官として、特にデュルケーム社会学についての教えを受けた。また氏の、研究者としての高い名声とは不釣り合いとさえ感じられるほどの、本当に人間的な温かさは、時に気難しいフランス社会と接する際大きな支えとなった。

そして現在の勤務先である和歌山大学経済学部の、山田良治学部長はじめ教職員の方々。研究に没頭するあまり、ともすれば大学の日常業務をおろそかにしがちな私を暖かく見守ってくださった。本書がこうして形を成したのはまさしく、学問を真に愛する同学部の自由な雰囲気のおかげである。中でも、次のお二方には本書執筆に際し特にお世話になった。

山下謙蔵教授。その限界に気付きつつも狭義の実証主義と狭義の科学

に固執し壁にぶつかっていた私の研究を、狭いアカデミズムを越えた広い視点を軽やかに示してくださることで、次の段階へと導いてくださった。本書が、全体としてまさにそのような「現段階の限界を確定した上で次段階を指し示す」という構造を取っているのは、ほぼ7年に及ぶ氏との自由で真摯な対話の結果である。

今井武久教授(当時)。博士論文の初稿を読んでくださった氏は、及び腰で曖昧な結論部をご覧になり「萌芽的でよいから、自分の社会学を明示しなさい。そしてその後の研究生活で、その自らの言明と格闘してゆきなさい」とおっしゃられ、その勇気をくださった。本書が現在のような、大胆ではあるが明確な結論を提示しているのは、まったく氏のアドバイスのおかげである。さらに、現実の中で信念を貫く氏の姿と、折りに触れて伝えてくださった、氏の師である大塚久雄氏の言葉は、困難な状況の中でも学問を貫くことの正しさを再確認させてくださった。

なお、本書の出版に際し、和歌山大学経済学部より出版助成を受けた。厳しい出版事情の中、本書のような学術専門書を出版するためにはこの助成が不可欠であった。深く感謝したい。

2005年2月　和歌山にて

菊谷　和宏

事項索引

ア行

アノミー	19, 201
『アメリカのデモクラシー』	9, 10, 12-14, 39, 40, 45, 46, 59, 183, 188
アンシャン・レジーム	36
生きる意味	46
生きる理由	96
意味	3, 5, 6, 97, 99-101, 114, 129, 130, 168, 171, 191, 195
意味喪失	101
永遠の相の下で (sub specie aeternitatis)	124
『エチカ』	213
エムス電報事件	75
王制(復古)	32, 37, 76, 79-81, 193
王党派	32, 76, 79-81, 110, 184
オスマン	74
オポルテュニスム	81, 82
オルレアン家	37, 81
オルレアン派	37, 81

カ行

改革宴会	49, 50, 185
『回想録』	10, 51, 55, 185
可感性	91, 139, 174
可感的	68, 88, 91-93, 95, 103, 143, 158, 163, 165, 167, 175, 176
――世界	163, 164
――な経験	124
――な事物	174
――な諸物	34, 35, 140, 144, 151, 156, 165, 200
――な真理	176
――な物	46, 67, 68, 90, 91, 92, 135, 138, 154, 159-161, 163, 170
――な与件	89
過激王党派	32, 36
過度の個人化	96, 97
カトリシスム	13, 32, 42, 65, 84, 110, 140, 183, 196
カトリック	32, 39, 56, 65, 80, 82, 110, 183, 187
――教徒	106
神の権威	39, 63
神の摂理	39-41, 45, 47, 56, 57, 61, 68, 70
観察可能(な)	165, 174, 180, 195, 196, 219
規範科学	127
客体(objet)	165, 167
――性	165
客観(性)	4, 91, 93, 118, 123, 130, 165, 175, 214, 218
客観的	4, 5, 89-92, 102, 103, 120, 125, 129, 144, 146, 167
――根拠	96
――実在	158
――(な)実在性	87, 93, 111, 161
――真理	145, 149
旧体制	23, 36, 59
『旧体制と革命』	9, 10, 12, 13, 59
『教育と社会学』	189
教権主義	81, 82, 110, 113
共通性	114, 164
共和	
――主義	82, 83
――制	37, 53, 75, 76, 79, 80, 82, 83, 110, 191-193, 196
――派	37, 50, 51, 76, 79-81, 184
キリスト教	40, 42, 82, 183, 190, 191
君主制	76
経験的	36, 123
権威	44, 110, 113-116, 127, 128, 144, 156, 170, 194, 205

源泉	25, 96, 102, 142	社会的生	3, 27, 101, 128, 131, 149, 154, 160, 180
合理性	5, 6, 46, 65, 67–69, 126, 195	社会(の)統合	98, 100–102, 110, 111, 193, 201
個人一般	113, 139, 170, 204, 205, 209		
個人主義	113	『社会分業論』	18, 188, 198–200, 203
国家主義(Étatisme)	110, 113	『宗教生活の原初形態』	18, 117–119, 124, 125, 132, 133, 137, 156, 158, 162, 169, 174, 198, 211

サ行

自己参照	130, 131		
自己本位		『宗教と道徳の二源泉』	220
——主義	130	集合意識	19, 203, 219
——的自殺	95, 98, 99, 101	集合表象	15, 19, 158–160, 216–219
『自殺論』	18, 94, 95, 198, 200, 202	習俗	43–46, 62, 93, 121, 183
次段階の社会学	173, 174	主観	166, 167, 172
七月王制	37, 48, 49, 50, 183	——性	26, 171, 177, 214
七月革命	36, 38, 39	人格	133, 135, 136, 150, 153, 165, 170, 171, 177, 202, 203, 207, 210, 213, 215
実証			
——科学	163, 164, 168, 180, 195, 196, 198	——神	139, 214
——主義	7, 17, 25, 86, 118, 154, 156, 180, 181, 198, 219, 221	——性	116, 133, 134, 136, 139, 143, 144, 149
——的	123	信仰	13, 28, 35, 65–67, 83, 84, 92, 97, 101, 103, 118, 187, 193, 196, 203, 207
——哲学	197		
社会化	95, 101, 103	神聖	157, 194
社会科学	4, 9, 11, 21, 26, 27, 46, 57, 63, 64, 71, 83, 92, 125, 127, 150, 152, 154, 172, 176, 180, 187, 197, 199	身体	134, 135, 162, 163
		神秘主義	86, 92, 177
社会(科)学	93, 175	神秘な謎(mystère)	33
社会学	ii, 3–7, 9, 10, 13–16, 18–23, 25–28, 64, 71, 78, 83–87, 89–92, 102, 111, 118, 123, 125–127, 151, 152, 154, 160, 165–167, 173, 175, 176, 179–182, 187, 190, 197–199, 212, 220	人民	47, 48, 51–57, 62, 63, 74, 184–186
		真理	34, 35, 44, 56, 66, 68–70, 91, 102, 103, 124–127, 129, 131, 140, 141, 146, 150, 151, 153, 155, 156, 158, 159, 168, 170–172, 175, 210, 214, 215, 218
『社会学講義』	19, 200, 205, 210	人類	i, 39, 41, 47, 60–62, 132, 172, 191, 193, 194
社会学史	17, 22, 24		
『社会学的方法の規準』	18, 85, 86, 94, 95, 165, 196, 197–199	聖	68, 137, 160, 161
		正統王朝	36
『社会学と哲学』	219	——派	32, 37, 81
『社会学年報』	15, 210	生の意味	ii, 6, 68, 95–103, 129–131, 140, 143, 150, 151, 155, 168, 169, 171, 172, 200
社会主義	12, 51–57, 109, 110, 185, 186		
——者	63	生の社会化	95
『社会主義論』	85, 197, 198, 200	生命原理	141
社会それ自体	52, 53, 58, 62, 92, 114, 121, 151, 159	世界のいわれ	70
		世俗	42, 43, 45, 56, 57, 59, 61, 63, 64, 82–84, 89, 90, 93, 100, 115, 116, 129, 132, 170, 189, 195, 200, 205, 214
社会的事実	87–93, 102, 103, 123, 125, 126, 133, 165–167, 217, 218	——化	81, 82, 84, 190, 196

事項索引　245

――教育 82
――社会 191
――(な)宗教 61, 71, 168
――性 81, 123
――(な)世界 57, 68, 89–92, 95, 101, 122, 125, 128, 140, 141, 144, 146, 151–153, 156, 158, 159, 172, 196, 197, 204, 210, 215, 219
――的な世界観 46
聖俗理論 160
相互主観性 171, 172
創造的沸騰 19
俗 68, 160, 161
存在理由 97

タ行

第一帝制 31
第三共和制 ii, 64, 73–76, 79, 81–84, 104, 107, 110, 181, 188–190, 192, 193, 196
第二共和制 10, 73, 188, 196
第二帝制 73–76, 183, 188
魂 116, 133–137, 139, 140, 144–146, 150, 151, 153, 154, 156, 162, 165, 167, 170, 171, 177, 213, 221
知的共通性 150, 151, 154, 156, 160
知的道徳的共通性 112, 116, 121
知的道徳的世界 43–46, 62, 93, 132
チュルゴーの改革 201
超越(性) 60, 67, 68, 82–84, 90–92, 95, 102, 110, 115, 10, 214, 215, 219116, 122, 123, 127, 141, 131, 143, 152, 153, 155, 160, 161, 164, 167, 170, 190, 196, 200, 205, 210, 214, 215, 219
――的 36, 39, 160, 209
――的(な)権威 58, 113, 114, 123, 144
――的信仰 46, 83
――的世界観 46
――的(な)本質 42, 45, 56, 61
帝制 76, 79, 81, 193
デュルケーム・ルネサンス 17, 19
同業組合 98, 100, 102, 200, 201
統合 95–97, 192
――力 99
同質性 4, 6, 43, 93, 116, 125, 127, 139, 140, 151, 153, 156, 163, 167, 170, 196, 203

『道徳教育論』 18, 189
道徳的共通性 144, 151
道徳的知的状態 43
道徳的調和性 121, 140, 142
道徳的同質性 131, 132, 155
『道徳と宗教の二源泉』 177
同類性 6, 41–45, 62, 113, 114, 125, 128, 140, 149, 171
トーテミズム 118, 125, 135, 137, 140, 160, 210, 211, 213
トーテム 137, 138, 142
――原理 135–137, 139–145, 149–151, 155, 156, 167, 170, 171, 213
――神 143, 149
――神性 136, 137
――的崇拝 138
トクヴィル再発見 13
トクヴィル・ルネサンス 11
ドレフュス事件 104, 106–111, 114, 139, 202–204, 210

ナ行

二月革命 10, 12, 37, 48, 51, 53, 54, 56, 59, 62, 184–186, 196
人間一般 64, 189, 203
人間性 39, 44, 55, 60, 62, 63, 113, 115–117
人間的人格(一般) 112, 113, 116, 133, 139, 140, 151, 170, 194, 204, 205

ハ行

パリ・コミューン 80, 81
範疇 118–121, 123, 126, 171
非人格性 135, 137
非人格的 113, 133, 134, 138, 167, 202, 209
――な力 138
平等性 41, 42, 45, 62, 113
フェリー法 81
不可解な闇(ténèbres) 67, 155
復古王制 36, 37
普仏戦争 75, 79, 104
普遍(性) 41, 55, 62, 84, 99, 101, 102, 118, 193, 204
普遍的 5, 40, 100, 115, 124, 210
――(な)懐疑(動揺) 33, 34, 45, 56, 64, 68, 153, 155

『プラグマティズムと社会学』	216, 220	六月事件	54, 73, 74, 185
フランス革命	23, 31, 60-62, 110, 186, 196, 201	六月蜂起	186
──期	59	論理的調和性	121, 127, 128, 140, 142, 156
『フランス教育思想史』	18, 189	『論理哲学論考』	213
ブルボン家	32, 36, 37, 81, 110		
遍在(性)	142, 167		
ボナパルティズム	81		

ワ行

ワカン	141, 142

マ行

マナ	136, 137, 142, 213
マルクス主義	13, 17
民主主義	7, 11, 12, 14, 27, 39, 40, 41, 182, 183
メースの危機	32
目的	5, 6, 96, 97, 100, 129, 131, 168, 209, 210
モナド	134

欧字

Ancien Régime	59
choses/objets sensibles	138, 166
force impersonnelle	138
homme(s)	40, 55, 58, 183
humanité	39, 44, 61, 113, 191, 194
impersonnel	113, 202
le monde sensible	163
mœurs	43
objectif	166, 167, 171
objectivité	4, 165, 218
objet	4, 5, 171
objets/choses sensibles	165
observable	165, 166, 180, 195
peuple(s)	47, 50, 52, 55, 58, 184
raison	5, 46, 65, 68
sens	5, 46, 99, 131, 143, 171
sensible	165-167, 171
subjectif	166, 171
sub specie aeternitatis	124, 154
sujet	171

ヤ行

ユダヤ人	105, 109
ユルトラ	32, 36

ラ行

理解し難い闇(ténèbres)	33, 69, 171
力能	142
理性	65, 67, 92
理由	68, 70, 114, 168, 195
歴史	i, 21, 23, 27
歴史学	13, 14, 22

人名索引

ア行

アリストテレス　119
アルヴァックス、M.　15
アルベール　51
アロン、R.　24, 25, 182
アンリ、H.-J.　104, 105, 108
ヴィトゲンシュタイン、L.　213
ヴィルヘルム1世　75
ヴェーバー、M.　15, 23, 24, 179, 182
ヴォルテール　182
エステラジー、F.　106-108

カ行

カヴェニャック、J.　108
カヴェニャック、L.　185, 202
カント、I.　118, 206, 209
ガンベッタ、L.　81
ギゾー、F.　50, 51
キュヴィリエ、A.　15, 16, 199, 216
キリスト　42
ケルゴルレ、L. de　186
ゴビノー、J. de　183
コルセル、F. de　66
コンシデラン、P.　185
コント、A.　24, 25, 26, 86, 91, 182, 197-199

サ行

サン＝シモン、C. H. de R.　182, 197
ジェームズ、W.　220
シミアン、F.　15
シャルル10世　36, 37
シュヴァリエ、J.　220
シュンペーター、J.　176
ジョレス、J.　110

スヴェチン夫人　32, 64
ストフェル、E.　186
スピノザ、B. de　154, 213, 214
スペンサー、H.　86, 91, 197, 198, 206, 209
ゾラ、É.　107, 108, 210

タ行

ダヴィ、G.　15, 16, 213
ティエール、L. A.　37, 79, 80, 183
デカルト、R.　197
デュルケーム、É.　ii, 9, 15-24, 27, 64, 73, 76, 78, 79, 83-85, 87, 88, 90, 91-93, 95, 97-104, 111-114, 116-123, 127, 128, 130, 132, 133, 135, 137, 139, 140, 142-144, 146, 149-156, 159-161, 163-165, 167-170, 172, 173, 176, 177, 179-183, 187-193, 195-201, 203-206, 208, 210-213, 215, 216, 218-221
トクヴィル、A. de　ii, 9, 11-15, 17, 21-28, 31, 32, 35-46, 48, 51, 53, 54, 56, 57, 59-62, 64-66, 68, 69, 71, 73, 78, 92, 95, 104, 115, 117, 122, 140, 153, 155, 165, 168, 172, 173, 176, 179, 181-183, 185-188, 191, 196, 200, 204, 212
トクヴィル、H. de　31, 32
ドレフュス、A.　104-109, 111, 114
ドレフュス、M.　105-107

ナ行

ナポレオン1世　31, 32, 36, 73
ナポレオン3世（ルイ・ナポレオン）　73-75, 79, 188
ニーチェ、F.　205

ハ行

パスカル、B.	214
パーソンズ、T.	16, 17, 180, 181
バロー、O.	50
ピカール、G.	106
ビスマルク、O. von	75
ビュフォン、G-L. de	183
フェリー、J.	81–83
フォコンネ、P.	15, 189
ブーグレ、C.	15, 16
ブシテ、L.-F.-H.	69
ブランキ、L. A.	184, 185
プルードン、P.	185
ヘーゲル、G. W. F.	206
ベルクソン、H.	176, 177, 181, 214, 220, 221
ボーモン、G. de	38, 39, 65, 66, 183, 186

マ行

マクマオン、E. P. M. de	80
マブリ、G. B. de	183
マルクス、K.	22–24, 182, 185
ミル、J. S.	9, 186
モース、M.	15, 85, 119, 180, 211
モンタランベール、C.-F.-R. de	187
モンテスキュー、C. L. de	24, 25, 183

ヤ行

ユウェナーリス	204
ユング、C. G.	214

ラ行

ライプニッツ、G. W. S.	134
ラマルティーヌ、A. de	51
リアール、L.	83, 188, 199
ルイ16世	32
ルイ＝フィリップ	37, 51
ルイ・ブラン	51, 184, 185
ルソー、J.-J.	183, 206
ルドリュ＝ロラン	50, 185
レヴィ＝ストロース、C.	180
ロザンボ、L.-M. de	31, 32
ロベスピエール、M. de	31

著者紹介

菊谷　和宏（きくたに　かずひろ）

- 1969年　愛知県名古屋市生まれ
- 1991年　一橋大学社会学部卒業
- 1998年　一橋大学大学院社会学研究科単位取得退学
- 2004年　博士号取得（社会学、一橋大学）
- 現　在　和歌山大学経済学部助教授
- e-mail: kiku@mercury.ne.jp

主要論文等

「デュルケームとベルクソン」，『フランス社会学理論への挑戦』(共著)，恒星社厚生閣，2005．

「トクヴィルとデュルケーム──社会学的人間観の歴史的形成過程」，『社会学評論』49巻2号，日本社会学会，1998．

「トクヴィルにおける自由の条件としての道徳的同質性」，『年報社会学論集』10号，関東社会学会，1997．

『ラルース社会学事典』(共訳書)，弘文堂，1997．

Tocqueville et Durkheim
la notion d'homme en sciences sociales et le sens de la vie

トクヴィルとデュルケーム──社会学的人間観と生の意味

2005年3月31日　初　版第1刷発行　　〔検印省略〕

*定価はカバーに表示してあります

著者 ⓒ菊谷和宏／発行者　下田勝司　　印刷・製本　中央精版印刷

東京都文京区向丘1-20-6　郵便振替00110-6-37828
〒113-0023　TEL (03) 3818-5521(代)　FAX (03) 3818-5514
発行所　株式会社　東信堂

Published by TOSHINDO PUBLISHING CO., LTD.
1-20-6, Mukougaoka, Bunkyo-ku, Tokyo, 113-0023, Japan

ISBN4-88713-602-1　C3036　ⓒK. KIKUTANI
E-mail: tk203444@fsinet.or.jp　http://www.toshindo-pub.com

東信堂

グローバル化と知的様式——社会科学方法論についての七つのエッセー	J・ガルトゥング 矢澤修次郎・大重光太郎訳	二八〇〇円
現代資本制社会はマルクスを超えたか——マルクスと現代の社会理論	A・スウィンジウッド 矢澤修次郎・井上孝夫訳	四〇七八円
階級・ジェンダー・再生産——現代資本主義社会の存続メカニズム	橋本健二	三二〇〇円
現代日本の階級構造——理論・方法・計量分析	橋本健二	四五〇〇円
「伝統的ジェンダー観」の神話を超えて——アメリカ駐在員夫人の意識変容	山田礼子	三八〇〇円
現代社会と権威主義——フランクフルト学派権威論の再構成	保坂稔	三六〇〇円
共生社会とマイノリティへの支援——日本人ムスリマの社会的対応から	寺田貴美代	三六〇〇円
社会福祉とコミュニティ——共生・共同・ネットワーク	園田恭一編	三八〇〇円
現代環境問題論——理論と方法の再定置のために	井上孝夫	三三〇〇円
日本の環境保護運動	長谷敏夫	二五〇〇円
環境と国土の価値構造	桑子敏雄編	三五〇〇円
環境のための教育——批判的カリキュラム理論と環境教育	J・フィエン 石川聡子他訳	三三〇〇円
イギリスにおける住居管理——オクタヴィア・ヒルからサッチャーへ	中島明子	七四五三円
情報・メディア・教育の社会学——カルチュラル・スタディーズしてみませんか？	井口博充	三三〇〇円
BBCイギリス放送協会（第二版）——パブリック・サービス放送の伝統	簑葉信弘	二五〇〇円
サウンド・バイト：思考と感性が止まるとき——メディアの病理に教育は何ができるか	小田玲子	二五〇〇円
ホームレス ウーマン——知ってますか、わたしたちのこと	E・リーボウ 吉川徹・轟里香訳	三二〇〇円
タリーズ コーナー——黒人下層階級のエスノグラフィー	E・リーボウ 吉川徹監訳 松河美樹訳	二三〇〇円

〒113-0023 東京都文京区向丘1-20-6　☎03(3818)5521　FAX 03(3818)5514　振替 00110-6-37828
E-mail: tk203444@fsinet.or.jp

※定価：表示価格(本体)＋税

― 東信堂 ―

【現代社会学叢書】

開発と地域変動 ―開発と内発的発展の相克― 北島滋 三二〇〇円

新潟水俣病問題 ―加害と被害の社会学― 飯島伸子・舩橋晴俊編著 三八〇〇円

在日華僑のアイデンティティの変容 ―華僑の多元的共生― 過放 四四〇〇円

健康保険と医師会 ―社会保険創始期における医師と医療― 北原龍二 三八〇〇円

事例分析への挑戦 ―個人・現象への事例媒介的アプローチの試み― 水野節夫 四六〇〇円

海外帰国子女のアイデンティティ ―生活経験と通文化的人間形成― 南保輔 三八〇〇円

有賀喜左衞門研究 ―社会学の思想・理論・方法― 北川隆吉編 三六〇〇円

現代大都市社会論 ―分極化する都市?― 園部雅久 三二〇〇円

インナーシティのコミュニティ形成 ―神戸市真野住民のまちづくり― 今野裕昭 五四〇〇円

ブラジル日系新宗教の展開 ―異文化布教の課題と実践― 渡辺雅子 八二〇〇円

イスラエルの政治文化とシチズンシップ 奥山眞知 三八〇〇円

正統性の喪失 ―アメリカの街頭犯罪と社会制度の衰退― G・ラフリー 宝月誠監訳 三六〇〇円

〈シリーズ社会政策研究〉

福祉国家の社会学 ―21世紀における可能性を探る― 三重野卓編 二〇〇〇円

福祉国家の変貌 ―グローバル化と分権化のなかで― 小笠原浩一・武川正吾編 二〇〇〇円

福祉国家の医療改革 ―政策評価にもとづく選択― 三重野卓・近藤克則編 二〇〇〇円

社会福祉とコミュニティ ―共生・共同・ネットワーク― 園田恭一編 三八〇〇円

福祉国家とジェンダー・ポリティックス 深澤和子 二八〇〇円

階級・ジェンダー・再生産 ―現代資本主義社会の存続メカニズム― 橋本健二 三二〇〇円

新潟水俣病問題の受容と克服 堀田恭子 四八〇〇円

新潟水俣病をめぐる制度・表象・地域 関礼子 五六〇〇円

〒113-0023 東京都文京区向丘1-20-6
☎03(3818)5521 FAX 03(3818)5514 振替 00110-6-37828
E-mail:tk203444@fsinet.or.jp

※定価：表示価格（本体）＋税

——東信堂——

東京裁判から戦後責任の思想へ〈第四版〉	大沼保昭	三二〇〇円
〔新版〕単一民族社会の神話を超えて	大沼保昭	三六八九円
なぐられる女たち——世界女性人権白書	米国国務省有澤・鈴木・米田訳	二八〇〇円
国際人権法入門	Tバーゲンソル 小寺初世子訳	二八〇〇円
摩擦から協調へ——ウルグアイラウンド後の日米関係	中川淳司編	三八〇〇円
不完全性の政治学——イギリス保守主義思想の二つの伝統	T・ショーエンバウム 岩重政敏訳	二〇〇〇円
入門 比較政治学	H・J・ウィアルダ 大木啓介訳	二九〇〇円
国家・コーポラティズム・社会運動——制度と集合行動の比較政治学	桐谷仁	五四〇〇円
ポスト社会主義の中国政治・社会——構造と変容	小林弘二	三八〇〇円
クリティーク国際関係学	関田下樹 中川涼秀司編	二三〇〇円
軍縮問題入門〔第二版〕	黒沢満編著	二三〇〇円
時代を動かす政治のことば——尾崎行雄から小泉純一郎まで	読売新聞政治部編	一八〇〇円
明日の天気は変えられないが明日の政治は変えられる	岡野加穂留	二〇〇〇円
ハロー！衆議院	衆議院システム研究会編	一〇〇〇円
〔現代臨床政治学シリーズ〕 リーダーシップの政治学	石井貫太郎	一六〇〇円
アジアと日本の未来秩序	伊藤重行	一八〇〇円
〔現代臨床政治学叢書・岡野加穂留監修〕 村山政権とデモクラシーの危機	岡野加穂留 藤本一美編著	四三〇〇円
比較政治学とデモクラシーの限界	岡野加穂留 大六野耕作編著	四二〇〇円
政治思想とデモクラシーの検証	岡野加穂留 伊藤重行編著	三八〇〇円
〔シリーズ〈制度のメカニズム〉〕 アメリカ連邦最高裁判所	大越康夫	一八〇〇円
衆議院——そのシステムとメカニズム	向大野新治	一八〇〇円
WTOとFTA——日本の制度上の問題点	高瀬保	一八〇〇円

〒113-0023 東京都文京区向丘1-20-6
☎03(3818)5521 FAX 03(3818)5514 振替00110-6-37828
E-mail:tk203644@fsinet.or.jp
※定価：表示価格(本体)＋税

═══ 東信堂 ═══

大学の自己変革とオートノミー —点検から創造へ—	寺﨑昌男	二五〇〇円
大学教育の創造 —歴史・システム・カリキュラム—	寺﨑昌男	二五〇〇円
大学教育の可能性 —教養教育・評価・実践・—	寺﨑昌男	二五〇〇円
大学の授業	宇佐美寛	二五〇〇円
大学授業の病理 —FD批判	宇佐美寛	二五〇〇円
作文の論理 —〈わかる文章〉の仕組み	宇佐美寛編	一九〇〇円
大学の指導法 —学生の自己発見のために	児玉・別府・川島編	二八〇〇円
大学授業研究の構想 —過去から未来へ	京都大学高等教育教授システム開発センター編	二四〇〇円
戦後オーストラリアの高等教育改革研究	杉本和弘	五八〇〇円
学生の学びを支援する大学教育	溝上慎一編	二四〇〇円
私立大学の財務と進学者	丸山文裕	三五〇〇円
私立大学の経営と教育	丸山文裕	三六〇〇円
公設民営大学設立事情	高橋寛人編著	二八〇〇円
校長の資格・養成と大学院の役割	小島弘道編著	六八〇〇円
短大ファーストステージ論	舘昭編著	二〇〇〇円
短大からコミュニティ・カレッジへ	舘昭編著	二五〇〇円
私立大学の学びを支援する大学教育研究	舘昭編著	
ICUへリベラル・アーツのすべて	絹川正吉編著	二三八一円
立教大学へ〈全カリ〉のすべて —リベラル・アーツの再構築	全カリの記録編集委員会編	二二〇〇円
〔シリーズ 大学改革ドキュメント〕監修寺崎昌男・絹川正吉 —飛躍する世界の短期高等教育と日本の課題		
大学評価の展開〔第2巻〕	清水一彦編著	三二〇〇円
大学改革の現在〔第1巻〕	山野井敦徳編著	三二〇〇円
〔講座「21世紀の大学・高等教育を考える」〕	有本章編著	三二〇〇円
学士課程教育の改革〔第3巻〕	舘昭編著	三二〇〇円
大学院の改革〔第4巻〕	江原武一・馬越徹編著	三三〇〇円

〒113-0023 東京都文京区向丘1-20-6
☎03(3818)5521 FAX 03(3818)5514 振替 00110-6-37828
E-mail:tk203444@fsinet.or.jp

※定価：表示価格(本体)＋税

― 東信堂 ―

【横浜市立大学叢書(シーガル・ブックス)】
ことばから観た文化の歴史
――アングロ・サクソン到来からノルマンの征服まで
宮崎忠克 一五〇〇円

独仏対立の歴史的起源――スダンへの道
松井道昭 一五〇〇円

ハイテク覇権の攻防――日米技術紛争
黒川修司 一五〇〇円

ポーツマスから消された男
――朝河貫一の日露戦争論
矢吹晋著・編訳 一五〇〇円

グローバル・ガバナンスの世紀
――国際政治経済学からの接近
毛利勝彦 一五〇〇円

青 の 系 譜――古事記から宮澤賢治まで
今西浩子 一五〇〇円

アングロ・サクソン文学史:韻文編
唐澤一友 一五〇〇円

フランスから見た幕末維新
「イーリュストラシオン日本関係記事集」から
朝比奈美知子編訳
増子博調解説 四八〇〇円

森と建築の空間史――南方熊楠と近代日本
千田智子 四三八一円

アメリカ映画における子どものイメージ
――社会文化的分析
K・M・ジャクソン
牛渡 淳訳 二六〇〇円

アーロン・コープランドのアメリカ
G・レヴィン/J・ティック
奥田恵二訳 三三〇〇円

【ルネサンス叢書】
ルネサンスの知の饗宴
佐藤三夫編 四四六六円

ヒューマニスト・ペトラルカ
――ヒューマニズムとプラトン主義
佐藤三夫 四八〇〇円

東西ルネサンスの邂逅
――南蛮と補陀落氏の歴史的世界を求めて
根占献一 三六〇〇円

イタリア・ルネサンス事典
J・R・ヘイル編
中森義宗監訳 七八〇〇円

〒113-0023 東京都文京区向丘1-20-6
☎03(3818)5521 FAX 03(3818)5514 振替 00110-6-37828
E-mail:tk203444@fsinet.or.jp

※定価:表示価格(本体)+税